我国技术转移策略研究
——技术、组织与创新生态

朱常海　郭曼　编著

科学技术文献出版社
SCIENTIFIC AND TECHNICAL DOCUMENTATION PRESS
·北京·

图书在版编目（CIP）数据

我国技术转移策略研究：技术、组织与创新生态 / 朱常海，郭曼编著. —北京：科学技术文献出版社，2017.6（2022.1重印）
ISBN 978-7-5189-2921-4

Ⅰ.①我… Ⅱ.①朱… ②郭… Ⅲ.①技术转移—研究 Ⅳ.① F113.2

中国版本图书馆 CIP 数据核字（2017）第 166478 号

我国技术转移策略研究——技术、组织与创新生态

策划编辑：李 蕊	责任编辑：李 晴	责任校对：文 浩	责任出版：张志平

出 版 者	科学技术文献出版社
地　　址	北京市复兴路15号　邮编 100038
编 务 部	（010）58882938，58882087（传真）
发 行 部	（010）58882868，58882874（传真）
邮 购 部	（010）58882873
官方网址	www.stdp.com.cn
发 行 者	科学技术文献出版社发行　全国各地新华书店经销
印 刷 者	北京虎彩文化传播有限公司
版　　次	2017年6月第1版　2022年1月第5次印刷
开　　本	710×1000　1/16
字　　数	244千
印　　张	16.25
书　　号	ISBN 978-7-5189-2921-4
定　　价	82.00元

版权所有　违法必究

购买本社图书，凡字迹不清、缺页、倒页、脱页者，本社发行部负责调换

前 言

党的十八大做出了实施创新驱动发展和全面深化改革的重要战略部署，创新和改革成为新时期我国发展的主题词。作为国家创新体系的重要部分，技术转移，尤其是科技成果转化，是新一轮创新改革的重要内容之一。《关于深化体制机制改革加快实施创新驱动发展战略的若干意见》、新修订的《促进科技成果转化法》《深化科技体制改革实施方案》《实施〈中华人民共和国促进科技成果转化法〉若干规定》《促进科技成果转移转化行动方案》等一系列高规格、突破性的政策文件开启了我国技术转移发展的新阶段。

从世界范围来说，技术转移一直都是难题。各国政府都非常重视科学研究，不断提升科学研究的公共投入，同时也非常重视技术转移、转化，希望能最大限度地将科学研究的投入转化为国家的科技竞争力和经济发展绩效。我国也不例外，近年来，我国知识创新水平取得了突飞猛进的提升。我国研发经费投入仅次于美国，科技论文数量攀升到世界第2位。与知识创新进步形成鲜明对比的是，我国知识创造和应用整体水平仅排世界第12位（《国家创新指数报告2015》），研发投入效益与发达国家差距很大。知识技术扩散能力差、技术转移环节薄弱已经成为国家实施创新驱动发展战略的重要瓶颈。因此，思索新时期我国技术转移的发展策略具有重要意义。

本书副标题是"技术、组织与创新生态",这反映了对技术转移认识的一条逻辑主线。技术转移活动的特性从根本上说,是由技术的特性决定的。技术的不确定性、复杂性和缄默性,决定了技术转移活动充满风险,需要不同主体有效协作。技术的特性是客观的,针对技术的特性,通过完善的制度设计和有效的组织,可以最大限度地提升技术转移效果。技术许可、合作研发和创业等不同的技术转移模式,适用于不同的技术属性和环境条件下的技术转移活动的组织。随着技术的复杂性越来越高,企业和国家之间的技术竞争更加激烈,对进一步提高技术转移的制度和组织效率提出了更高要求。创新生态系统是认识创新活动系统性和生态学特征的有效模型。对于创新生态系统的培育,除了要保证资源丰裕,更要注重不同要素和主体之间的正式和非正式的联系的构建。

我国技术转移的问题有多个方面。在供给上,我国有转化价值的科研成果不多;在需求上,我国的高新技术产业多位于产业链低端,处于外国企业主导的技术轨道上,倾向于从外国引进现成设备技术,缺乏对科研上游的需求;在通道上,我国的学界和产业界制度化和非制度化的连接渠道都比较薄弱;在环境上,我国不仅缺少对技术转移活动完善的制度支持,还存在对科技成果转化的制度性障碍。

解决科技与经济"两张皮"的问题,一直是我国科技体制改革的主要关注点。经过多年的建设,我国技术市场从无到有,技术合同成交额屡创新高,知识产权服务、技术咨询、科技孵化等技术转移服务机构也不断壮大,规模和质量都有巨大的提升。但整体来看,我国技术转移的改善仍然是点上的突破,仍然滞后于需求的增长和国家的要求,背后的根本原因是我国在客观上采用了一种并不利于能力积累的技术转移发展模式。这种能力积累体现在技术转移机构的能力积累和技术转移体系(机构的协作)的能力积累上。在技术转移机构的能力积累上,我国技术转移机构的建设是一种分散的建设方式。技术转移机构依附于所属的大学或科研机构,业务上并不面向市场,缺少竞争压力,不利于机构的能力积累。在技术转移体系的能力积累上,我国技术转移机构之间缺少联系,存在形态分隔、管理分隔、区域分隔的问题,严重制约了我国技术转移体系的能力建设。

此外,大众创业、万众创新的兴起,创新创业基础设施的改善,为以创业为形式的科技成果转化创造了良好的条件。相对于其他方式,科技创业能够高效地组织起相关资源,完成技术转移的技术开发和配套资产建设过程。同时,在国家的鼓励和竞争压力下,大公司开放自身的需求和资源,投资孵化相关科技项目,一定程度上克服了大众化的科技创业的技术水平不高、追逐短期收益的缺点,将科技创业转变为一种与大企业战略结合的有效的开放式创新模式。

新时期我国推进技术转移的目标是增加应用技术研发的资源配置,推进技术转移体系建设的首要任务,要形成"有效的组织能力"。在技术转移管理层方面,通过设立国家层面的技术转移的管理组织,构建"一体化"技术转移体系;在技术转移能力构建方面,要聚焦应用研究能力的建设;在模式选择方面,发挥"双创"的力量;在技术转移要素供给方面,进一步加大技术转移的政策、资金和人才等创新要素的供给力度。

本书在编写过程中,特别感谢科技部火炬中心技术市场管理处的大力支持。同时,感谢中科院战略咨询研究院的方新老师和北京大学政府管理学院的路风老师，他们的授课让我受益良多，为本书的编写提供了许多启发和灵感。

感谢星巴克，感谢长安街，感谢北海，在这些地方的漫步思索是伴随着本书写作过程的美好回忆。水平有限，有纰漏之处，请读者不吝指正。

编 者

2017 年 6 月 7 日

目录

第一章　技术转移的基本理论 001
第一节　技术创新的概念、类型与特性 002
一、技术创新的概念 002
二、技术创新的类型 003
三、技术创新的特性 006
第二节　技术创新的过程 009
一、技术范式与技术轨道 009
二、技术创新的动力 010
三、产业中的技术创新 013
第三节　技术转移与技术追赶 024
一、技术转移的概念 024
二、技术转移的过程 030
三、后发国家的技术追赶 037

第二章　技术转移中的技术开发过程 041
第一节　技术创新的重要趋势 042
一、越发重要的大企业与国家力量 042
二、开放式创新 050
三、表现为个人才能的技术创新 054

第二节　技术开发的目标和内容·················057
　　一、技术开发过程的目标·················057
　　二、技术开发过程的内容·················062
　　三、技术开发过程的风险·················066
第三节　高技术与高技术产业·················068
　　一、高技术的内涵与特性·················068
　　二、高技术产业的内涵和特征·················071
　　三、案例——韩国现代阿尔法发动机的开发历程·················072

第三章　技术转移中的组织运作过程·················075
第一节　技术转移相关的重要制度发明·················076
　　一、国家支持科学研究·················077
　　二、企业设立研发部门·················082
　　三、知识产权制度·················086
　　四、风险投资制度·················091
第二节　组织运作过程的目标和内容·················094
　　一、组织运作过程的目标·················094
　　二、组织运作过程的内容·················095
　　三、组织运作过程的风险·················097
第三节　技术转移的主要模式·················099
　　一、技术许可·················100
　　二、合作研发·················101
　　三、衍生企业·················102

第四章　技术转移机构与创新生态系统·················109
第一节　技术转移机构·················110
　　一、技术转移机构的能力·················110
　　二、技术转移机构的类型·················116
　　三、技术转移机构的发展趋势·················120

四、技术转移机构的典型案例……………………………………122

第二节 创新生态系统理论……………………………………………134
　　一、国家创新系统………………………………………………134
　　二、创新生态系统………………………………………………138
　　三、从创新系统到创新生态系统………………………………140

第三节 如何培育创新生态系统………………………………………143
　　一、创新生态系统中的联系……………………………………143
　　二、创新生态系统的构建策略…………………………………145
　　三、案例——美国制造业创新中心……………………………147

第五章　我国技术转移的现状与问题………………………………155

第一节 我国技术转移的现状…………………………………………156
　　一、我国技术转移机构的发展历程……………………………156
　　二、我国技术转移发展现状……………………………………158

第二节 我国技术转移问题分析………………………………………163
　　一、供给方面：有价值的科技成果存量不多…………………163
　　二、需求方面：企业缺少对上游科研院所的科技需求………166
　　三、通道方面：我国科研界和产业界缺少联系………………167
　　四、环境方面：我国技术转移活动缺乏要素供给……………169

第三节 我国技术转移的最新动态……………………………………173
　　一、《促进科技成果转化法》修订……………………………173
　　二、构建"2+N"技术转移体系…………………………………176
　　三、国家技术转移示范机构试点………………………………180
　　四、地方促进科技成果转化的措施……………………………184

第六章　我国技术转移的发展策略…………………………………211

第一节 技术转移体系…………………………………………………212
　　一、技术转移体系的内涵………………………………………212

二、技术转移体系的内容与结构·················214

第二节　我国技术转移的目标与问题分析·················216
　　一、促进技术转移的目标·················216
　　二、我国技术转移工作的问题分析·················220
　　三、我国技术转移的发展策略分析·················222

第三节　我国技术转移的发展策略·················225
　　一、体系建设——集中式体系＋创新网络·················225
　　二、能力构建——聚焦应用技术研究能力建设·················228
　　三、模式选择——"众创"模式·················234
　　四、要素供给——聚焦制度与人才供给·················235

附录　国外促进科技成果转化的主要法规政策·················237

参考文献·················245

第一章

技术转移的基本理论

技术创新的相关理论是开展技术转移研究，制定技术转移发展策略的基础理论。技术创新具有不确定性、复杂性、缄默性和累积性，技术创新活动的这些特性决定了技术转移活动的相应特征。成功的技术转移往往取决于技术需求方的吸收和学习能力。

技术转移的来源主要包括两个方面：一是源于第二次世界大战后初期的开发援助；二是源于第二次世界大战时开发的军事技术向民需领域的转移。技术转移过程产生的难度都源于技术使用目的和使用者的改变。迄今为止，技术转移在世界范围来说一直都是难题。

后发国家可以通过技术转移充分利用先进国家以后的技术成果，实现跨越式的发展，但却很容易陷入技术依赖。提升自主创新能力不仅对避免技术依赖很重要，而且对于学习和吸收先进的技术成果也非常重要。

第一节 技术创新的概念、类型与特性

一、技术创新的概念

创新的概念最早来自于熊彼特。熊彼特在他的著作《经济发展理论》[①]中首次将创新的概念引入经济学，并建立了以"创新"为核心的经济学理论。按照熊彼特的创新理论，"创新"就是建立一个新的生产函数，是企业家进行新的生产要素的新组合。创新包括5种情况：①采用一种新的产品；②采用一种新的生产方法；③开辟一个新的市场；④掠取或控制原材料或半成品的一种新的供应来源；⑤实现任何一种工业的新的组织。熊彼特还区分了发明与创造，他强调发明应在实际中得到具体应用，否则对经济的发展起不到任何作用。只有将发明引入生产体系才是创新行为。熊彼特强调创新是推动经济增长的动力，而且这种增长呈现周期性。创新推动经济增长，为创新者带来利润，由此其他企业为了获取利润，也会对其进行模仿，这种模仿会引起经济的普遍高涨。但当大部分企业都模仿统一创新之后，经济就开始出现停滞。这时，必须进行新一轮的创新。这也就解释了资本主义经济发展过程的周期性。之后，熊彼特又进一步发展了他的创新理论，强调大企业在资本主义经济发展和创新过程中的决定性作用。

熊彼特的创新理论最初并没有引起学者的重视，直到20世纪50年代之后，西方经济迅速发展，传统的经济学解释开始失效，随着新技术革命的兴起，发达国家的技术进步成为其经济增长的主要动力，这些现象的出现刺激学者们开始广泛关注熊彼特的思想，出现了一批熊彼特主义学者，并发展出了技术创新理论和制度创新理论。熊彼特的"创新"思想及熊彼特主义学者们的思想都为后来形成的国家创新系统理论所继承、消化、吸收。

关于技术创新的概念，不同的学者和组织给出了不同的定义。本书采用的概

---

① 约瑟夫·熊彼特. 经济发展理论 [M]. 北京：商务印书馆，1990.

念是，技术创新（Technological Innovation）是一个从新产品或新工艺设想的产生到市场应用的完整过程，一般包括新设想的产生、研究、开发、商业化生产到扩散等一系列活动。技术创新是科学技术与经济相结合的概念，是一项复杂的系统工程，是一个复杂的巨系统。

二、技术创新的类型

根据不同的划分标准，可以将技术创新划分为不同的类型。不同类型的技术创新具有不同的特征和属性。

（一）基础型创新和渐进型创新

根据技术创新过程中技术变化程度的不同，可以将技术创新划分为基础型创新和渐进型创新。

1. 基础型创新（或称突破型创新）（Radical Innovation）

基础型创新是指在基础原理层面发生变化，技术革新程度很大的新技术。基础型创新的例子有尼龙、电话、手机、数码相机、电视、录像机等。由于基础型创新建立在一整套不同的科学技术原理之上，所以，它常常能开启新的市场和潜在的应用。按照熊彼特的观点，基础型创新是新一轮经济周期的开始，会导致新的产业类型的出现乃至整个产业结构的变化。

2. 渐进型创新（或称改进型创新）（Incremental Innovation）

渐进型创新是指对现有技术的改进引起的渐进的、连续的创新。例如，针对现有产品的元件作细微的改变，强化并补充现有产品设计的功能。虽然单个创新所带来的变化是小的，但它的重要性不可低估。因为，一是许多大创新需要与它相关的若干创新辅助才能发挥作用；二是小创新的渐进积累效果常常促使创新发生连锁反应，导致大的创新出现。

需要注意的是，基础型创新和渐进型创新是相对而言的。在何种程度上的技术变化可以被认为是基础型创新缺少统一标准，要视具体情境而定。有的学者认为已知性能特征提高 5 倍或 5 倍以上，产品成本大幅度削减（成本削减 30% 或 30% 以上）的才算基础型创新。虽然缺少统一标准，但对基础型创新和渐进型创新的划分非常重要。新企业的诞生，企业竞争格局的变化，后发国家对先进国家的追赶，一般都是在有基础型创新发生的时候。

学术研究表明，渐进型创新对现有产品的改变相对较小，能充分发挥已有技术的潜能，并经常能强化现有的成熟型公司的优势，特别是强化在位企业的组织能力，对公司的技术能力、规模等要求较低。与此相反，基础型创新建立在一整套不同的科学技术原理之上，它常常能开启新的市场和潜在的应用。基础型创新经常会给现存的企业带来巨大的难题，因为企业的组织能力存在强大的惯性，而调整企业的组织能力成本昂贵，而且常常会遭遇失败。但基础型创新会提出新的问题，并刺激企业不断利用新的技术成果和商业策略以寻求解决问题的新途径，它常常是新企业成功进入市场的基础和在位企业的"滑铁卢"，并有可能导致整个产业的重新洗牌。

（二）产品创新和工艺创新

根据技术创新中创新对象的不同，技术创新可分为产品创新和工艺创新。

1. 产品创新

产品创新是指反映到产品层面的创新，指企业推出新产品或新服务。按照创新的程度，产品创新可划分为如下 4 种。

①全新产品。也称为真正的新产品，主要是指采用新的科学原理、新结构、新技术、新材料制成的产品，或者在市场上完全还没有的新产品。

②换代新产品。指采用新材料、新元件或新技术，革新了原有产品的工作原理或性能，使其性能有显著提高的产品，又称为部分新产品，如电子管以后的计算机系列，都是换代新产品。

③改进新产品。指对产品的结构、材料、花色、品种等方面做出改进的产品。严格地说，它是对老产品的改进，是由基本型派生出来的渐进型，如防水手表、

药物牙膏等。

④仿制新产品。即指企业仿制市场上已有的或外来引进的新产品,在市场上并不算新产品,但是是本企业的新产品。

2. 工艺创新(或称过程创新)

工艺创新是指产品的生产流程、服务的提供方式及营销模式上的创新。工艺创新常常能够达到降低成本、提高效率、提升产品质量的效果。与产品创新相比,工艺创新的潜力也不容小觑。典型的工艺创新的案例有1913年亨利·福特发明的流水线工艺。流水线的发明在当时大大提高了汽车的生产效率,降低了汽车的生产成本,使汽车生产工艺和产品标准化,每辆车的装配时间从12.5小时下降到1.5小时。流水线工艺的发明是美国超越欧洲国家成为世界领先国家的重要因素。后来日本的"精益生产"对于日本战后的崛起也发挥了重要的作用。

实际上,技术创新的经济意义主要取决于它的应用范围,而不完全取决于是产品创新还是工艺创新。

(三)元器件创新和架构创新

大部分产品和工艺是分级嵌套的系统。不管用什么样的分析单位,该实体都是一个由元器件构成的系统,并且每一件元器件都依次是一个由次一级元器件组成的系统,直到某一级上的原器件是不可再分的基本元件为止。按照创新是导致个别元器件发生变化还是结构性发生变化,可以分为元器件创新和架构创新。

1. 元器件创新

如果创新导致一个或多个元器件发生变化,但是不严重影响整个系统的结构,这样的创新称为元器件创新(或模块化创新)。元器件创新虽然只是整个系统的局部的变化,但一些核心或者重要元器件的变化也常常能够导致产品性能和用户使用体验的大的变化。例如,当前的vivo手机对自拍摄像功能的改进,使得手机在女性用户群体中大受欢迎。

2. 架构创新

如果创新导致整个系统结构或者组件之间作用方式的变化,就称为架构创新。一项严格的架构创新可能改变了系统中组件互联方式,还改变了组件本身,从整个设计上改变了系统。架构创新常常对产业内竞争者和技术用户产生深远而复杂的影响,如随身听的发明。

(四)能力提高型创新和能力破坏型创新

按照创新基于的知识基础的改变,技术创新又可以分为能力提高型创新和能力破坏型创新。

1. 能力提高型创新

从一个特定企业的角度看,如果创新是建立在企业现有知识基础上的,就称能力提高型创新。例如,苹果手机的更新换代,新一代 iPhone 的进步都是建立在前一代 iPhone 的技术积累之上的。

2. 能力破坏型创新

对于一个特定的企业来说,如果技术不是建立在现有基础上或者使现有技术过时,这样的创新就称为能力破坏型创新,如从电子计算机到量子计算机的创新。

很显然,能力提高型创新是在位企业存在优势的创新,而能力破坏型创新是新进企业期望发生的创新。

三、技术创新的特性

关于技术创新的特性,国内外的学者从不同的角度,依据不同的标准进行了总结。Teece(1996)[①] 将技术知识特性分为 7 种:不确定性、路径依赖性、累积性、

---

① Teece D J. Firm Organization, Industrial Structure, and Technological Innovation[M]// Essays in Technology Management and Policy:Selected Papers of David J Teece. 1996:146-185.

第一章
技术转移的基本理论

不可逆转性、相互关联性、内隐性、公共性。

Grant（1996）[1]将技术知识的特性分为3种：可转移性、可累积性、可专用性。可转移性是指技术知识中的显性知识和隐性知识均可通过各种形式的沟通而进行主体间的转移，尽管其中的隐性知识在主体之间进行的转移是缓慢的、耗成本的，且是不确定的；可累积性是指技术知识的吸收能力取决于接受者将新知识融入既有知识的能力，这就需要不同知识间能进行相互的融合与积累；可专用性是指技术知识是一种受专有性支配的资源，技术的持有者可以通过申请专利使其独占技术资源获得保护，也可以把所持有的技术作为技术秘密不予以公开。

Hedlund（2010）[2]将技术知识分为内隐知识与外显知识。内隐知识是高度专业化和个人化的、不易用文字描述的、标准化的独特性知识；而外显知识是能以系统的语言表达和传播的，便于大家分享。

国内学者梅姝娥、仲伟俊将技术创新的特性总结为如下8个方面[3]。

一是不确定性。技术创新是寻找、挖掘和利用技术和市场机会，是一个试错的过程。创新过程中经常会走进死胡同，偶然性和机遇发挥着非常重要的作用。创新过程中会有多种类型的不确定性，如技术的不确定性、市场的不确定性，还有由于机会主义行为带来的决策者行为的不确定性，以及由于多个企业之间缺乏交流导致他们同时开发同样的技术和市场带来的不确定性等。

二是复杂性。技术之所以成为技术，技术应用之所以能产生独特价值，很重要的原因是因为技术是复杂的，不是很容易就能弄懂的，不是很快就能了解和掌握的，不是很容易就能成功应用的。技术只能被极少数人深入、正确地了解和掌握，只有很少数的人能开发和应用技术的。如果技术成为广泛可获知的东西，就很难为企业带来独特的价值。

---

[1] Grant R M. Toward a knowledge-based theory of the firm[J]. Strategic Management Journal, 1996, 17（S2）: 109-122.

[2] Hedlund G. A Model of Knowledge Management and the N-Form Corporation[J]. Strategic Management Journal, 2010, 15（S2）: 73-90.

[3] 梅姝娥, 仲伟俊. 我国高校科技成果转化障碍因素分析[J]. 科学学与科学技术管理, 2008, 29（3）: 22-27.

三是路径依赖性。技术发展通常是有路径依赖性的,是有组织性和经验性的,有一定的发展轨迹。这种技术发展轨迹的体现是技术规范,企业选择解决什么样的技术问题、基于什么样的已有技术和知识、使用什么样的技术方案解决问题,往往需要按照一定的技术规范进行,这使得技术的发展形成一定的轨迹。与此相关,对于一个特定的企业而言,新产品、新工艺的开发是建筑在其已有什么样的技术基础和过去的成功经验基础之上的。

四是累积性。企业的技术开发能力是在一定的技术规范下沿着一定的技术路径经过一段时间的技术和产品的研发及生产过程学习形成的,新技术开发能力具有累积性。也就是说,要开发什么样的新技术,与其曾经开发和目前拥有什么样的技术密切相关,这已经是不言而喻的了。

五是不可逆性。技术进步表现出了明显的不可逆性。这不仅因为技术创新需要专门投资和形成专用资产,还因为技术进步有一定的轨迹,老的技术哪怕很有价格优势也不可能再有竞争力。因此,机械计算器不可能再替代电子计数器。

六是缄默性。技术可以体现在人员、材料、认知与物理过程、工厂设备和工具中。技术的缄默性是指技术中的关键部分可能是隐性的,而不是显性的,很难以操作手册、规范和程序、配方、经验规则或其他明确的方式表示和说明,如手艺和经验通常大部分都是在有关人员的头脑中却是不能明确表达的,是以技术诀窍为基础的技术秘密。

七是技术转移中人员流动的重要性。由于存在技术的缄默性,要实现技术转移,没有核心技术人员的转移是非常困难的。这也说明,为什么模仿是有成本的,新技术的扩散通常要依靠科学家和工程师的流动。

八是非独占性。在许多有关知识产权保护的法律中,关于技术诀窍和技术所有权的规定是含糊和模棱两可的,并不总是保证贡献与回报相互匹配。技术信息是短期的资源,只有有限的所有权。投资于技术创新活动不一定能产生由发明者排他性使用的所有权。能否吸引到有足够的、有价值的投资用于技术创新,主要取决于制度安排,特别是知识产权保护制度。

第二节　技术创新的过程

一、技术范式与技术轨道

（一）技术范式

1962年库恩在其代表作《科学革命的结构》中首先对"范式"（Paradigm）进行了定义。库恩认为，"范式是指那些公认的科学成就，在一段时间里为实践共同体提供典型的问题和解答"。1982年，技术创新经济学家多西（Dosi）将这个概念引入技术创新，并提出了技术范式（Technology Paradigm）的概念，将技术范式定义为：解决所选择的技术经济问题的一种模式，而这些解决问题的办法立足于自然科学的原理。技术范式是在选择出来的科学原则和选择出来的材料技术基础上，解决选定技术问题的"模型"或"模式"，可以形容为一种"世界观"。技术范式具有很强的排除效应，它使工程师及其所在组织的技术努力和想象集中在相当确定的方向上，而无视技术发展的其他可能性。

（二）技术轨道

技术轨道（Technological Trajectories）就是基于哲学视角发展了技术创新理论。技术轨道总是基于某个技术范式，它是解决技术问题通行的模型和模式。技术轨道是指在技术范式所规定的范围内解决问题的"正常"活动的模式，代表了在由技术范式所规定的外部边界之内的一组可能的技术方向。创新技术的演化一般会有一定的技术轨道，不同行业或企业的创新往往具有不同的技术轨道。产业技术轨道，即在企业技术创新过程中，同行企业共同采用的技术选择方法，技术解决方法（包括技术路线、设计模式、技术整合方式、技术标准）及与此相应的工艺流程。

多西以这个框架所要说明的中心问题是：在科学—技术—生产的链条上，经济力量与制度和社会因素在任何层次上都共同发挥"选择机制"的作用。在基本技术方向的选择上，这些因素影响技术范式的确立。在技术范式所规定的范围内，这些因素影响企业进行学习和创新的技术轨道的走向。因此，不同国家的企业在同样的产品领域也有可能走上不同的技术轨道（表1.1）。

表 1.1 不同产业的技术轨道

类型	基于科学的	规模密集型	供应商主导型	专业供应商	信息密集型
典型核心部门	电子、化学	大宗材料、汽车、民用工程	农业、服务业、传统制造业	机械、工具、软件	金融业、零售业、出版业
主要的技术源	研究与发展、基础研究	生产工程、学习生产、设计所、专业供应商	供应商、生产学习	设计、高级用户	软件和系统部、专业供应商
技术战略主要任务	探索基础科学；相关产品开发	对复杂系统中的变化进行整合	使用来自于其他战略伙伴的技术	监测高级用户需求，逐步整合新技术	复杂信息处理系统的设计和操作
技术轨道	产品功能和物理特性改善，生产过程优化	生产过程优化，规模增加和自动化程度的提高	生产过程的优化	产品功能和可靠性的改善	生产过程和产品改良
学习方法	搜索中学习，干中学	干中学，用中学	用中学	干中学，相互作用中学习	搜索中学习、干中学

根据技术轨道的变化，可以将技术创新分为顺轨式技术创新、跃轨式技术创新和融轨式技术创新3种类别。顺轨式技术创新包括渐进型技术创新和较强路径依赖性的技术创新；跃轨式技术创新主要指创造新的技术轨道的根本性的技术创新；融轨式技术创新是指处于不同技术轨道之间的、中间性的技术创新。

二、技术创新的动力

关于技术创新的动力，可以分为技术推动和市场拉动两个观点鲜明的学说。

(一)技术推动(Technology Push)

在该模式中,技术创新是在技术导向下的线性、自发的转化过程,市场只是被动接受技术成果,表现为技术推动下的从基础研究到产品在市场上销售的线性序列过程,即开始是科学发现,接着是研究与开发、工程与生产活动,最终是新产品或工艺的市场化。这种技术推动的线性模式认为,科学活动独立于企业组织之外,并线性地将创新过程划分为若干阶段。创新组织多是直线型等级制,创新信息与知识集中在个别的主管人员手中,决策层与执行者界限明晰。这样的划分适合涉及因素较少、过程较简单、周期较长的创新(图1.1)。

技术创新的技术推动观点实际上隐含着两个论断:一是具有大规模研究群体的企业在创新上优于科研人员少的小企业;二是创新活动的步伐依赖于科学进展。

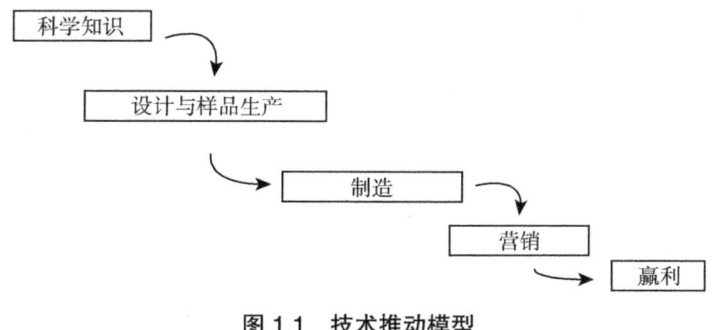

图 1.1 技术推动模型

(二)市场拉动(Demand Pull)

该观点强调市场需求为产品创新创造机会,进而刺激研究与开发为其提供技术支持。这种模式实际上是一种以需求为动力的线性序列过程,即从市场需求到应用研究与开发,再到工程制造,最后到销售的过程。需求拉动模式的提出,是以一些实证经验性研究为基础的。这些研究表明,随着R&D资源投入的增加,创新成果并不一定相应增加。相反,现实中创新常常是由于某种觉察到的、有时是明确表达出来的消费者需要引起的,于是导致了对这种需求的研究与开发活动和随之而来的满足市场需求的新产品的生产过程。

需求拉动也属于线性模式，只不过是实际的需求，而不是科学技术研究成为创新的源头（图1.2）。这种模式强调创新的市场导向，创新不再是一种纯科学的研究活动，而是企业通过满足市场新的需求而扩大销售、增加利润的活动，因而具有强烈的功利性。另外，创新也是问题导向的，强调对创新的发现和推广能力。开始进行创新也许是发明家的好奇心、一种创新欲望的推动，但要产业化、要完善，一定要有社会需求和市场的推动。在这一过程中，创新者要善于将发明成果及时形成系统，能够推广应用，能够抢占市场，只有这样技术才能实现它的价值。

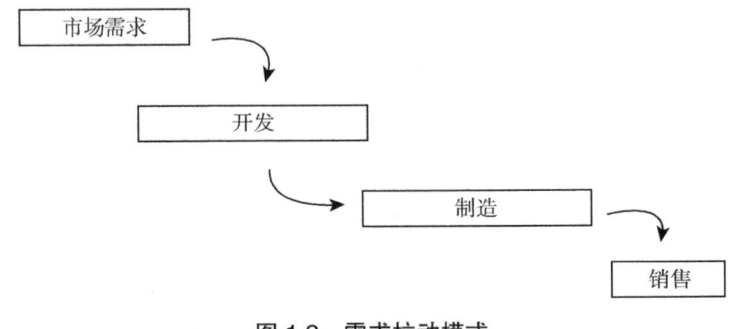

图1.2　需求拉动模式

（三）链环—回路模型

克莱因（S.Kline）和罗森伯格（N.Roserberg）在1986年提出链环—回路模型。他们否定了科学和创新之间的简单线性关系。技术创新过程不再是一个从技术，经工业研究开发、工程建设和制造到市场的循序渐近过程，而是一个战略集成的并行过程。在此模型中，研究开发（R&D）、原型研制、生产制造、产品销售只是一个逻辑上的技术创新系列，在实际上则要求这些要素并行发展，综合集成。模型的特点是：将技术创新的各个阶段与现有知识技术存量和基础研究相联系；提示了创新链各个环节之间的反馈关系（图1.3）。

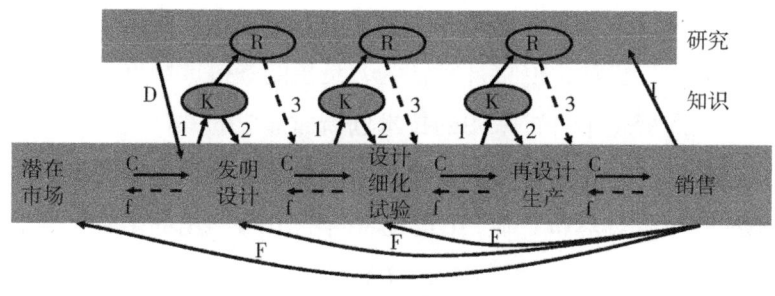

图1.3 链环—回路模型

三、产业中的技术创新

（一）A-U模型

美国哈佛大学的阿伯纳西（N. Abernathy）和麻省理工学院的厄特拜克（Jame M.Utterback）（1978）[①]对产品创新、工艺创新和组织结构之间的关系作了一系列的考察，以产品生命周期理论（PLC理论）为基础，通过对许多行业和创新案例分析，发现它们三者之间既遵循着不同的发展规律，又存在着有机联系。它们在时间上的动态发展影响着产业的演化，并通过引入主导设计概念，以产品创新为中心，提出了产业创新动态过程模型，即Abernathy-Utterback创新过程模型，简称传统的A-U模型（图1.4）。

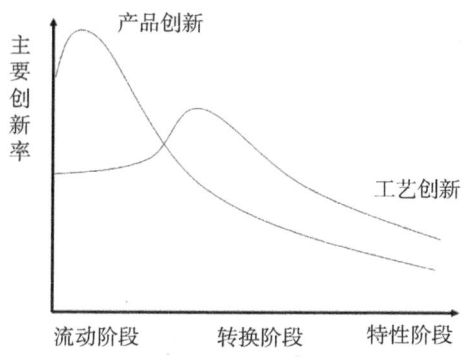

图1.4 A-U产业创新动态过程模型

---

① Abernathy W J, Utterback J M. Patterns of Industrial Innovation[J]. Technology Review，1978，80（7）：40-47.

A–U 模型引入了主导设计的概念。主导设计是描述产业创新动态过程的一个重要概念。所谓主导设计，厄特拜克认为，是指能赢得市场信赖的一种设计，是通过综合过去产品变化中各自采用的技术创新而形成的一种新产品（或一系列特征）为形式的设计，是竞争者和创新者为支配重要的市场追随者而必须奉行的一种设计。例如，在个人计算机产业，20 世纪 80 年代 IBM 推出的带有一个 TV 显示器、标准的磁盘驱动器、QWERTY 的键盘、Intel 的芯片、开放的结构、MS-DOS 操作系统的 IBM360 型计算机，成为以后计算机发展的主导设计。这些技术都是市场上已有的，但 IBM 把它们组合在了一起。

为揭示技术创新和产业发展之间的内在关系，阿伯纳西和厄特拜克把产品创新、工艺创新及产业组织的演化划分为流动阶段、转换阶段与特性阶段，认为产业的创新类型、创新程度和创新特征取决于产业的成长阶段（表 1.2）。

表 1.2　技术创新和产业发展之间的关系及特点

	流动阶段	转换阶段	特性阶段
创新	主要产品频繁变化	随着需求增长，主要工艺发生变化	产品渐进改良，生产率和质量的渐进改进
创新源	产业先驱；产品用户	制造商；用户	通常是供应商
产品	多样化设计、通常是定做的	至少有一种产品设计很稳定，能实现高产量	主要是无差异的标准产品
生产工艺	灵活但无效率，主要的变化易于发生	变得更加固定，工艺变化发生于主要的工序	有效、资本密集、固定；变化的成本高
研究与开发	由于技术不稳定程度高，不集中于某个专业	一旦出现主导设计，集中致力于专门产品特性	焦点是渐进型产品技术；强调工艺技术
设备	通用型，需要数量工人	某些工艺自动化，出现局部自动化	专用；自动化，多数工人集中精力在设备的维护与监控上
工厂	小规模，位于用户或创新源附近	通用，但建有专业部门	大规模、特定产品高度专业化
工艺变化成本	低	中等	高

续表

	流动阶段	转换阶段	特性阶段
竞争者	很少,但是随着市场份额的巨大变化,数量增加	众多,但是出现主导设计后,数量减少	很少。产痛型垄断、市场份额稳定
竞争基础	产品性能	产品变异:使用的适合程度	价格
组织控制	非正式的,企业家的	依靠项目和任务小组	结构、规划和目标
产业领导地位的脆弱性	面对模仿者和专利挑战:面对成功的产品突破	面对更有效和更高质量的生产者	面对技术创新产生的卓越替代产品

①流动阶段。根据 A-U 模型,该阶段处于产品生命周期的早期。产品原型的创新水平很高,产品变化快,设计具有多样性;数家小企业并存,创新的重点在于产品的性能;创新具有很大的不确定性,企业不知何种产品具有最大的市场潜力;创新的思想来源很多,可来自顾客、顾问或非正式的外界联系。此时最大的特征是主导设计尚未确定,其产品在技术和商业上都处在不断"尝试—纠错—尝试"阶段。

②转换阶段。经过一段不断以"尝试—纠错—尝试"为特点的技术发展和变动时期,会出现一个将技术资源与市场需求联结起来的代表优秀产品的主导设计,如安德伍德 V 型打字机、福特 T 型车、IBM360 型计算机。主导设计为产品的发展提供了一个"标准",降低了市场的不确定性。在主导设计出现后,产品创新率急剧下降,产品基本稳定,大规模生产成为可能,专用生产设备逐步取代通用生产设备,创新重点从产品创新转移到了工艺创新。

③特性阶段。主导设计的出现使产品设计、生产程序与生产工艺日渐标准化,市场需求稳定,大规模生产使制造效率大大提高,企业由此享受到大规模生产的好处。企业进一步创新的重点是以降低成本和提高质量为目标的渐进型工艺创新。生产过程和企业组织日趋专业化和纵向一体化。特性阶段对应于技术学习曲线上的成熟期,通常也是产品生命周期的中后期。

A-U 创新过程模型表明,以产品创新为主的持续创新过程是产业内的企业在产品设计、生产工艺和企业组织等方面从无序、离散状态向有序、高度整合状态转变的过程。在不稳定阶段，产品创新多，竞争的重点在于提高产品性能。在过渡到稳定阶段后，技术创新以工艺创新为主，竞争的重点转向通过工艺创新降低产品成本和提高产品质量，创新水平也从根本性创新向渐进型创新转变。在不稳定阶段，产业内许多小企业并存，通过竞争，只有一小部分企业能顺利进入稳定阶段，并发展成为产业中少数几个规模巨大的垄断企业，多数企业将会被市场竞争所淘汰。

半导体产业的持续创新过程是以产品创新为主的持续创新过程的典型。在1951—1968年这18年中，美国半导体行业最重要的产品创新有13项，其中有8项出现在前7年，而该行业前7年的总销售额占18年中总销售额的比例还不到5%。这说明，大多数重大产品创新出在产品生命周期的初期，大规模的生产则在产品生命周期后期，随着产业的成长，重大创新率有所下降。另外，据统计，在18年中，3个新进入电子行业的企业（IBM、德州仪器公司和仙童半导体公司）完成了一半的重大产品创新和一项工艺创新，而3个电子行业的原有企业（Divisions of General Electric，Philco 和 R．C．A）仅完成了1/4的产品创新，但却完成了3项工艺创新。到1966年，3个原有企业的市场份额为18%，而3个新进入者的市场份额为42%。这表明，在产品生命周期初期，市场的新进入者能依靠产品创新获得竞争优势，而工艺创新并不能形成有效的竞争优势。然而，1968年以后，半导体行业进入了产品生命周期的后期，竞争格局发生了变化，成本和生产率变得更为重要，工艺创新成为竞争的主要手段。

（二）新兴技术发展演化模型

20世纪90年代末，沃顿商学院的威廉·F.汉密尔顿教授基于技术物种进化思想，提出了一个新兴技术发展演化模型（图1.5）。横坐标为时间，代表新技术发展与演化的不同阶段；纵坐标为推进技术发展的努力程度，代表随着时间演化而呈现的技术成熟度。

在汉密尔顿看来，可以将一项技术从科学研究到进入市场的发展过程分为4个阶段。

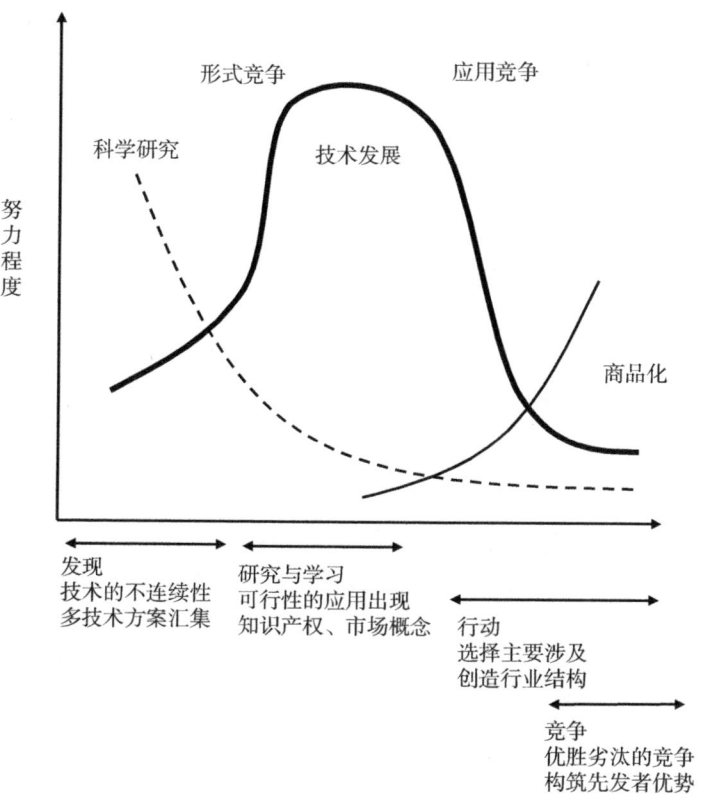

图 1.5　新兴技术发展演化模型

一是以科学研究为主的技术发现阶段。具有高度探索性和非连续特征，会出现很多不同技术方案的相互角逐。此时，人们推进特定技术发展的努力程度较低，技术成熟度也比较低。

二是以持续研究和学习为主要内容的技术发展阶段。通过技术方案的可行性分析、社会选择和市场前景探索，寻找到具有发展前景的可行技术方案。此时，人们推动特定技术发展的努力程度快速提升，新技术以较快的速度向成熟发展。

三是推动技术向商品转化的行动阶段。可行的技术方案通过价值创造潜力的比选，形成被市场接受的产品主导设计形式。此时，人们推动技术发展的努力程度降低，转变为推进其向商品化方向发展，构建行业的初始结构。

四是产品进入市场的竞争阶段。按优胜劣汰原则淘汰不具有经济合理性的产品，领先厂商构建先发优势。此时，人们推动原有技术发展的努力程度降低，重视构筑市场竞争优势，同时推动新一代技术发展努力程度提升。

在上述4个发展阶段中，从第一阶段向第二个阶段转化时面临着不同技术方案的选择和竞争，主要竞争依据是技术本身的可行性和社会接受程度，当然，也在一定程度上考虑市场前景，可称其为"形式竞争"；从第二阶段向第三阶段，特别是向第四阶段转化时，面临产品主导设计及结构、性能、价格等多方面竞争，主要竞争依据是顾客及市场偏好、接受程度及盈利前景，可称其为"应用竞争"。

（三）技术系统的进化论

TRIZ（Theory of Inventive Problem Solving，发明问题解决理论）从技术进化的角度对产品的技术成熟度进行了预测，并据此推断该产品未来的发展方向及形态。

一个产品或物体都可以看作是一个技术系统，技术系统可以简称为系统。系统是由多个子系统组成的，并通过子系统间的相互作用来实现一定的功能，子系统可以由零件或部件构成。系统是处于超系统之中的，超系统是系统所在的环境，环境中其他相关的系统可以看作是超系统的构成部分。

G.S.Altshuller于1946年开始创立TRIZ理论，其中重要的理论之一是技术系统进化论，其主要观点是技术系统的进化并非随机的，而是遵循着一定的客观的进化模式，所有的系统都是向"最终理性化"进化的，系统进化的模式可以在过去的专利发明中发现，并可以应用于新系统的开发，从而避免盲目的尝试和浪费时间。Altshuller的技术系统进化论主要有八大进化法则，这些法则可以用来解决难题，预测技术系统，产生并加强创造性问题的解决工具（王崇军，2013）[①]。

技术系统进化就是指实现系统功能的技术从低级向高级变化的过程。对于一个具体的技术系统来说，对其子系统或元件进行不断的改进，以提高整个系统的性能，就是技术系统的进化过程。任何一种产品、工艺或技术都在随着时间向着更高级的方向发展和进化，并且它们的进化过程都会经历相同的几个阶段。每个

---

① 王崇军. TRIZ中的技术系统S-曲线进化法则与产品的生命周期[J]. 中国高新技术企业，2013（2）：151-155.

第一章 技术转移的基本理论

技术系统的进化一般都要经历如 S- 曲线所示的 4 个阶段：婴儿期、成长期、成熟期、衰退期。S- 曲线描述了技术系统完整的生命周期。其横轴表示时间，纵轴表示系统的性能参数（表 1.3）。

表 1.3　TRIZ 理论中 4 个阶段的状态和特征

阶段	状态	特征
婴儿期	处于婴儿期的系统尽管能够提供新的功能，但该阶段的系统明显地处于初级，存在着效率低、可靠性差或一些尚未解决的问题。由于人们对它的未来比较难以把握，而且风险较大，因此只有少数眼光独到者才会进行投资，处于此阶段的系统所能获得的人力、物力上的投入是非常有限的	性能的完善非常缓慢，此阶段产生的专利级别很高，但专利数量较少，系统在此阶段的经济收益为负
成长期	进入发展期的技术系统，系统中原来存在的各种问题逐步得到解决，效率和产品可靠性得到较大程度的提升，其价值开始获得社会的广泛认可，发展潜力也开始显现，从而吸引了大量的人力、财力，大量资金的投入会推进技术系统获得高速发展	性能得到急速提升，此阶段产生的专利级别开始下降，但专利数量出现上升。系统在此阶段的经济收益快速上升凸显出来，这时候投资者会蜂拥而至，促进技术系统的快速完善
成熟期	在获得大量资源的情况下，系统从成长期会快速进入第 3 个阶段——成熟期，这时技术系统已经趋于完善，所进行的大部分工作只是系统的局部改进和完善	性能水平达到最佳。这时仍会产生大量的专利，但专利级别会更低，此时需要警惕垃圾专利的大量产生，以有效使用专利费用。处于此阶段的产品已进入大批量生产，并获得巨额的财务收益，此时，需要知道系统将很快进入下一个阶段衰退期，需要着手布局下一代的产品，制定相应的企业发展战略，以保证本代产品淡出市场时，有新的产品来承担起企业发展的重担。否则，企业将面临较大的风险，业绩会出现大幅回落
衰退期	此时技术系统已达到极限，不会再有新的突破，该系统因不再有需求的支撑而面临市场的淘汰	处于该阶段的系统，其性能参数、专利等级、专利数量、经济收益 4 个方面均呈现快速的下降趋势

TRIZ 从性能参数、专利级别、专利数量、经济收益 4 个方面来描述技术系统在各个阶段所表现出来的特点，以帮助人们有效了解和判断一个产品或行业所处的阶段，从而制定有效的产品策略和企业发展战略（图 1.6）。

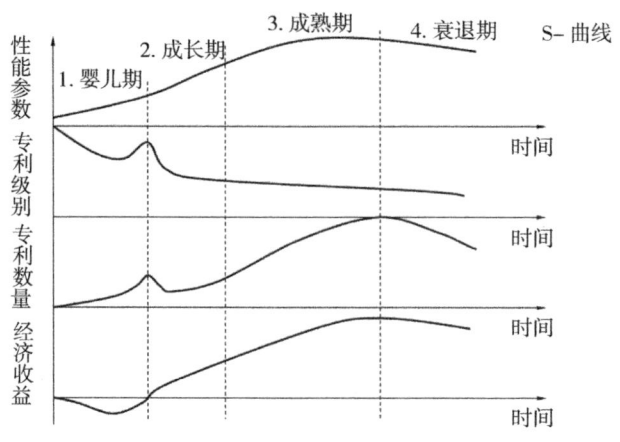

图 1.6　不同阶段技术系统的特点

当一个技术系统的进化完成 4 个阶段以后，必然会出现一个新的技术系统来替代它，如此不断的替代，就形成了 S 曲线族（图 1.7）。

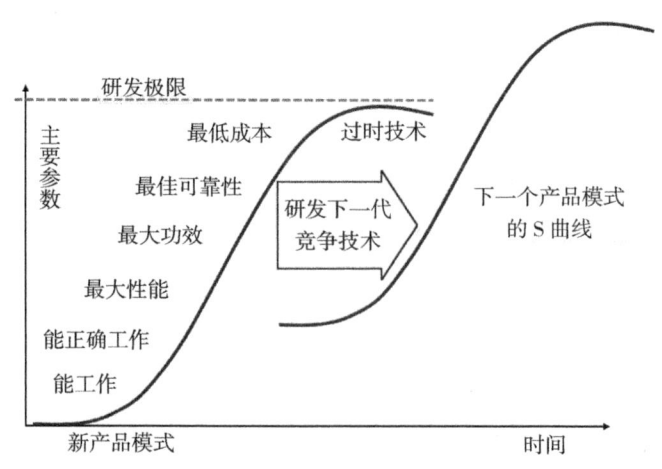

图 1.7　技术创新的 S 曲线

（四）技术创新与产业升级

经济学家在论述产业技术创新与产业结构的升级关系中有各种模式，其中主要有以下几种①。

1. 关键生产要素模式

在社会经济发展的一定时期，往往存在一种或几种对产业成长和产业结构起关键作用的生产要素。这些关键要素的扩散应用，会引起相关领域的技术变革、组织变革和管理变革，进而引起产业结构向更高层次的演变。

克里斯托弗·弗里曼和卡洛塔·佩雷斯在《结构调整危机：经济周期与投资行为》中，曾经分析了"关键生产要素"对产业结构演变的影响。他们首先把创新活动分为4种类型：①增量创新——由工程师完成的经常性发明和改进。②基本创新——由国家实验室和大学完成的科研成果。③技术体系变革——导致形成新产业的技术创新。④技术经济模式变革——由技术体系变革引起的组织创新和管理创新。在4种类型的创新活动中，技术经济模式变革会产生非同寻常程度的投资和盈利机会，因此，是最重要的创新。他们认为，导致技术经济模式变革的原因是"关键生产要素"的扩散应用。这些关键生产要素在经济模式变革之前已经存在，但是应用的范围较小。当上个经济周期的关键要素出现边际收益递减时，新的关键要素投入使用打破了原有技术经济模式的限制。新的关键要素在更广泛领域的应用，引起连锁变革，推动一个技术经济模式向另一个技术经济模式演变。

历史上的每一次新技术革命都为社会生产提供了新的生产要素。新的生产要素投入使用以后，在与其他生产要素的组合过程中，不断寻找最佳的组合应用方式，当显示出有利于大幅度降低成本、有利于迅速增加产量、有广泛的应用价值的时候，其应用范围迅速扩大。新生产要素的扩散应用，推动了相关新兴产业的成长，并引发生产组织变革和管理变革，原有的产业结构被打破，在新要素应用的基础上形成了新的产业结构，产业结构按照"关键要素—扩散应用—结构变革"

---

① 庄卫民，龚仰军. 产业技术创新[M]. 上海：东方出版中心，2005.

的模式，演进到更高的层次上。

例如，煤的直接生产应用领域主要是蒸汽机、制铁和铁路运输。随着煤被大量扩散应用于电力生产等领域后，改变了水力发电受地点限制的不足，火力发电使电力工业、各种电气设备制造业、重型工程业获得了发展的机会，也促进了钢铁业的发展。

当钢作为一种关键生产要素，被扩散应用后，又为飞机制造业、汽车业、石油开采等产业的发展创造了条件。随着新兴产业的发展，关键生产要素被不断更新，在新的关键生产要素的扩散应用中，孕育着新的结构模式，这样新的关键生产要素的诞生和扩散应用使产业结构保持了一种连续向高级化演变的趋向。

2. 非均衡演变模式

多西和奥尔森尼戈的论文《协调与转换：对演进环境中结构、行为和变革的概观》，细致分析了产业间比例关系不协调导致的结构演进。他们认为，中观经济的重要中间环节是产业之间生产和技术的相互依存性。产业之间以投资、需求和就业为纽带，形成纵向与横向关系。技术创新机会在产业之间的配置是不均等的，有些产业是技术发展的源头，而有的产业是技术的吸纳部门。技术成果沿着技术的投入产出关联在纵向生产部门之间扩散和传输，形成动态反馈、有差别的和相对有序的产业结构。在技术传递过程中，产业间的技术差异的存在使原有的依存关系发生变化，促使"瓶颈"产业通过学习和进一步创新赶上来。创新技术和创新产品的扩散，引起价格、生产率和收入的变化，进而推动需求和投资增长。产业资源在"创新—非均衡—创新"的过程中重新配置，并在对非均衡的不断调整过程中，由以劳动密集型的产业组合转向以知识、技术密集型的产业组合；由以传统技术为核心的产业结构转向以高新技术为核心的产业结构。

多西和奥尔森尼戈阐述了这样一种思想：产业经济的良性运行建立在各产业间比例关系均衡的基础上，但是各种技术经济因素对相关产业群的影响，使产业间比例关系的不均衡成为常态。产业结构变动是为了改变不均衡状态，但是结构变动的结果又往往产生了新的不均衡。

技术创新是导致不均衡的重要原因。一次创新活动的成果，一般只对少数产业的成长产生巨大作用，而对其他产业成长的影响较小，技术创新对各产业的作用差异，使产业间比例失衡。失衡成为后进产业技术创新的动力，在新一轮创新活动中，后进产业追赶上来，产业结构的整体技术水平向前发展。

3. 主导产业转换模式

美国经济学家罗斯托认为，在经济发展的任何时期，持续发展的动力，来源于一组主导产业的带动和刺激。主导产业的迅速成长，创造了新的技术发展空间和新的需求，从而推动了其他产业的发展。他指出：经济起飞的决定性因素是在一个发生扩散性效果的环境中引进新的技术，而新技术总是被吸收在特定的工业部门之中。由于这个工业部门采用新技术，降低了成本，扩大了市场，增加了利润和积累，扩大了对其他部门的产品需求，扩大了对地区经济增长的影响，从而带动了整个国民经济的发展。这个起带头作用的部门称为主导部门。经济成长阶段的交替表现为主导部门顺序的变化，现代经济增长实际上是部门的成长过程。当主导部门的先进技术及其影响已经扩散到各个有关部门和地区之后，它的历史使命也就完成了，这时就会有新的主导部门代替旧的主导部门。主导部门的不断更替，带动着国民经济的持续增长。

罗斯托认为，能够发挥上述作用的产业具有一些共同的素质，他们通过技术创新引入新的生产函数，保持着超过平均水平的经济增长率，对其他产业的成长具有诱导和带动作用。

获得主导地位的产业都具有以下特征：①符合技术发展方向。主导产业往往诞生于重大技术变革的基础之上，并且不断吸收技术创新的新成果，具有较高的产业比较进步率，在技术进步的推动下，主导产业保持着高于平均水平的发展速度。②市场需求增长的潜力大。相对于国民收入增长率，主导产业的需求成长率较高，社会经济发展对主导产业的产品或劳务的需求不断扩大，因而主导产业具有广阔的发展空间。③与其他产业有广泛的技术经济联系。主导产业的投入产出与其他产业有密切的关联，主导产业的发展对前向、后向和旁侧等相关产业有较强的影响力，可以带动和刺激其他产业共同发展。

上述3个特征是主导产业发挥带动作用的基本条件，尤其是技术水平特征，决定了主导产业对其他产业的带动能力和推力。所以，当主导产业的技术创新速度减缓，进一步提高生产率或创新的需求的潜力已接近极限时，适时让位于新的主导产业，就显得非常重要。如果一个国家产业序列中的主导产业转换迟滞，长期由衰退产业占据主导位置，整个产业向高级化的演进就失去了引擎和核心，就会出现发展方向分散等无序现象。而主导产业先进的产业序列，则具有资源有序配置、产业之间协调发展、技术持续进步的优势。

第三节 技术转移与技术追赶

一、技术转移的概念

（一）技术转移

技术转移的来源主要有两个方面：一是源于第二次世界大战后初期的开发援助；二是源于第二次世界大战时开发的军事技术向民需领域的转移。

技术转移的概念的首次出现是在20世纪60年代，联合国在一份呼吁支援发展中国家的报告中首次提出的——"发展中国家的自立发展，无疑要依赖于来自发达国家的知识和技术转移，但机械式的技术转移做法是不可取的"。联合国首先开始了对技术转移的有针对性的调查和研究活动。之后，技术转移引起了世界主要国家的重视，尤其是后发国家政府的重视。这些国家的政府希望提升引进国外先进技术的效率，缩小与发达国家的技术差距。

一般来说，技术转移是指科学技术通过其载体（人、物、信息）在国家之间、地区之间、行业之间的输出与输入的活动过程。它包括国家之间的技术转移，也包括从技术生成部门（研究机构）向使用部门（企业和商业经营部门）的转移，也可以是使用部门之间的转移。简单来讲，技术转移按照运动的方向不同，可以分为两种类别：一种是水平方向的移动，即技术从一种场景移动到另一种场景。这种场景变换既有时空的含义，也有组织情境的含义。另一种是垂直方向的移动，即技术从研发部门向应用部门，或者说从科研端向市场端的移动。我国的科技转化，实际上就是指技术的垂直的移动。这种垂直移动不仅涉及场景的变化，技术本身也还要经历再开发的过程。

联合国将技术转移定义为"系统知识的转移"，即从知识的生产者转移到知识的使用者。就产权角度而言，知识可区分为两种：一种是没有产权的公共知识，如科学知识；另一种是有产权归属的技术知识。公共知识的传播属于教育和科普范畴。学术论文是公共知识的一种传播渠道，是公共研究成果的一种传播或扩散，其对社会、经济的推动作用是间接的。而技术转移主要指的是有产权归属的能产生经济效益的技术知识的转移。

范保群等（1996）[①]对此作过概括，并按强调的侧重点不同分为7种观点。

①知识诀窍的转移、分配说。这种观点认为，技术转移是技术知识的转移和再分配。例如，日本小林达也的定义："从广义上说，技术转移是人类知识资源的再分配。"

②技术知识应用说。它把技术转移看作是技术在社会范围内的广泛应用。例如，弗兰克·普雷斯博士的定义："技术转移就是研究成果的社会化，包括其在国内和向国外的推广。"

③地域、领域转移说。持这种观点的学者认为，技术转移是地域上的转移和技术所属领域的转移。例如，美国巴·赞凯说："当某一领域中产生的或使用的科学技术信息在一个不同的领域中被重新改进或被应用时，这一过程就叫技术转移。"

④环节转移说。这种观点认为，技术转移是技术信息经过一些阶段、一系列环节的顺序发展过程，如我国学者林慧岳认为技术转移是技术和知识及其载体在技术活动中的发明、创新和扩散3个环节之间的定向流动。

⑤技术载体转移说。这种观点认为技术转移就是载体的转移。

⑥相异主体合作说。这实际上是从主体角度来定义技术转移，认为技术转移是技术要素在不同主体之间的流动过程，有两个特征：其一，存在不同主体；

---

① 范保群，张钢，许庆瑞. 国内外技术转移研究的现状与前瞻[J]. 科学管理研究，1996（1）：1-6.

其二，存在主体之间合作。

⑦技术商品流通说。这是从技术的商品属性来定义技术转移，认为技术转移就是技术成果作为一种商品在不同所有者之间的流通过程。

事实上，除了这 7 种之外，还有一种观点颇具代表性，可称之为消化吸收说。这种观点认为，技术转移不仅是指技术知识及随同技术一起转移的机器设备的移动，而且应是指技术在新的环境中被获得、吸收和掌握三者的有机统一的完整过程。例如，S. 洛杉布尔姆认为，技术转移是指"技术在与其起源不同的环境中被人获得、开发和利用"。

还有美国国家技术转移中心对技术转移的定义，即技术转移是将技术、经验、诀窍、设备等用于不同于其发明机构最初目的的一个过程，是对技术转移的本质性描述。技术转移过程中产生的难度都源于技术使用目的和使用者的改变。迄今为止，技术转移从世界范围来说一直都是难题。

（二）科技成果转化

科技成果是一个具有中国特色的概念，囊括知识、技术、管理及软科学成果。据国家科学技术委员会《关于科学技术研究成果管理的规定（试行）》（1984）中的规定，科技成果包括应用技术成果、阶段性科技成果、消化吸收引进技术取得的科技成果、科技成果应用推广过程中取得的新的科技成果、科学理论成果。据中华人民共和国科学技术部（以下简称"科技部"）《科技成果登记办法》（2001）中的规定，科技成果包括应用技术成果、基础理论成果和软科学研究成果。

将基础研究、应用研究、技术研发、技术引进和软科学研究成果统称为"科技成果"，必然导致统计口径宽泛，况且很大一部分非技术类成果无须转化、无法转化或难以衡量其转化。转化广义上包括各类成果转化，狭义上仅指技术成果转化。根据 2015 年 8 月第十二届全国人大常委会第十六次会议修改的《中华人民共和国促进科技成果转化法》中第 2 条，科技成果转化是指为提高生产力水平而对科学研究与技术开发所产生的具有实用价值的科技成果所进行的后续试验、开发、应用、推广直至形成新产品、新工艺、新材料，发展新产业等活动。

（三）技术转移的理论

学界对于技术转移的理论研究工作是从技术扩散理论开始的。1904年，法国社会学家塔尔德（Tarde）提出了"S形扩散"模型。20世纪60年代，研究视角从社会学转移到经济学。按照研究视角的不同，可以把技术转移理论基本分为两大类：横向的技术转移理论和纵向的技术转移理论。需要注意的是，这两类理论的研究内容是有交叉的，有一些共同的基本命题。这两类理论的代表性理论如表1.4所示。

表1.4 技术转移的主要理论

类别	理论名称	主要观点
横向技术转移理论	"S形扩散"理论	模拟是重要的扩散手段。在扩散过程中模拟的比率呈S形曲线。技术"扩散"可以看作是一种模仿的过程，可以从信息的角度解释为扩散时间的长短。创新的信息通过人际交流（口头语言）和与"传染病扩散"类似的渠道传播。随着时间的推移，技术扩散行为将存在两种相反的作用力：一个是乐于"扩散"的力量（被"感染"的人数，即采用者数目增加）；另一个是反对"扩散"的力量（仍未得病的人，即可能采用者数目减少）
	技术差距理论	技术转移的原因在于国际间存在着技术差距。发达国家是技术的"中心"，发展中国家则处于技术的"边缘"，是技术的模仿者和接受者。技术创新国家凭借技术优势获取高额利润。技术引进国家研究或开发类似的产品，或进行技术引进，缩小差距。 韩国学者金泳镐提出"技术双重差距"理论，认为世界各国的技术差距分为两类：一类是发达国家之间的技术差距，即"技术累积差距"。表现为由"中心"转移的技术与"边缘"所需的技术的不适应。另一类是发达国家和发展中国家的技术差距，即"技术累积差异"。表现为"边缘"由于技术工人、技术人员的质和量都不足，难以与"中心"转移的技术结合。技术转移的绩效是由双方面决定的。 美国学者克鲁格曼提出技术转移的均衡理论。认为技术不断从发达国家转移到发展中国家，发达国家为保持同发展中国家的差距和有力竞争地位，必然不断创新并努力提高创新速度以推动技术转移。最终优化全球的资源配置，形成一种均衡结构

续表

类别	理论名称	主要观点
横向技术转移理论	技术转移选择理论	美国学者曼斯菲尔德认为，企业在生产要素供给得到满足，出口又能获得最大收益时，一般倾向于选择直接投资，这样有利于控制技术专有权，在国际上保持技术优势和垄断。国外市场容量太小，无法实现投资收益最大化，或者对方缺乏直接投资条件，直接投资遇到障碍时，才会选择技术转让。 邓宁的国际生产折中理论。从国际生产选择的角度说明国际技术转移的机制。该理论认为，企业只有同时在国外拥有区位特定优势、又能控制技术专有（即所有权特定优势和内部化特定优势）、能在国外进行生产条件下，一般选择对外直接投资；企业在区位因素吸引力不大的情况下，倾向于选择出口贸易；企业在内部交易市场不具备一定规模，区位优势又不明显时，才选择技术转让。 美国学者凯夫认为，技术转移机制就是商品交易的均衡机制。技术转移的客体包括专利、商标、设计、经营者经验与技能等，都属于无形资产。由于技术市场的不确定性和市场的竞争结构，拥有技术的企业不能控制某一市场，就只能进行技术转移，从而使该项技术的价值得到实现
	技术生命周期理论	日本学者斋藤优把跨国公司国际生产经营战略归纳为3种形式：①运用创新技术在本国生产产品并对外出口；②国际直接投资，在国外运用该项技术进行生产并就地销售；③直接进行技术转移。三者实际上存在内在联系，并有一定的规律周期。拥有技术的企业总是先出口运用该技术生产的新产品，在出口过程中，该产品由于市场占有率的提升，收益率由低到高。之后，产品渐渐具备了在当地生产的条件，收益率逐渐下降，企业开始把出口商品转为直接投资，谋求收益率回升。最后，由于当地技术的进步和仿制品的出现，企业投资的收益率开始下降，促使企业转而输出技术，提升收益率
	NR 关系理论	日本学者斋藤优提出了"NR 关系假说"，他认为，一国发展经济或对外经济活动不但受其国民的需求 N（needs）和国内资源 R（resource）关系的制约，而且受存在经济、技术交往关系的国家的需求与资源的制约，形成新的 NR 关系。国家间技术转移的动因是改善 NR 关系的不适应。从发达国家来看，为保持其技术优势，可能在输出产品、资本的同时，输出某些技术，以调整、改善本国的 NR 关系或者追求更高层次的 NR 关系。发展中国家自然资源充裕，但是技术缺乏，所以需要从发达国家引进技术，以调整、改善本国的 NR 关系

续表

类别	理论名称	主要观点
横向技术转移理论	中间技术理论	英国经济学家舒马赫认为，发展中国家发展经济的本质是充分利用现有的劳动力，使之充分就业。开发劳动力需要动力、技术知识、资金和出路4个基本条件。而选择中间技术是充分利用本地劳动力的最佳选择。因为中间技术往往是劳动密集型的，一方面比本地现有技术生产率要高，又比现代工业资本高度密集的高级技术便宜得多。发展中间技术有3种途径：①从传统工业的现代技术开始，在保留现有设备、技术和工艺规程的某些部分的前提下，利用先进技术知识对传统工业加以改造；②从最先进技术开始，加以改革、调整以满足中间技术的要求；③进行实验和研究，直接致力于建立中间技术。中间技术往往不是现成的，还需要一个再开发的过程
纵向技术转移理论	"三螺旋"理论	"三螺旋"理论是大学、企业和政府关系的理论。其演化过程是，从政府控制着产业与大学并直接与它们发生联系，到大学、产业与政府之间是一种自由放任的关系，再到大学、产业与政府之间的角色互有重叠交叉，在重叠区域组织功能混合。"三螺旋"理论强调在以知识为基础的社会，大学正扮演着逐渐重要的角色。核心是：大学、产业、政府三方中每一方都表现出另外两方的一些能力，但同时又保留着自己的原有作用和特殊身份。在"三螺旋"中，大学、产业、政府被抽象为在创新体制下彼此有着不同关系的相互缠绕的螺旋线。一根螺旋线可以代替另一根成为主驱动力，大学、产业、政府都可以成为创新活动的领导机构，相互作用实现动态平衡
	网络组织理论	网络是各行为主体之间在交换资源、传递资源活动过程中发生联系时建立的各种关系的综合。这些关系有时是基于共同的社会文化背景和共同信任基础上结成的非正式关系，有时候是发生在市场交易或知识、技术等创造过程中的正式合作关系。区域创新网络是指"一定地域范围内，各个行为主体（企业、大学、研究机构、地方政府等组织及个人）在交互作用与协同创新过程中，彼此建立的各种相对稳定的、能够促进创新的、正式或非正式的关系的综合"

续表

类别	理论名称	主要观点
纵向技术转移理论	孵化器理论	孵化器理论又叫作苗床理论,是关于在新生产部门发生和发展的最初阶段所需要的地理条件的假说 孵化器理论认为,企业是活着的生命,同生物界中的任何有机体一样,会经历新生、成长、与同类的竞争、成熟、衰老直至最后消亡的整个生命过程。不断创新是企业保持活力、持续发展的关键。由于新创办的中小企业往往缺乏各种外部资源,存活率不高,所以要发展高技术产业,就必须人为地扶持新创办的中小型高技术企业,孵化器就是一种制度安排 企业孵化器是针对新创立公司提供有关的援助计划,通过内部的专门技术与公用资源网络来提供商业与技术援助的渠道
	空间扩散理论	空间扩散理论认为,一项创新由于能提高系统运行的效率和创造出更高的价值或者能节约劳动和资本,或者能提供系统的功能(质量)而创造新的市场,使在创新者与其周围的空间里产生"位势差"。为了消除这种差异,一种平衡力量就会促使创新者向外扩散和传播,或者周围地区为消除差异而进行学习、模仿和借鉴。扩散过程首先是通过创新者(或创新地)与最早的接受者间的信息传输发生的;然后首批接受者又作为新的创新者继续扩散,如此经过若干时段,接受者的累积数量趋于饱和,扩散过程也趋于结束。按照扩散过程中的空间区位的变化特征来看,技术扩散可以分为扩展扩散、等级扩散、位移扩散

二、技术转移的过程

(一)技术转移的基本要素

技术转移的基本要素包括技术本体、技术供体和技术受体。

1. 技术本体

技术本身的复杂性导致了自身转移过程的复杂性。技术本体的状态对技术转移的过程产生影响。

(1)技术发育状态

不同发育状态的技术是技术内容成熟程度不同的表征,它会给技术转移过程带来不同的影响。一般而言，技术的发育周期可划分为孕育期、产业化期、成熟期和衰退期。

①处于孕育期的技术。其形态不定型，产业化问题没有解决，因此使用价值不确定。这意味着它的转移风险较大，但如果未来市场支持环境看好，也可能获得巨大成功。由于引进这类技术虽然交易成本不高，但引进后投入较大，所以它要求技术受体必须具备较强的经济和技术实力。这是以高风险换取较大竞争实力的技术转移过程。

②处于产业化期的技术。其形态已定型并日趋完善，实用价值较高而风险较低，因此，社会需求看涨。同时它又具有较大的生产技术缺口，改进的空间较大，技术受体同样需要继续耗费较大的使用成本。

③成熟期的技术。产业化问题基本解决并相对完善，技术支持环境较好，市场需求旺盛。此类技术转移基本上不存在风险。但此类技术特别是其中的主导型技术往往为技术供体所垄断，而非主导型技术转移过程已显露出衰退期技术转移的踪迹。

④衰退期的技术。社会需求逐渐降低，技术即期风险全无，操作相对容易，即使技术实力和学习能力较低的产业主体，也能够胜任这种技术要求。但由于技术充分固化，技术转移主要以设备形式的转移来实现，交易价值仍然较高。同时，由于技术会在一定范围内走向衰亡。因此，使用这类技术所获得的技术优势和竞争能力相对短暂，不利于技术受体技术实力的积累与发展。

上述分析表明，处于不同发育状态的技术，由于内容的成熟程度不同，社会需求、使用成本、风险频率各有差异，直接影响其转移的难易。一般来说，越是靠近产业化、商品化阶段或时期，技术本体内容越趋于基础性，其应用的广泛性、外部性就越高，就越容易向产业领域扩散和转移。

（2）技术匹配状态

技术匹配状态是制约其发生转移的又一重要因素。它是指各种相关技术要素之间的依存关系，其中包括技术系统自身的匹配，与其他技术系统之间的匹配，以及与技术受体原有技术系统的匹配等三重依存关系。

技术系统自身的匹配状态，是表现技术发展程度与成熟程度的重要指标。现实中绝无孤零零的"元技术"能够发挥作用，任何技术形态都是若干单元技术的有机聚集，所以，现实技术似乎都是天然匹配好的，只是匹配的程度不同而已。显然，技术的实用价值大小与发生转移的难易程度直接取决于技术系统内部各单元技术之间的依存关系。同时，一种技术体系的确立，除了内部诸单元技术之间的相匹配之外，还必须与外部相关的支持性技术系统相匹配，倘若缺乏这种匹配，该技术至少在即期是没有前途的，例如，渗灌技术尽管市场前景广阔，但因防堵技术不匹配而无法推广。相反，蒸汽机技术改变交通运输面貌，是在机械加工、铁路、造船等技术系统匹配下才得以实现。更重要的是，即使成熟的技术，当与技术受体原有技术系统不匹配、欠匹配或一时无法匹配时也很难达到转移的预期结果，甚至招致惨重失败。

（3）技术环境

技术环境是技术转移活动所面临的、由技术发展各种态势所构成的技术背景。它们都以不同方式在全局上制约着技术的横向转移。一般而言，某一时代科技发展的速度越快、水平越高，在原有技术体系之间"制造"出的技术势位落差越大，从而促使技术转移的频率就越高。同时，随着科技发展速度和水平的提高，新生技术资源会越来越富集，致使特定技术形态在效率梯度排列中的位置，不断由先进走向落后加速蜕变，生命周期日渐缩短，淘汰趋势迅速加快，从而为技术转移提供越来越大的选择余地和越来越多的市场机会。此外，由于科技发展水平在不同产业领域的不平衡态势，也会给不同产业领域在技术源头上造成"先天"的不平等，使其技术转移的难易程度有别而带上行业性的特点。

2. 技术供体

技术供体即技术的拥有者和转让方。在技术转移过程中，技术供体常常处于主宰地位，它对技术转移的作为或不作为，直接制约着技术转移能否实现及其实际成效。

技术供体的不作为直接限制着技术转移的发生，它往往是由于垄断战略的需要。因为技术转移作为一种能力的转移，对技术的拥有者来说，其目的从来不是转让，而是获得垄断技术所带来的商业价值。因此，当技术拥有者确信能够垄断特定技术时；或在有限范围内转移技术就可以达到自己的战略目的时；或技术需求方是自己的直接竞争对手时；或估计特定技术受体在引进技术后，会导致技术泄密，或不足以掌握该技术，以致给技术供给方声誉造成严重影响时；或当技术转移过程过分复杂而导致转让成本太高并由技术转让方负担时，他们是绝不会转移自己所拥有的技术的。

技术供体的作为，是技术转移得以实现并如何实现的首要前提，它往往出于交换战略的需要。对任何技术来说，拥有者的垄断都是有限的。技术的拥有者也会根据技术的发展状况，怀着不同目的而转移技术，从中换取各种"利益"。这种作为的条件包括如下。

①当特定国家或地区市场容量较小，无法达到规模经营时，技术拥有者倾向于转移技术以分享当地的市场份额；

②当对外部市场不了解，或资本力量有限而无法直接投资时，有可能转让技术；

③当技术创新周期较短，更新速度较快时，为避免技术实用价值无形损耗，尽快收回研制成本，技术拥有者倾向于转让技术；

④当特定国家或地区推行技术的国有化和本土化，或对外直接投资限制较多时，欲进入该国家或地区市场的技术拥有者倾向于转移技术；

⑤当某种技术给资源环境造成严重危害并被限制使用时，技术拥有者倾向于这种技术向外转移，当然这是典型的恶意转移；

⑥当把技术转移当作某种超经济的策略工具，以换取额外的特殊利益时，这种技术转移是技术拥有者乐于进行的。

总之，技术拥有者对技术转让的作为或不作为，都是受利益杠杆的驱使。作为，无疑是为了利益，而不作为，同样是为了利益。因此，技术能否转移最终取决于技术拥有者对这两种利益的权衡与取舍。

3. 技术受体

技术受体即技术的吸纳者和引进方。一般而言，技术受体对外部技术吸纳能力的强弱直接制约着技术转移的渠道、方式和其所能达到的实效。技术吸纳能力，作为从事技术转移活动的本领，是以技术预测能力为起点，包括学习、理解、消化、吸收、模仿、改良、创新等多种能力在内并梯次演进的复杂能力形态。每一种能力都是在前种能力基础上发展而来并包括前者于其中，成为衡量技术受体技术实力强弱的基本尺度并最终设定着技术转移所能获得的实际成效。

从实体与属性的关系上看，技术吸纳能力是技术受体内部各种基础性实体要素的技术表现力。技术吸纳能力对技术转移的制约作用，本质上是这些实体要素的集成作用，主要有如下实体要素。

（1）技术存量

从实物形态上看，技术存量包括人与物两种要素形态。一般情况下，二者是相互适应的，可以从人的素质与物的效能及其二者在量的规模、结构、变动比、老化率等对其进行客观描述和综合评价。技术存量是动态的，如果没有技术增量的介入，技术受体的技术存量会因人们的知识老化、设备性能相对落后、图书资料陈旧等原因而自行衰减。技术存量是技术引进中能够自主动用并借以投入的技术资源，从静态上规定着技术受体引进或承载外部先进技术的内容、规模和形式。从动态上看，技术存量的调整与更新会给技术转移拓展新的领域和渠道，提供新的市场机会和条件。特别是人力资本存量的更新，对于立国兴业更具决定意义。在技术转移中，它既可弥补其他技术存量的短缺效应，也能使技术受体的技术实力超常发挥。

（2）组织形态

我们把技术受体内部各种结构性要素之间有机传导和制约机制称为组织形态。其中产权组织形态的合理化能激发技术受体的创新动机，有助于发挥制度创新的多重功能，对技术转移过程施加积极影响。资产运营形态反映着生产要素的分布及其重组或替代关系，在动态上它能够引起资本结构、产业结构及产品结构的演变和调整，影响技术转移的"波及效应"和规避技术转移风险的能力。职能结构形态是决策、开发、生产、营销等主要部门的设置及其权力划分与制约关系。它的不断优化既可使参与技术活动的部门与个体的技术协作能力形成有效聚集，以实现技术转移的预期目标，又可通过提高生产过程各个环节上的协调运作效率来降低技术转移成本。

（3）财力总量

财力总量是技术受体经济实力的重要指标，通常以货币形态存在。在市场经济条件下，技术资源的获取是非馈赠性的，因此，财力总量就成为影响技术受体吸纳外部先进技术的首要经济前提，直接制约着外部技术资源进入技术受体内部的流量大小及其实际作用发挥的成效。需要指出的是，在现实的技术转移过程中，它直接关系到财力总量在支持技术转移中是否达到所期望的有效力度。显而易见，向技术进步倾斜的财力配置结构及其支持的有效规模和力度，是技术转移得以实现并顺利达到预期目标的基本保证。

（4）产业规模

产业规模即技术受体中生产要素和产品的集中程度和经营活动的集约化水平。通常用资产总量、职工人数、销售收入等一组指标来衡量。一般而言，随着技术受体产业规模的扩大，对技术转移的贡献是不断递增的。从理论上说，这种产业规模制约技术转移及其成效的作用一般来自3个方面：①由于资本市场的不完全性，使规模较大的技术受体具有较高的稳定性，有助于保持技术进步的持续性。②规模较大的技术受体，容易从专业化和分工效率中产生规模经济，从而拥有更多的技术存量和财力积累，以保证技术进步的有效投入。③规模较大的技术受体，由于经营结构多元化，便于分散和化解创新风险，并提高技术转移的极化效应和"乘数"作用。上述分析表明：技术转移对技术受体存在着一个最小有效规模的限制。低于这个规模，技术进步能力无疑是萎缩的，但规模超出一定限度，也会产生内部不经济，反而给技术转移带来负面影响。

综上所述，技术转移过程是技术本体、技术供体和技术受体三维变量相互制约、协调互动的过程。在技术本体给定的条件下，能否实现技术转移，主要取决于技术供体的意愿，而技术转移的成效，主要取决于技术受体的经济实力和技术素质。

（二）技术转移的形式

从比较宽泛的意义上看，技术转移的形式主要包括如下几种。

①商品贸易。特别是通过高技术产品贸易所带来的技术转移。

②技术贸易。包括技术转让、技术咨询服务、成套设备和关键设备的进出口、技术服务与协助、工程承包与交钥匙工程、特许专营、设备租赁、补偿贸易等。以许可证转让方式（包括专利和非专利科技成果）所进行的技术转移，是目前技术转移中最受关注和最为重要的方式之一，通常称为技术转让。这是一种有偿的转移方式，技术以商品的形式在技术市场中进行交易。通过购置设备和软件获取所需要的技术也是常见的技术转移方式，这种方式的优点是能最快地获取现有的技术，卖方可能会提供培训，投产获利较快，风险较小；缺点是新设备可能不适应企业现有的环境，企业需要在组织上进行变化，成本较高，不能从根本上提高技术能力，随着技术的变化需要不断地购买。

③直接投资。如合作经营、合资经营、独资经营等。

④战略联盟。这是联盟各方实现技术、知识资源共享的一种特殊形式，技术转移在其中是双向或者多向的，联盟各方共用研究开发设施，可以减少资源压力和开支，共担风险，抑制竞争。

⑤产学研结合。这是技术转移中效果较好和较有前景的途径之一，包括合作研究、合作开发、合资生产等形式。其主要优点是能充分利用合作伙伴的知识技能和资源，发挥自己的优势，弥补自己的不足，有利于迅速获取技术，可以减少成本和风险；主要缺点是组织之间的目标不同，有时难以形成良好的合作关系，管理过程和利益分配有时会出现矛盾。

⑥创办新企业。由成果拥有单位或由科技人员自己创办企业是技术转移最为直接的方式。其优点是转化速度较快，技术拥有单位或个人可能获取更大的收益；缺点是风险大，难以获得风险投资，不易形成规模经济。

⑦科技合作。派遣学者、专家到国外或者其他地区的高等学校、研究机构或者生产企业，与对方的学者、专家合作进行研究设计；或者双方学者、专家轮流到对方学校、研究机构或者企业进行研究。

⑧科技交流。国家之间或者地区之间的科研、教学、企业之间，以增进智力、技术和信息为内容的，以促进各自技术进步为目的的交流活动。例如，聘请讲学、座谈、举办讲习班、参加会议等；这种通过信息传播的方式获取所需技术，其优点是成本低、速度快、简单易行；缺点是无法获取较完整的、系统的技术知识，

特别是难以获得技术诀窍，要求企业自身具有较强的技术能力或模仿能力才行。

⑨技术援助。向受援方提供成套的先进设备及提供全部或者部分设备所需的零部件、原材料，甚至派遣技术专家负责组织和指导施工、安装和试生产，帮助受援方学会管理生产和操作技术。"技术转移的关键是人而不是技术文件"，这是近几年西方管理界十分流行的说法，关键技术人才的流动常常伴随着技术成果的流动，技术知识随着这种人员的交流得到转移。

⑩技术情报。这种方式渗透到经济技术的各个领域和各个层面，或者窃取有关的技术情报和商业秘密，或者通过中立国或中间商，从一方买入技术再卖给另一方，逃避有关法律法规控制，获得技术秘密。这种方式有的介于合法与非法的灰色领域内，有的则是一种非法活动，但在客观上带来了技术的流动，尤其在国际技术转移领域，是国际技术转移的一种方式。

三、后发国家的技术追赶

（一）技术追赶效应

所谓技术追赶效应，一是指技术后进国技术扩散率（T2）明显高于技术领先国技术创新速度（T1），即 T2＞T1，显示出技术追赶的特点。这是因为技术创新成本高于技术引进成本，技术创新应用于商业化的时间多于引进技术商业化的时间，虽然发展中国家技术落后，但是引进技术可以降低创新成本，节约新产品进入市场的时间，技术创新主要为新产品、新市场方面创新。二是指当后进国有技术创新（t）时，就可以加快技术追赶步伐，即 T2+t＞T1。正是在这两种条件下，后进国才能实现技术追赶，进而提高了劳动生产率，促进了经济追赶，缩小与发达国家的经济差距。从世界经济发展历史上看，日本和亚洲"四小龙"就是比较成功的例子，中国、印度和东南亚国家正在成为第二代新兴工业化国家的成功范例。

（二）技术追赶的机制

发展中国家获得和使用技术有两种机制：一是依靠技术引进；二是依靠自身

的创新技术。从经济学理论和各国的发展实践来看，这两种策略都是经济成功的关键，但不同的国家有不同的技术路线选择。引进技术的主要途径是：进口高科技产品和资本货物（包含了技术）、购买专利和版权、吸收外国直接投资（FDI）、加入全球生产链等。开放成为引进技术的前提条件。开放是市场开放、贸易自由化、投资自由化。人们往往把引进技术与创新技术相互对立和排斥，实际上它们之间具有很强的互补性。为了便于分析起见，我们假定发达国家的技术能力等同于它的创新能力（这一假定存在局限性，实际上发达国家也是技术引进国）；发展中国家的技术能力等于消化能力与引进能力的乘积，消化能力是一个大于零、小于1的系数，在引进能力一定的情况下，消化能力越大，实际的技术能力越强；新兴工业化国家的技术能力=消化能力+引进能力+创新能力。引进能力与创新能力具有互补性，提高这两个能力，加快两种技术积累速度，是实现"经济追赶"和"技术追赶"的主要途径。

Kim 提出了著名的"逆 A-U 追赶模型"①。发达国家产业技术演进的轨迹一般经历"流动""过渡"和"特性"3 个阶段。发达国家的产业技术通常是在第 3 阶段——"特性"阶段才转移到后发国家；后发国家的产业技术学习则是从获取国外成熟技术开始的，通常要经历 3 个阶段。

第一，企业家从国外获取成套生产技术（包括装配线、零部件、产品规范及国外技术人员的支持等）来启动生产。这一阶段的任务是将在发达国家已经得到验证的成熟技术加以转移，制造出产品来。为此，后发国家只需要工程方面的努力。

第二，随着国外的生产技术、产品设计技术迅速在本国扩散，一些新企业进入这个行业，它们通过挖人等方式从先期获得国外技术能力的本国企业获得技术能力。而国内竞争的加剧将促使本国企业加大吸收外国技术、生产差异化产品的努力。在这一阶段，后发国家企业的技术重点是工程及有限的开发，还少有研究方面的努力。

---

① Frost T S. Imitation to Innovation: The Dynamics of Korea's Technological Learning[J]. Journal of International Business Studies，1997，28（4）：868-872.

第一章
技术转移的基本理论

第三，在成功地消化吸收引进的技术并发展出自己的产品开发能力之后，后发国家的科技人员能够对引进的技术进行改进，这就需要较多的开发和研究方面的努力。沿着这种获取、消化吸收、改进国外技术的发展轨迹，追赶国家企业走的是一条与发达国家企业"研究—开发—工程"顺序相反的技术道路。另外，在成熟的技术产品领域成功地完成了"获取—吸收—改进"过程之后，后发国家企业可能会进入在发达国家尚处于"过渡"阶段的较高层次产业技术领域，重复"获取—吸收—改进"的学习过程。如果在这些技术领域的学习也取得了成功，追赶国家企业会积累较多的技术能力，最终将在流动阶段的新兴技术领域向发达国家企业发起挑战。

（三）技术追赶的重要观点

有的学者认为，基础科学知识是一种公共产品，所以发展中国家不必自己做基础研究，完全可以通过学习吸收发达国家的先进研究成果进行二次创新（Pavitt，2001）[①]。这种观点是以基础科学知识可以免费获取，并且顺利形成技术创新能力为前提的。然而，这种前提并不成立，如果没有相应的科学研究能力和技能资源，企业不能够理解和利用别国基础研究的成果，尤其是其中包含的有隐形知识（Callon，1994）[②]。

王华、赖明勇等（2010）[③]的研究表明，技术转移的渠道、企业所有制类型、所属行业机构等都将影响微观企业的技术创新行为。因此，对外开放政策的制定应当体现不同行业、不同所有制结构在不同发展阶段的差异性；而企业技术进步模式应是符合企业要素禀赋差异的内生选择。对于生产能力落后的地区、行业或

[①] Pavitt K. Public Policies to Support Basic Research: What Can the Rest of the World Learn from US Theory and Practice?（And What They Should Not Learn）[J]. Industrial & Corporate Change, 2001, 10(3): 761-779.

[②] Callon M. Is Science a Public Good[J]. Science Technology & Human Values, 1994, 19(4): 395-424.

[③] 王华，赖明勇，柒江艺. 国际技术转移、异质性与中国企业技术创新研究[J]. 管理世界，2010（12）：131-142.

企业，可充分利用国际技术转移淘汰落后技术，培养规模生产能力促进产业发展。但同时需要警惕国外先进技术对本土研发的"替代效应"可能直接削弱企业创新动力，过度依赖国外科技可能导致该国在政治、经济、军事层面的被挟制。尤其在高新技术行业，作为全球价值链中的国际买家或跨国公司利用对全球终端市场的买房垄断势力和技术的先位势力侵占发展中国家高端市场空间，对本土企业造成的"挤出效应"，使企业丧失技术创新的市场激励。

路风（2006）[①]认为，中国很长时间以来一直希望实施"市场换技术"的策略能够奏效，但事实是，市场也许能换到一些技术，可是换不到核心技术。依赖外商投资实现技术扩散从而实现技术进步也是不现实的。改革开放这么多年来的经验一再表明，发达国家始终对中国保持着技术上的"封锁"，不可能向中国扩散未来发展所需要的尖端技术。

这主要有3个方面原因。

①科技领先优势是美、日、德、法、意这些发达国家的产品能持续出口的保证，因此，必然会防范将先进技术转移给中国。

②西方发达国家的技术在很多方面是针对他们的国情而研发的，对中国不一定适用。

③越高端的技术越难以模仿。

里多塞维克基于演化经济学的技术转移观提出，在对国际技术转移和我国技术能力建设的动态研究中发现，有3个方面的认识需要澄清：第一，技术能力是通过技术学习而非自发获得的；第二，我国没有将国际技术转移和学习如何创新结合起来；第三，由于历史环境的不同，发展中国家和发达国家技术能力获得的途径是不同的。

---

① 路风.走向自主创新[M].桂林：广西师范大学出版社，2006.

第二章

技术转移中的技术开发过程

科研院所的研究成果,往往并不是可直接交付的应用技术;企业之间的技术转移,也要根据使用场景和需求特点的变化对技术进行改进。技术转移中的技术开发过程,是指对源技术进行的二次开发,目的是提升技术的成熟度,将技术推进到可应用的状态。

技术转移中的技术开发过程存在显著的产业差异,那些实验室环境和产业应用环境相差较大的产业,技术开发的工作量也就更大。高技术产业的技术开发活动复杂度更高、周期更长、风险更大。在创新竞争越演越烈的背景下,国家和大企业在技术创新和技术转移的作用越来越大;开放式创新使得创新资源的整合和利用变得与创新同等重要;内化为个人才能的高技术创新使得以人才流动为形式的高技术转移渠道更加重要。

第一节 技术创新的重要趋势

第二次世界大战以后,人类进入了技术进步最快的时期。各个领域的技术创新日新月异,并且从科学研究到商业化应用的周期也大大缩短。技术创新能够快速地变成新产品和新服务,提升整个人类的生活质量。里多塞维克指出:新技术的变迁主要表现在这样几个方面。第一,技术变得越来越复杂,吸收与掌握技术的周期变长;第二,新技术和新产品中知识的含量在增加,吸收与掌握技术的周期变长;第三,产业组织尤其是学习型的产业组织对技术转移的影响越来越大;第四,由于新技术的复杂性及意会性知识含量的增加使新技术可转移性和复制性的难度增加。

对技术创新的趋势的考察,不仅要考虑到技术本身属性的变化,也要将技术放置所处的经济、社会、政治系统当中。本部分梳理了技术创新的3个重要趋势。分别是越发重要的大企业和国家力量、开放式创新和表现为个人才能的技术创新。

一、越发重要的大企业与国家力量

(一)技术创新中的大企业的力量

美国实现对欧洲的技术追赶,得益于巨大的本土市场规模,并由此在钢铁、化工、汽车等领域催生了一批大型的企业。这些企业规模巨大、实力雄厚,其设立的研发机构按照市场需求不断提升技术水平,运作良好。约瑟夫·熊彼特在《资本主义、社会主义与民主》[①]中说道:"完美科层制的巨大工业单元,已经成功将创新过程合理化和常规化到这样一个程度,大型企业已经成为经济进程中'最有力的引擎'。"结果,科技进步逐渐成为"制造所需并使其可预测的方式运行的经专门训练的专家团队"的事情,而不是个体企业家的事情。大企业是技术创

---

① 约瑟夫·熊彼特. 资本主义、社会主义与民主[M]. 北京:商务印书馆,2009.

第二章 技术转移中的技术开发过程

新的主体,并具备各方面的优越条件。

钱德勒(2001)[①]的研究表明,一个工业的竞争力由该工业中领头企业的竞争力所决定。跨国公司拥有、生产并掌控着世界绝大多数的关键技术,是世界产品研发与创新的主要实施者,在世界所有私人部门的研究与开发支出中,跨国公司的研发支出占了 80% 以上的份额(Dunning,1992)[②]。《OECD 科学技术和工业记分牌 2015》中指出:"颠覆性创新正在推动下轮变革。全球的前沿创新高度集中于跨国研发公司。2012 年,全球研发投资 2000 强公司及其 50 万家子公司共占全球企业研发支出额的 90% 以上,占全球五大专利局申请的专利家族的 66%,它们是技术和市场的领跑者。在全球研发投资 2000 强公司中,250 强中跨国公司约占全球研发支出的 70%、专利量的 70%、信息通信技术专利量的 80% 和商标申请量的 44%"。

大企业对技术创新的作用越来越重要,主要原因有以下几个方面。

1. 高技术创新的资金门槛越来越高,只有大企业才具备相应的资金实力

科学技术发展到现在,尤其是高新技术产业领域。研究工作通常需要昂贵的实验设备和高薪聘请研究人员。而且,大多数技术成果并不像农作物品种或者 APP 软件那样交给用户就能使用,也不都像某些日用品的新设计、新配方,经过较短期的中试和调整就能投入生产。特别是涉及能源、环境、健康、先进制造等方面的技术成果,从技术发明到应用开发、中试放大、批量生产,达到各类检验标准、满足用户体验,需要长时间反复的研发过程。这期间需要大量的资金投入,只有拥有雄厚资本实力的大企业才能跨越高端技术研发的资本门槛。

2. 技术创新的基础资源越来越掌握在大企业手中

大企业掌握的技术创新的基础资源主要包括 4 个方面。第一,实验室资源。

---

① Chandler D P, Nordenflycht A V, Hikino T. Inventing the Electronic Century: The Epic Story of the Consumer Electronics and Computer Science Industries[M]. New York: The Free Press,2001.

② Dunning J H,Lundan S M. Multinational Enterprises and the Global Economy,Second Edition[J]. Journal of International Business Studies,2008,39(7):1236-1238.

实验设备、试剂、工具等研发条件。对于高技术产业，实验室条件的创造往往花费高昂，只有大企业才有资金实力，在生物医药产业尤其如此。第二，规模化的应用条件。大企业有些特殊的技术创新需求，也只有大企业才有这些技术创新的应用条件。例如，大西洋与太平洋茶叶公司（沃尔玛崛起前美国最大的零售商）投资改进其仓储交货系统，因而得以改进其存货管理。竞争对手的库存周转率为4个月，而该公司仅为5周。同样，沃尔玛为提高供应链的效率进行了大量投资，这在相当程度上直接促成了该公司20世纪90年代生产率迅猛提高。小企业就难以利用这些方法创新。第三，数据资源。无论是来自于客户还是来自于生产运营实践的数据积累，对于技术创新的重要性越来越高，尤其是互联网产业，数据资源垄断在几个大的互联网平台企业。这些数据越来越成为新应用开发，新算法开发和人工智能研究的基础资源。第四，在许多领域，技术创新的开展需要良好政府关系和社会声望，这些特殊资源也往往是大企业才具有的。

3. 大企业通过收购整合小企业技术资源进行更高水平的创新，实现更快的技术商业化

Deep Mind 的创始人说，被谷歌收购才有可能让我们成为伟大的公司。乔布斯、马斯克、任正非只是数万科技人员组织化、长时间的研发活动积累包装的缩影。美国千人以下的小公司研发投入占总量的比例由2008年的24%下降到2013年的19%，而千人以上大公司则从75%上升到80%。如果不能建立起强有力的研发团队，通过组织化的方式进行创新，在未来科技竞争中，存活都将是奢望。松散的组织或者个人在创新中被淹没的概率要超过90%。一方面，在位的大企业通过收购整合小企业，能够有效弥补自身组织的弊病，有效获取外部创新资源，同时避免小企业成长成为未来强大的竞争对手；另一方面，中小企业通过大企业入股或者被大企业并购的手段，能有效获取大企业的资金和渠道资源支持，加速其成长，在激烈的竞争中取胜。

对于后发国家来讲，大企业的作用还体现在有实力通过并购手段在全球配置创新资源。中国近几年海外并购交易数量大大增加，帮助中国获取产业转型升级所需的技术、品牌和渠道资源。这也是小企业力所不能及的。

（二）技术创新中的国家力量

第一次技术革命使得英国成为"日不落帝国"，第二次技术革命使得德国完成对英国的赶超，第三次技术革命又使得美国超越德国成为新的世界霸主。进入21世纪以来，技术创新能力成为国家实力的核心支撑，国家之间发展的竞争，越来越表现为技术创新能力的竞争。提升本国的技术创新能力，几乎成为所有国家的共识。国家力量在技术创新中的重要作用主要体现在以下几个方面。

1. 政府投入是整个国家创新投入的主要力量，也是持续性力量

以世界科技创新能力最强的美国为例。即使在奉行"小政府"理念的美国，在基础研究方面最强大的角色依然是政府。大学之类的学术研究机构承担了美国全部基础研究任务的60%，60%的大学研发经费来自美国联邦政府。

关于美国政府对美国技术创新的作用，麦迪逊曾经总结道："美国经济体量足够大，足以培育巨型公司及其专业管理层；美国有庞大的科研预算，使其能够以英国不可能采取的方式将创新过程制度化。美国在主要大学建立了研发部门，对靠政府划拨土地建立的农业科研院校做出特别规定……从而加强了其在这方面的领导地位。美国有记录可考的研发支出从1921年占GDP的0.2%增长到20世纪60年代中期的将近3.0%，达到当时的历史最高点。"

同样，林毅夫（2012）谈到美国在研发领域的全面领先问题时说："目前就美国产业政策的必要性进行的讨论并没有改变美国联邦政府和州政府在最近几十年来在行业发展中发挥重要作用这个事实。政府干预措施包括将巨额公共资金投入国防相关性采购或将其用作研发经费，此项举措将在整个经济系统内产生强大的溢出效应。"从定量角度分析，林毅夫说："联邦政府在全部研发经费中所占的份额，在1930年仅为16%，在第二次世界大战后的几十年里保持在50%～66%"。经济学家常建指出："在计算机、航天和互联网之类的行业，美国仍保持国际优势，尽管其总体技术领先水平正在下降。如果没有联邦政府对国防相关性研发活动的投入，上述行业都是不存在的。"政府支持对经济体内其他部分如健康行业的发展也是极其重要的，政府对国立卫生研究院的公共投资在相当程度上扶持了生物技术机构的研发活动,这对美国保持其在该行业的领先地位具有极其重要的作用。

此外,对重大技术革命机遇的把握,需要国家固定资产的投入。美国最近一次重大的技术进步和生产率增长浪潮,即20世纪90年代和21世纪初信息通信技术的飞速发展,就伴随着急剧增加的固定资产投资。创新并非固定资产投资的替代物,创新通过固定资产投资得以实现。

2. 国家投入对于基础研究、前沿性研究、高技术研究非常重要

由于前沿技术研发成本很高,并且研发结果和所需时间充满不确定性,企业更倾向于采纳和改进经实践检验的现有技术,而不是热衷于拓展前沿技术,在这种情况下,政府在根本性创新方面发挥着决定性的作用。

最具有创新性和反传统性的产品是与政府推行的大规模基础性科研计划或项目分不开的。马里亚纳·马祖卡托所著的《创业型国家》中明确地揭示了这一规律。马祖卡托对苹果公司这个最著名的案例进行了详尽的分析:"使乔布斯的iPhone如此智能的所有技术都是政府资助的(互联网、地理信息系统、触摸屏显示器和最近的SIRI语音助手)。这种蕴含着极大风险的慷慨投资绝不会因风险资本家或车库创业者们的存在而出现,是政府这只看得见的手促成了这些创新的发生。"

在一些高新技术产业领域,政府的作用尤为重要。在美国制药业,"最具有革命性意义的新药物主要是用公共资金而不是私人资金生产的""风险资本在政府对生物技术行业的投资中冲浪"。马祖卡托非常明确地指出,"在美国,在公共资金研发投入日益增加的行业,如制药业,而私人资金研发投入日益下降。根据拉佐尼克和图鲁姆的观点,在过去10年里,美国国立卫生研究院花费了超过3000亿美元(仅2012年就高达309亿美元)"。

还有在一些特殊行业,如绿色技术。在发达世界,提供此项投资是某些政府部门,如美国先进能源研究计划署(互联网的开发者美国国防部高级研究计划局在能源领域翻版),或国家投资银行,如德国复兴信贷银行。在新兴世界,此类资金来源于银行,如巴西国家发展银行,或中国国家开发银行。

此外,国家的创新投入还是其他创新的基础和源头。美国硅谷的著名初创企业事实上都得益于它们与世界上最大的科研机构之一——斯坦福大学有密切的关系，而斯坦福大学恰是一家政府资助大学。因此，硅谷的初创企业不同于遍布全国的普通中小型企业，而是与斯坦福大学这个庞大的科研中心有着密切的关系。正是由于这个原因，在高科技行业有明显的"集聚"效应，小型初创企业需要紧邻大型的、通常是由政府资助的知识中心。

事实上，商业机构特别是小型商业机构，从事的主要是第二级或第三级技术创新，而最基本的工作是有政府或非常大的商业机构承办的，美国电话电报公司贝尔实验室是后者的一个典型，晶体管就是在其垄断美国电信的时期发明的。这一现实还明确体现在信息通信业，这是当今最普及化的技术创新行业。关于该行业的"神话"是认为它是私营业务的典范，事实上，私营部门的倡导是以政府资助的基础研究为依托的次级创新。

3. 国家尺度上的科技竞争更加激烈，这导致国家的作用更加强化

全球经济形势低迷，后发国家对先进国家的挑战，导致国家之间的科技竞争越演越烈。

2008年金融危机之后，世界经济持续低迷。世界主要国家持续加大科技投入，并陆续实施重组国家科技力量、调整优化科研布局等一系列重大改革举措，为寻求经济复苏和可持续发展谋求生机（表2.1）。这将导致国家之间的技术创新竞争更加激烈。

表2.1 主要国家的科技战略计划

国家	战略计划	主要内容
美国	抗癌"登月计划"	为推动这一计划，奥巴马提议在2016—2017年投入约10亿美元（美国国家卫生研究院在2016年出资1.95亿美元用于癌症研究，2017财政年度白宫将要求国会批准在这一方面投入7.55亿美元）。 重点支持的领域包括癌症预防与疫苗研发、早期癌症检测、癌症免疫疗法与联合疗法、对肿瘤及其周围细胞进行基因组分析、加强数据分享、儿童癌症研究等

续表

国家	战略计划	主要内容
欧盟	"地平线2020"	2014—2020年,欧盟正式启动投资总额达770亿欧元的"地平线2020"科研规划,也就是第8个科研框架计划。 规划囊括了欧盟各层次重大科研项目,主要分为3个部分:基础研究、应用技术和应对人类面临的共同挑战。"基础研究"预算约246亿欧元,主要用于支持最有才华和创造能力的个人及团队开展高质量前沿研究,支持在具有前景的新领域开展研究和创新合作,为科研人员提供高层次培训和职业发展机会,确保欧盟具有开放的、世界级的科研基础设施;"应用技术研发预算"约179亿欧元,用于推动信息技术、纳米技术、新材料、生物技术、先进制造技术和空间技术等领域的研发;"应对人类面临的共同挑战"约318亿欧元,涉及应对气候变化、绿色交通、可再生能源、食品安全、老龄化等领域的研发,用于建设"包容的、创新的、安全的社会"等
日本	"超智能社会"建设计划	日本国家科研计划每5年更新一次。2016年1月22日,日本内阁会议通过第5个科学技术基本计划。该计划实施周期为2016—2021年,最核心内容是提出建设全球领先的"超智能社会"。 日本正面临人口减少和老龄化问题,社会保障费用正在提高,而税收却增长乏力,因此,需要通过科技创新提高生产率,以实现经济增长和创造就业。"超智能社会"旨在通过最大限度地利用信息通信技术,将网络空间与现实空间融合,使每个人最大限度地享受高质量服务和便捷生活。 为建成"超智能社会",日本政府和民间的研发投资总额要占到GDP的4%以上,其中政府投入将占GDP的1%。按照这一计划期间日本GDP增长率为3.3%估算,政府研发投资总额将达到26万亿日元(约合2288亿美元)
德国	"高新技术战略"	"高新技术战略"共提出6项优先发展任务,分别为数字经济与社会、可持续经济与能源、创新工作环境、健康生活、智能交通和公民安全。 其中,"数字经济与社会"旨在抓住数字化机遇,下设"工业4.0"、智能服务、智能数据、云计算等多个子领域;"可持续经济与能源"包括能源研究、绿色经济、可持续农业生产、未来城市等,能源研究主要针对如何落实能源转型,发展可再生能源和提高能效

续表

国家	战略计划	主要内容
德国	"高新技术战略"	除了这 6 项优先发展任务，"高新技术战略"内容还包括加强国内外产学研合作、增强经济创新动力、推出有利创新的机制及在提高透明度的前提下推动社会各界参与创新对话等
英国	投资基础研究	2014 年，英国政府宣布，向多个基础研究领域的科研项目投入总共 3 亿英镑的资金支持，并将其作为长期经济规划的一部分。这笔资金将用于天文、量子技术、深空探测等领域，而这些看似非常基础的科研实际上能带来大量实用的技术创新和就业机会，不但有助于确保英国的科研领先，还有望每年创造 1.5 亿英镑的产值

关于后发国家对先进国家的技术挑战，最典型的是中国对美国的技术追赶。从中美高技术产业增加值占世界的比重来看，中国的高技术产业增加值占世界比重从 2000 年的 2.53% 猛增到 2015 年的 29.08%，而美国的高技术产业增加值占世界比重则从 2000 年的 37.10% 下降到 2015 年的 29.08%。同样，中国的高技术产品出口额占世界比重从 1999 年的 2.53% 猛增到 2014 年的 26.01%，而美国的高技术产品出口额占世界比重从 1999 年的 18.38% 下降到 2014 年的 7.25%。

中国与美国在高科技领域的竞争越来越激烈，也遭受了美国越来越多的反制措施。例如，美国以国家安全为由阻止清华紫光对世界第三大内存芯片厂镁光科技（Micron Technology）230 亿美元的收购，导致收购失败。2016 年，清华紫光试图用 26 亿美元收购美国仙童（Fairchild）半导体公司也被拒绝，仙童害怕美国政府会阻挠收购，主动拒绝了清华紫光。

美国著名经济学家迈克·波特在对几十个国家的竞争优势作详细分析的基础上，将各国经济发展分为要素驱动、投资驱动、创新驱动和财富驱动 4 个阶段。按照波特"四个阶段"理论，我国现在正处于从要素驱动和投资驱动向创新驱动跨越的重要阶段。我国要实现创新驱动发展，一方面要提升自身的创新实力；另一方面，就是利用国家力量，破除发达国家的技术封锁。中国高铁的发展就是这种方式的典型案例，铁道部与日本、德国等大公司的技术谈判，以及之后南车和北车的合并，方便中国高铁走出国门。其背后，处处是国家的力量在发挥作用。

二、开放式创新

(一)开放式创新的概念

在20世纪80年代以前,大多数的研究工作都是在研究室里面完成的,由企业向内部的研究室投入资源、先进的设备等,创新思想的生成、开发、制造和营销都是由企业自身承担的。这种模式的本质是封闭式的、高度集权的模式,即封闭式创新(图2.1)。虽然在封闭式创新的发展过程中,注重与企业战略目标的结合,重视跨部门的协同,但是资源的整合重点仍然是企业内部资源。

但是,随着信息技术的不断发展,知识时代促使创新意识不断增强及市场上产品周期不断缩短。今天也没有哪一家企业能够像20世纪70年代到80年代初期的IBM和AT&T公司那样,对所有相关领域的学科进行研究(M Iansiti et al, 1995)[①]。

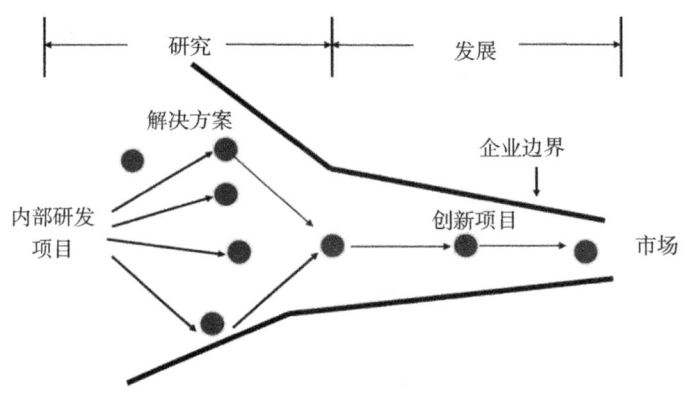

图2.1 封闭式创新模式

所谓"开放式创新",是基于传统封闭式创新模式诞生的一种新企业创新模式(图2.2),与封闭式创新相比,开放式创新在创新的理念上和实践中都有着

---

① Iansiti M, West J. Technology integration: turning great research into great products[M]// Harvard Business Review on managing high-tech industries. Boston:Harvard Business School Press, 1999:1-29.

明显的不同。开放式创新是均衡协调企业内部和外部的资源来产生创新思想，不仅把创新的目标寄托在传统的产品经营上，还积极寻找外部的技术特许、技术合伙、战略联盟或者风险投资等合适的商业模式来把商业化创新思想变为现实，形成产业化。

封闭式创新意味着企业的各种创意只能来自于企业内部，并只能依靠企业内部力量进行研发、生产和商业化，其与强调资源共享的开放式创新模式在创新过程、创新资源、资源共享周期与频率等方面均存在很大差异。

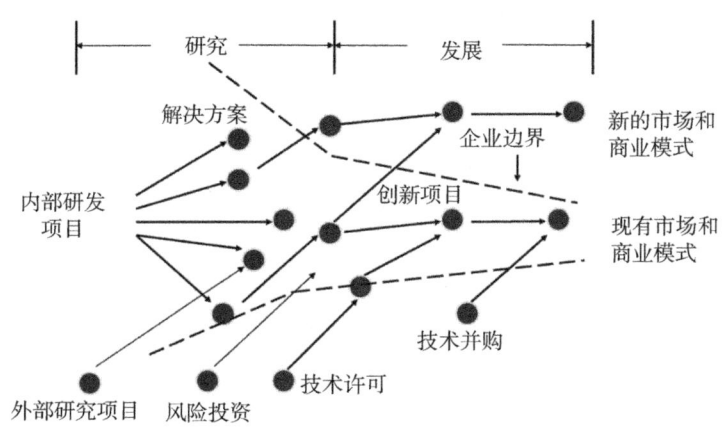

图 2.2　开放式创新模式

1. 创新过程[①]

创新过程在传统的封闭式创新模式之下，企业的创意多来自内部员工；技术开发与研发多依靠内部的技术部门，与外部合作有限；新产品的商业化也是企业利用自身的销售力量进行市场开拓、市场试销直至市场推广等各项活动的过程。与此相对的是，采用开放式创新模式的企业，其创意的源泉不仅仅局限于内部员工，还可利用互联网与信息技术广泛吸收存在于领先用户、主流用户、供应商、零售商等各利益相关者处的创意，其技术研发过程中通过技术资源共享实现新技

---

① 张丽锋，熊丽的，谢董晶. 开放式创新下科技服务机构助力企业创新能力提升 [EB/OL].[2017-03-14]. http://www.amt.com.cn/html/ManageFront/AMTPoint0/2017/0217/1735.html.

术的共同开发；其新产品实现商业化的过程中可以共享市场推广所需要的人力资源、品牌资源、口碑资源等。

2. 创新资源

企业创新活动的实现是多种创新资源价值实现的过程，每一个企业都不可能拥有创新所需的全部资源，于是创新资源的搜寻与获取是企业实现创新的关键环节之一。在传统的封闭式创新模式下，企业从外部环境中获取的创新资源范围与类型较为狭窄。为了实现企业创新活动的"蝶变"与创新过程的全方位成功，企业必须不断与外部环境交换能量，实现有形资源和无形资源的共享与价值实现，这便是开放式创新模式，通过在创新过程的不同阶段与外部环境之间实现多种类型创新资源的全方位共享，以形成资源网络，加快创新速度，提升创新绩效（表2.2）。

表 2.2　不同领域的创新资源分布

创新内容	用户	制造商	供应商	其他	NA（n）	总计
科学仪器	77	23	0	0	17	111
半导体与印刷电路工艺	67	21	0	12	6	49
拖铲	6	94	0	0	0	11
工程塑料	10	90	0	0	0	5
工业气体运用	42	17	33	7	0	14
有线终端设备	11	33	56	0	2	20

注：NA 表示创新资源不能确认的创新项目数量，在计算百分比时未考虑在内。
资料来源：Eric von Hippel（1988）"The source of Innovation"，Oxford University Press.

3. 资源共享周期与频率

在封闭式创新模式下，企业与外部环境之间进行交流、互动及资源共享的行为多是短期的和离散的，缺乏统一规划。而处于开放式创新模式下的企业，与外部组织进行资源交互的行为多是在公司总体发展战略中规划的，且这种共享行为具有频繁性、长期性、战略性，更易与外部组织直接形成长期的合作契约关系（表2.3）。

第二章 技术转移中的技术开发过程

表 2.3 封闭式创新和开放式创新比较

项目	封闭式创新	开放式创新
创新来源	本行业里最聪明的员工都为我们工作	并不是所有的聪明人都为我们工作,企业需要和内部、外部的所有聪明人通力合作
	为了从研发中获利,企业必须自己进行发明创造,开发产品并推向市场	外部研发工作创造巨大的价值,内部研发工作需要或有权利分享其中的部分价值
创新的商业化应用	如果企业自己进行研究就能首先把新产品推向市场	企业并非自己进行研究才能获利
	最先把新技术转化为产品的企业必将胜利	建立一个更好的企业模式要比把产品争先推向市场更为重要
	如果企业的创意是行业内最多的,企业一定能在竞争中获胜	如果企业能充分利用内部和外部所有好的创意,那么就一定能够成功
	企业应当牢牢控制自身的知识产权,从而使竞争对手无法从其发明中获利	企业应当从别人对其知识产权的使用中获利,同时只要能提升或改进企业绩效的模式,同样应该购买别人的知识产权

资料来源:Chesbrough 2003[①]。

(二)开放式创新的模式

从开放式创新的含义可见,该模式强调组织的无边界化,认为组织边界是松散的、可渗透的,从而允许组织内外部资源的多向流动。因此,开放式创新在利用传统研发模式的同时,还努力寻求外部渠道进行研发和商业推广。以下为开放式创新的几种常见模式(表 2.4)。

表 2.4 开放式创新的常见模式

常见模式类型	内容
产学研合作	产学研合作是最常见的开放式创新模式。所谓产学研合作创新,是指在一定的制度环境下,各主体为实现各自的组织目标,对科学技术、资金、设备、人才等社会资源的优化配置及产出的合理分配。随着产学研合作的发展,其合作方式日益多样化、合作形式日趋多元化,根据合作方式来说,主要可分为八大类:技术转让、委托研究、联合攻关、内部一体化、共建科研基地、组建研发实体、人才联合培养与人才交流、产业技术联盟等

---

① Chesbrough H W. Open Innovation: The New Imperative for Creating and Profiting from Technology[M]. Boston: Harvad Business School Press, 2003.

续表

常见模式类型	内容
技术购买与研发外包	内向型开放式创新是指企业利用外部的知识资源，将外部有价值的创意、知识、技术整合到企业中来进行创意和商业化的过程。技术购买与研发外包属于内部型开放式创新。 技术购买主要是通过市场交易的形式来购买所需技术，一般包括购买关键设备、专利技术、商标使用权、R&D 成果、设计图纸等，比较适合技术相对落后的企业。 研发外包是指企业将某项技术创新活动或其中的某些环节，如技术方案的产生、技术的研发或商业化应用等，委托给外部专业企业来完成，以达到提高效率、降低成本等目的的策略。采用研发外包可以分担风险、节约成本、缩短研发周期，并能使产品快速占领市场。 但是，此种方式也会让企业对外部技术产生严重依赖，不利于自身的发展，企业的技术无法保证是最先进的，只能采取跟踪策略
技术转让与技术转移	外向型开放式创新是指企业成为其他组织的知识源，将内部有价值的创意、知识、技术输出到组织外部，由其他组织来进行商业化的过程。技术转让与技术转移都属于外向型开放式创新模式。 技术转让是指技术持有者，如国家、研发机构、企业或个人，将自己独有的新技术以有偿的方式转让给接受者，使其提升产品生产能力，增强企业市场竞争力的过程。技术转移是指技术持有者通过某种方式将其拥有的技术及有关的权利转移给其他人的行为。从企业开放式创新的角度来看，技术转移也是企业技术资源输出的方式之一
技术联盟	技术联盟是指为技术创新而建立的一种松散的、复合型的技术创新组织，并且至少包含两个以上的企业，且存在多种互动关系。合作企业可以是竞争或者非竞争者，可以是供应商或客户，甚至是为了拓展新业务需求的跨产业合作者，组建技术联盟主要基于以下目标：增加技术创新投入；通过实现规模经济，提高技术创新的收益；扩大技术创新空间；降低技术创新风险

三、表现为个人才能的技术创新

人员的流动一直是技术转移的一个重要渠道，高科技人才的流动对于高技术产业的扩散具有重要作用。尤其后发国家，吸引先进国家的技术人才是实现技术追赶的重要途径。这种途径背后的一个前提假设，就是技术创新能力在很大程度上表现为一种个人才能。

第二章
技术转移中的技术开发过程

我国关键领域的技术进步和改革开放以来高新技术产业的发展，都得益于海外归来的高科技人才。在20世纪，除了极少数受他国政府派遣短期来华协助中国进行建设的科技人员，基本没有外来高水平科技人才进入中国。但是自2000年之后，随着中国政府和相关机构对于科技人才的重视，特别是"千人计划"的实施之后，科技人才流向中国的现象日益显现。截至2014年5月底，"千人计划"已分10批引进4180余名海外高层次人才。据《2015年中国大众创业万众创新发展报告》显示，2010—2014年中国留学生选择回国发展的人数以年均29.36%的速度增长。而截至2014年年底，留学回国人员总数达到180.96万人，其中2012—2014年这3年回国的留学生人数为99.12万人，超过之前30年的总和。这些留学生极大地促进了我国高新技术产业的发展。而且，当前我国高新技术产业的发展呈现出一种新的"留学生＋本地风投＋中国市场"的模式。在海外名校读书，又有大型跨国公司工作经历的留学生归国，在中国风投资金（往往也有政府资金的投入）的支持下创办高新技术企业。这些企业往往一开始就具有很高的技术水平。典型的案例有柔宇科技、旭创科技等。旭创科技创始人是清华毕业，在美国读书，又在硅谷工作过，2008年遇到金融危机，他毅然决然回国创业，短短5年就从零做到全世界第一。

在科研领域，典型的案例有量子通信。早在2012年12月，《自然》杂志在报道潘建伟团队时曾写道，"在量子通信领域，中国用了不到10年的时间，由一个不起眼的国家发展成为现在的世界劲旅，将领先于欧洲和北美"。

此外，技术创新能力究竟是企业能力或者组织能力，还是一种个人能力，也存在着很大的产业差异。对于经验性的、连续性的技术领域，个人的能力往往无法弥补的是企业在领域的技术积累，如发动机制造。但是某些特定的非经验性、新兴的技术领域，突出个人才能往往能够迅速缩短技术差距。对于中国来说，互联网产业相比于高端制造业，更能够发挥中国人口的智力红利。以目前最热门的人工智能为例，在深度学习领域，在目前SCI收录的文章里，中国的有效文章数量（代表高水平文章）已经在全球排名第一，整体占比已经达到约30%，甚至超越了美国的整体水平。吴恩达、孙剑、杨强、黄广斌等人工智能领域的专家，已经成为世界认可的顶尖人才。中国深度学习领域的科研文章数量已经超越美国。

知识窗 1

科技突破大趋势

领先的科技正以极快的速度同步出现在不同的领域,如医疗保健、工业制造。主要基于以下并发因素。

- 获取技术成本更低。计算、储存和连通这3项基础技术的价格相较于几十年前已经大幅降低,性能也大为提高。互联网、移动技术和云计算飞速发展,源代码开放,融资渠道不断增加,为创业和非传统竞争者降低了门槛,帮助他们快速做大,在一个接一个的行业中颠覆竞争。

- 技术全球化。这是史上首次发达国家和发展中国家在相似的技术平台上创造、合作、沟通和消费,这激发了全球性创新。在《华尔街日报》追踪报道的146个"科技独角兽"企业中,27%来自亚太地区,比例较5年前的20%有所上升。这些估值高、发展迅速的新公司志在全球,正在研发多领域(如金融、O2O服务和共享经济)创新性平台运用。

- 技术依赖度上升。随着人们在生活和工作中越发频繁地使用互联网、笔记本电脑、移动设备、协作工具和其他技术,社会也越发适应与技术相关的事物。现在,商业用户期待他们在工作场合使用的技术能像使用自己私人设备一样方便,这体现了消费者技术强大的影响力。

- 技术的竞争优势。我们的数字IQ调查发现,行业内处于技术领先地位的企业,实现收入和利润快速增长的概率是落后企业的两倍。起初,技术竞争优势被视为拥有能够提高效率的工具——以更高质量和更低成本完成相同任务。但现在,技术革新是开辟新收入来源和实现传统行业转型的最快途径。

- 技术的乘数效应。个体技术建立在彼此的基础上并相互扩大影响,为所谓的"第四次工业革命"创造了条件。在普华永道近期举办的技术研讨活动中,参与者们注意到,人工智能这项新兴技术是机器人技术(另一种正不断发展的技术)的原动力。这项技术的运用正从工厂延伸至宾馆和办公室。

资料来源:选自 pwc 报告《科技突破大趋势:如何应对其影响》。

第二节　技术开发的目标和内容

一、技术开发过程的目标

技术转移过程涉及两个并行，又互相影响的子过程，一个是技术开发过程；另一个是组织运作过程。技术开发过程的目标是产生满足产业应用条件的，"可交付"的技术成果。而组织运作过程是在现有制度框架下，技术转移的法律，商业维度的运作，确保技术转移过程的资源供给和技术转移价值的实现。

以技术的横向转移，即科技成果转化为例。无论是理论界还是实务界，都会把技术从实验室研究到产业化的过程分为若干个阶段。大学实验室里的研究成果并不是直接"可交付"的，在产业系统"即插即用"的技术。从基础科学研究或实验室研究到可应用技术之间存在着巨大的差距。

有学者从研究的角度，也有机构从操作的角度，根据技术的可应用程度，将技术划分为不同的阶段，其中最著名的是美国航空航天局（NASA）的技术成熟度模型 TRLs。TRLs 最开始只有 7 个等级，后经修改，在 1995 年的 NASA 白皮书中增至 9 个等级（表 2.5）。从技术起点萌芽期——发现基本原理的第 1 级，到技术成熟期——市场上出现成品的第 9 级。不同领域的技术都可用 TRLs 来评估其成熟度，只是定义有所不同。

表 2.5　DOD 对 TRLs 的定义

技术成熟度等级		描述
TRL1	发现或报道的基本原理	技术成熟度的最低等级。科学研究开始转向军事应用研究。局限于书面研究
TRL2	技术概念和/或应用模型	创新活动开始。通过基本原理，提出实际应用设想，但没有证据或者详细的分析来支持这一应用设想。仍然局限于书面研究

续表

技术成熟度等级		描述
TRL3	通过实验验证的关键功能模块或概念	通过分析和实验室研究，对应用设想进行物理验证
TRL4	实验室环境下验证的系统模块或原型	进行了基本部件集成。与最终系统相比，这不是真正的集成
TRL5	模拟环境下验证的部件或分系统	分系统的可用性显著提高。部件集成已考虑到现实因素，在模拟环境中得到验证
TRL6	模拟环境下验证的部件或分系统	比TRL5更加完善的典型系统模型或圆形，通过模拟环境测试
TRL7	实际运行环境下验证的系统原型	系统原型接近实际系统，在实际运行环境下进行实际系统原型的演示验证
TRL8	完全通过测试和验证的实际系统	实际系统在实际运行环境中得到试验验证
TRL9	通过实际应用的系统	实际系统在实际应用环境中得到应用验证

一般来说，科研成果的转化需要经历4个阶段：概念研究阶段、技术开发阶段、工程研制阶段、生产部署阶段。按照TRLs的分级，1~3级属于基础研究，3~5级发展到应用研究，5~7级是技术发展阶段，7~9级是成品原型和系统测试阶段。从1~9级，前端阶段科研院所的作用最突出，也是科研院所的能力所在，而后端阶段企业的作用最突出，也是企业的能力所在。但是在整个过程的中间阶段，科研院所和企业都不愿意承担风险，同时也存在能力上不匹配。所以，这个中间阶段成为"两不管"无人地带，技术开发过程往往在此阶段终止，被形象地称为"死亡之谷"（Valley of Death）（图2.3）。死亡之谷主要对应4~7级阶段。

Arrow（1962）①指出了私营企业对研发活动投入低的两个原因：一是由于研发活动的目的是为了产生新的知识信息，其结果不能事先确定，内在的风险性

---

① Arrow K J. Economic Welfare and the Allocation of Resources for Invention [M]//Readings in Industrial Economics. London: Macmillan，1962:609-626.

导致私营企业通常拒绝研发活动;二是由于研发活动有"有限独占"(Limited Appropriability)或"非独占性"(Inappropriability)属性,投资于研发活动的企业往往不能全部占有其回报,所以尽管研发成果对社会发展是有利的,企业也不愿意投资。Joglekar 和 Hamburg(1983)[①] 支出研发活动在结果的"有限独占"或"非独占性"上程度不一。例如,基础研究的"非独占性"最高,应用研究和试验发展尽管也具有较高的风险性,但专用型也相对较强。

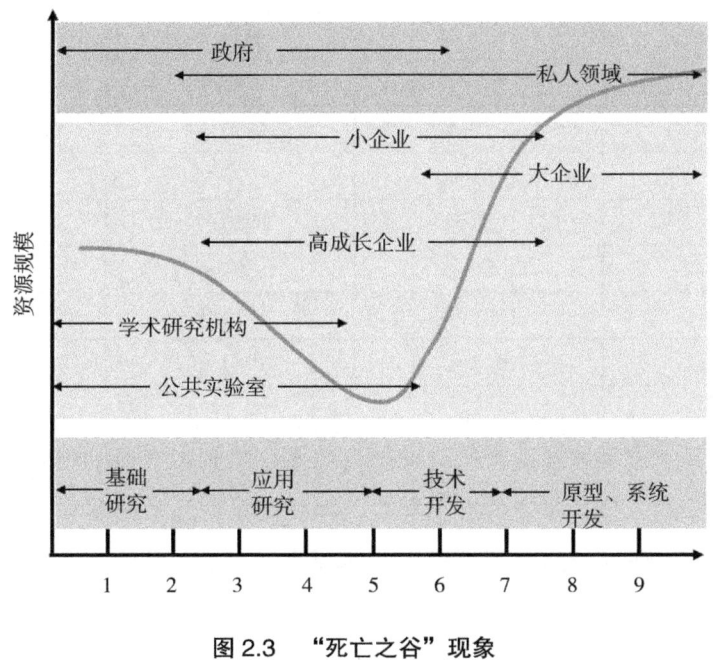

图 2.3 "死亡之谷"现象

从技术方面到成为广泛应用的技术,往往要经历很长的时间,历史上一些著名的技术发明也不例外。这意味着跨越从研究到应用的"鸿沟",不仅意味着持续的资金投入,组织起有效的开发力量,还意味着要挺过漫长的开发周期(表

---

① Joglekar P, Hamburg M. An Evaluation of Federal Policy Instruments to Stimulate Basic Research in Industry[J]. Management Science, 1983, 29(9): 997-1015.

2.6）。这是无论企业还是科研院所在很大程度上所不能承受的。

表 2.6 一些技术发明的滞后期

技术与产品	发明年份	创新年份	滞后期
日光灯	1859 年	1938 年	79 年
采棉机	1889 年	1942 年	53 年
拉链	1891 年	1918 年	27 年
电视	1919 年	1941 年	22 年
喷气发动机	1929 年	1943 年	14 年
雷达	1922 年	1935 年	13 年
复印机	1937 年	1950 年	13 年
蒸汽机	1764 年	1775 年	11 年
尼龙	1928 年	1939 年	11 年
无线电报	1889 年	1897 年	8 年
三极真空管	1907 年	1914 年	7 年
圆珠笔	1938 年	1944 年	6 年

技术转移中技术开发过程的目标是将技术推进到可直接应用的状态，其中涉及技术再开发的内容。而技术再开发的内容和规模受到多种因素的影响。

第一，初始研究成果与应用需求的匹配度。除了一开始就以需求为导向，目标明确的研发活动，如企业和科研院所的合作研发。大多数初始研究成果，在立项和一开始的研究设想上，就较少或没有考虑产业界的应用需求。其研究导向是基于科学家兴趣、科学发展路径，而不是产业界的技术发展路径。所以，初始研究成果与应用需求经常会产生方向上的偏差。这也是我国科技成果转化活动中的一个重要问题。在立项上没有考虑产业界的需求，研究方向上存在偏差，往往导致技术开发过程中巨大的工作量乃至技术开发过程的失败。

第二，实验室环境和产业应用环境的差异。而研究成果要在产业环境中应用，则需要考虑各种条件限制，包括成本、安全、环保等多个方面。实验室环境和产业应用环境的差异很大程度上决定了技术开发过程的内容和工作量。不同的产业，其实验室环境和产业应用环境的差异程度不同。生物医药产业,实验室环境和生产环境的差异要远小于一些尖端制造和新材料领域,因为后者在量产条件下,并没有良好的实验室条件和设备,并且要考虑成本和效率。而新兴的互联网产业,新算法的开发环境与应用环境几乎没有差异,因而学界研究成果向产业应用的周期也远远小于其他产业领域。

第三,初始研究成果和应用技术的形式差异。科研院所的研究成果,往往是原理和方法的揭示,以论文的发表作为成果形式。而产业中应用的技术,往往要体现为新材料、新设备或是新的流程。初始研究成果和最终的应用技术的形式差异,也在很大程度上决定了技术开发过程的内容和工作量。因为成果形式的差异决定了研究成果的应用需不需要开发新的设备,需不需设计新的流程,需不需开发新的配套技术。科研成果的形式往往是论文和出版物。所以,实际上,不同的产业领域的生产模式不同,决定了应用技术的最终形式。相对来讲,化工、信息产业的成果应用形式技术开发的工作量较小,而制造产业的成果应用形式技术开发的工作量较大。企业与同行企业之间的技术转移几乎不需要多少技术开发过程,就是因为技术形式和应用条件是相似的(表2.7)。

表2.7 基础研究、应用研究和开发研究的对比

	基础研究	应用研究	开发研究
概念	没有特定商业目的,以创新探索知识为目标的研究,称为基础研究。 有特定目标运用基础研究的方法,进行的基础研究,称为定向基础研究,或称目标基础研究。此类研究多在企业进行	运用基础研究成果和有关知识为创造新产品、新方法、新技术、新材料的技术基础所进行的研究	利用基础研究、应用研究成果和现有知识为创造新产品、新方法、新技术、新材料,以生产产品或完成工程任务而进行的技术研究活动

续表

	基础研究	应用研究	开发研究
举例	①法拉第发现电磁感应原理（发电原理）。 ②麦克斯韦提出电磁波理论	①西门子制成励磁电机，可以发电，但不能应用。 ②赫兹发现电磁波，制成电磁波发生装置，使无线电通信成为可能	①爱迪生制成电机，建成电厂，建立电力技术体系，迎来电世界。 ②波波夫与马可尼进行无线电通信获得成功，实现跨越大洋的无线电通信，迎来电信时代
成果形式	学术论文 学术专著	学术论文、专利、原理模型	专利设计、图纸、论证报告、技术专有、试产品等

此外，技术转移中的技术开发过程的内容还受到制度要素的影响，包括标准、知识产权，甚至文化层面等要求。

二、技术开发过程的内容

这里根据技术开发过程中的开发场景、内容和目标的差别，大概分为研究、实验和生产3个阶段，如图2.4所示。

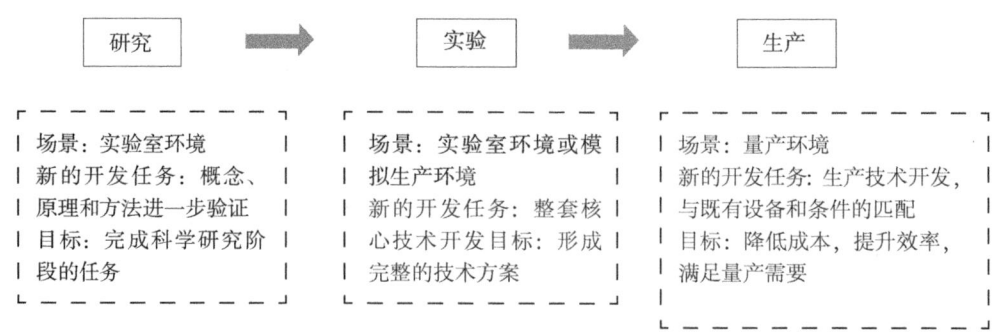

图2.4 技术转移中的技术开发过程

①研究阶段。研究阶段的开发场景仍是实验室环境。开发的内容是概念和原

第二章 技术转移中的技术开发过程

理的进一步验证。开发的目标是完成技术在理论和原理层面的研究工作，确定技术的可行性。该阶段是由技术供方或大学和科研院所的人员主导的。

②实验阶段。实验阶段的开发场景是实验室环境或模拟的生产环境。开发的内容是，技术方案的开发或样品的试制（对应于小试、中试环节）。开发的目标是形成整套的技术方案或做出样品。该阶段是由技术供方、需方共同主导的，加上技术中介机构的参与。

③生产阶段。生产阶段的开发场景是实际的生产环境。开发的内容是解决新技术在量产环境中的应用问题，并满足重复性、可靠性、成本、安全、效率等方面的要求。开发的目标将新技术转化为新产品的生产能力。该阶段主要是由技术需方主导的。

这3个阶段是对技术转移涉及的技术开发过程的一个简单划分。由于高校和科研院所的科研成果往往并不是"可交付"的成果。一方面，高校和科研院所的研究人员在研究过程中很少考虑技术在产业应用层面的问题（实际上他们也很难了解这些问题）。另一方面，高校和科研院所的研究人员也并不具备独立解决这些问题的能力，而是需要企业的协助。实验室环境和产业环境的差异，决定了科研成果必须经历技术上的"二次开发"的过程。研究、实验和开发3个阶段的开发任务量、开发难度、可并行程度，还有开发周期根据不同的产业领域都存在差别。对于软件开发和信息服务业，后两个阶段的开发任务相对较少。对于生物医药产业，实验阶段的开发任务就很大，周期也很长（中试具有投资大、周期长、风险高的性质，重大关键技术的中试一般需要2~3年时间，后续商品化和产业化还需要6~8年时间）。对于制造业，最后一个阶段的开发任务往往很大，因为要满足成本、安全和可靠性方面的要求会引发大量新的技术指标要求。

技术转移中的技术开发，是技术从科研成果到产业化应用的过程。完成从科研成果到产业应用技术的转变，其中增加的技术开发需求主要来自两个方面（图2.5）。

第一，对技术本身的进一步开发。本身科研成果的形式和产业应用技术的形式就存在很大差异，前者往往是论文和出版物的形式，而后者则体现为产品的新功能，或者新的工艺流程。而且，一开始的科学研究较少考虑生产的成本、效率、安全、环保，还有消费者的偏好、习惯等方面的要求，这些新的要求本身就构成了新的开发任务。对技术本身的进一步开发，还包括对技术进行改造，使之适应现有的技术系统和生产条件。

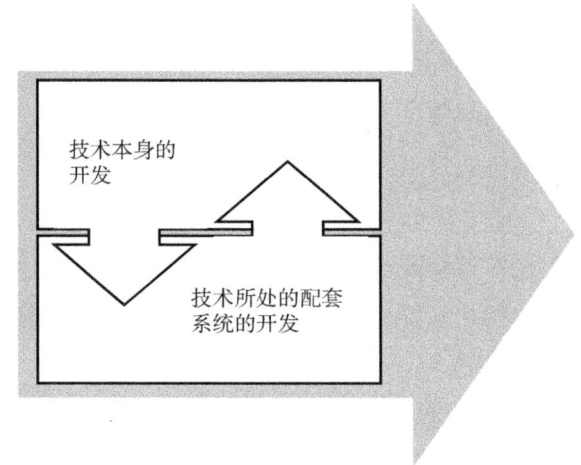

图 2.5　技术开发过程的需求来源

第二，对配套系统的开发。与对技术本身的开发的目标相反，是使现有的技术系统适应新的技术。这种情况在突破式技术创新或变轨创新中最明显。新技术由于缺少现有的应用条件，需要对已有的设备进行改造或开发新的设备。这些改造不仅局限于生产车间，也包括企业的上下游供应商，如新能源汽车，既要实现对电动发动机的应用，还要开发新的控制系统、传动系统及底盘等一系列外围配套技术或设备。

一般来说，技术开发过程是针对技术本身的再开发。"二次创新"，活动的作用主体是技术成果，其目标是使技术能够应用到现有的产业技术环境中。但实际上，新技术成果，尤其是具有突破性的技术成果，往往缺乏足够的应用条件。这种应用条件包括技术条件、资产条件、认知条件等。仅就技术条件来讲，由于缺乏现成的技术条件，所以技术开发过程的作用对象往往会适当扩展，包含技应用所需的配套技术研发，尤其是关键的配套技术，这种例子比比皆是。

以"高性能片式压电陶瓷变压器"技术为例，2005年西安康弘新材料科技有限公司和清华大学共同承担的国家"863"计划特种功能材料课题"高性能片式压电陶瓷变压器的研究与开发"引起从中央到地方各层面的极大关注。这项技术的发展将推动国内外笔记本电脑、手提电脑、手机、液晶TV、数码相机等电子信息产品向高效节能化、小型化方向发展，同时将带动国内相关企业的规模化发展，项目达产后，将产生可观的规模效益，有力地带动相关区域和产业经济的发展。但是直至2010年扭亏前，并没有达到原来的预计，企业的实际经营很艰难。主要原因是什么？此技术确实是原创的高新技术，但是要把它制造出来、用到新产品上，还有技术和非技术的不配套等"瓶颈"甚至致命的问题。像这样拥有突破性技术的企业，如果缺乏配套的技术，仅靠自己的单个技术无法实现最终的成功商业化。技术上，"高性能片式压电陶瓷变压器"相关的材料、配方、工艺、低温烧结、点焊、集化炉、印迭机不合格，工艺落后，同时供应商、服务商、用户等也很稀缺。其中，多层压电陶瓷变压器有一关键原材料——银钯电极，2010年以前采用国内相关厂家配套，价格为1.8万元/千克，2010年之后采用台湾相关厂家配套，采购价格为2.6万元/千克，二者相比较，国产材料存在单位面积使用量大、电极不连续，质量不稳定严重影响良品率和产品性能等缺点，虽然价格低，实际成本反而大幅上升。因此，创新的技术和项目要实现产业化需要有一定技术和规模实力相匹配的厂家合作。公司战略上的变化就是考虑建立和完善配套的技术生态，思考如何通过利用上下游的合作伙伴及第三方企业的技术优势来支撑企业自身的突破性技术，让企业的技术可以在生态中通过合作成功落地和商业化。公司2010年前后的差异其实就是一个技术和一个技术生态的差异，后者建立了这一技术的生态体系（柳卸林 等，2015）①。

---

① 柳卸林，孙海鹰，马雪梅. 基于创新生态观的科技管理模式 [J]. 科学学与科学技术管理，2015（1）：18-27.

三、技术开发过程的风险

技术转移中的技术开发过程面临诸多的风险，识别并控制这些风险是成功的技术转移的重要保障。综合看来，技术开发过程中的风险主要来自两个方面。

首先是技术本身的不确定性带来的开发风险。原始技术能否经过进一步的研究开发，成为有效的应用技术，往往是个未知数，而且在资金、时间和智力资源投入一定的约束条件下，这样的技术失败风险还要进一步增加。

据市场需求和科技、经济发展趋势，选择课题进行实验室研究，制出样品、样机等。此阶段成功率一般低于25%。开发研究阶段，挑选产业化前景较明朗项目，集中解决变成生产技术的问题，如工艺、原料、环境、场所等，中试生产小批量产品，一定范围试销，并力求获可靠经济数据。"中试阶段"成功可能性25%~50%。产业化、商品化阶段，规模化生产前需市场调查、选购或制造设备、选厂房、训练工人、开拓市场，一般形成新生产线甚至新企业，此阶段一般成功率50%~70%。

其次是能力风险。技术转移不仅是技术成果的交付，同样伴随着技术能力的转移，伴随着高强度的技术学习。即使是成熟的技术，如果缺乏相应的应用和使用能力，也很难发挥作用。所以技术开发过程，从内涵上讲，也包括使用技术的能力的建立过程，这种能力表现为一种组织能力。技术已经相当成熟，但是技术转移的接受方未建立起相关的使用能力，也会导致技术转移的失败，技术转移伴随着大量隐性知识的转移。显性知识（Explicit Knowledge）是可以用正式的、系统化的语言描述、转移和学习的知识。隐性知识（Tacit Knowledge）是不能编码化的（Non-codified）、非体现型的（Disembodied）、诀窍（Know-how），这种知识往往具有高度的依赖性，往往依附于个体而存在、难以表达和沟通，因而难以转移和传递。所以，缄默知识的传递是技术能力转移的一项重要挑战。此外，技术转移的成败，还取决于技术需求方的吸收能力。在我国，由于企业一开始是代工制造起家，缺少自主开发的经验和能力，所以企业缺少吸收能力导致的技术转移失败的现象更为严重。

第二章 技术转移中的技术开发过程

> **知识窗 2**
>
> ## 吸收能力的概念
>
> 广义的吸收能力类似于阿布拉莫维茨（Abramovitz, 1986）的社会能力[①]概念，是指所有促进新技术模仿或利用的因素，包括教育、基础设施、完善的金融体系和劳动市场关系等。之后他又进一步拓宽了社会能力的内涵，认为社会能力不仅包括模仿国外技术和产品的能力，也包含对吸收的技术进行调整、小创新和质量改进的能力。狭义的吸收能力包括获取、学习和利用外部新技术的能力。在两篇里程碑式的论文中，可恩和莱温特（Cohen et al, 1989）首创性地提出了企业吸收能力[②]的概念，将其定义为认识、吸收新信息（新知识）价值并将其用于商业目的的能力，认为它是企业技术创新能力的关键。
>
> 一般来说，在技术转移过程中，成功的组织学习取决于5个方面因素：①被转移技术资源的特定类型；②供需双方组织惯例的相似程度；③接受者对供给者内部技术过程和组织过程的熟悉程度；④接受者对自身技术活动的先前投资；⑤接受者组织惯例的弹性。
>
> 大量的研究证明，由于技术知识的性质（包含大量的缄默知识，而且存在于组织过程中），所以技术能力只能通过学习获得，而技术转移的有效性取决于接受方的学习努力程度，甚至企业吸收外部技术知识的能力也取决于进行自主研发的技术学习经验。

---

① Gerschenkron A. Economic backwardness in historical perspective[M]// Economic backwardness in historical perspective. Boston: The Belknap Press of Harvard University Press, 1962:383-385.

② Nelson R R, Phelps E S. Investment in Humans, Technological Diffusion, and Economic Growth[J]. Studies in Macroeconomic Theory, 1980, 56（1/2）：133-139.

第三节 高技术与高技术产业

一、高技术的内涵与特性

（一）高技术的内涵

高技术是20世纪50~60年代后，在最新科学研究成果之上兴起的一批高端应用技术。基础科学的进步、第二次世界大战中的先进技术储备、市场需求的增长都是促进高技术产生的原因。这些高技术以电子信息技术、新材料技术、新能源技术、生物医药技术、空间和海洋技术为代表，并形成了一批高技术产业群落。

从技术的结构层次看，高技术是高层次的、尖端的、先进的技术。例如，中国大百科全书对高技术的定义是高技术是一系列新兴的尖端技术的泛称。

从科学与技术之间的关系看，高技术是指其基本原理主要建立在最新科学成就基础上的技术。例如，美国国会图书馆在为美国第95届国会提供的《科学政策工作词汇汇编》中指出，高技术是指一些比其他技术具有更高科学输入的某些技术创新。从高技术在经济过程中所起的作用，认为高技术是在经济过程中发挥核心作用的主导技术，突出了高技术在经济发展中的作用。

从经济结构的角度看，认为高技术是从经济角度对一类产品、企业或产业的评价术语，凡是技术所占比重超过一定标准或比例时就可称为高技术产品、企业或产业。美国商务部对高技术产业的定义是：研究与开发费用在总附加值中所占的比重为10%以上，或者科学技术人员在总职工中所占的比重为10%以上的产业。

从社会角度看，认为高技术一般包括在某一历史阶段对人类社会、经济、政治、军事等方面的进步产生重大影响的技术。因此，高技术这个术语经常被用来描述一些社会形态与社会变革，如高技术经济、计算机化社会、信息时代等。

从外延的角度看，当代高技术包括电子信息技术、生物技术、新材料技术、新能源技术、海洋技术、空间技术六大门类。

高技术从本质上说，是指那些对一个国家或地区的经济、政治和军事等各方面的进步产生深远影响，并能形成产业的先进技术群落。

（二）高技术的特征

高技术的特征有：高智力、高投资、高竞争、高风险、高效益、高渗透、高速度。

高智力。高技术是知识密集型技术，它的发展必须依靠创造性的智力劳动，依靠富有创新意识、创新能力的高素质人才，体现了高智力的特性。例如，半导体集成电路，从成本上讲，原料及能源仅占其总成本的 2%，而其余 98% 都是其智力含量。

高投资。高技术的研究开发需要昂贵的设备和较长的研制周期，因而研制过程需要耗费巨额资金。据统计，目前一般高技术企业用于研究开发的经费占其产品销售额的比例高达 10%～30%，而科研成果产业化的投资又比研究开发投资高出 5～20 倍，形成高技术产业后的设备更新投资还会越来越大。例如，制造集成电路的设备，十年之中关键设备就更新了三代，每更新一代，设备投资就要增加一个数量级。

高竞争。高技术的时效性决定了谁先掌握技术、谁先开发出产品并抢先投放市场或用于战场，谁就能获得优势，占据主动。为此，世界军事强国和大国都制订了高技术发展计划，试图在世界高技术发展的竞争中占有一席之地。

高风险。高技术竞争的失败，对企业而言，就意味着投资的失败；对国家而言，就意味着国家利益将要受到损害。此外，高技术研究本身也蕴含着巨大的风险，甚至要以生命作为代价。以航天技术的发展为例，40 多年来，航天技术取得了神话般的巨大成就，但其风险也高得惊人。1961 年 3 月 23 日，苏联的邦达连科就成为为航天事业献身的第一人。另据英国《新科学家》杂志数据分析，目前正在组装的国际空间站，在组装过程中，发生至少一次重大失误的可能性为 73.6%。

高效益。高技术产品是高附加值产品，其形态是知识的物化形式，所以其价值远远超过所消耗的原材料和能源的价值。实践证明，高技术成果一旦转化为市场化的产品，就能获得巨大的经济收益，一旦得到实际应用，就能产生广泛的社会影响。例如，航天技术，其投资效益比高达1∶14，充分体现了高效益的特点。

高渗透。高技术本身具有极强的综合性和技术辐射性或渗透性，隐含着巨大的技术潜力，不仅可以用于新兴产业的创立，而且可以用于传统产业的改造，成为经济、国防、科学、技术、政治、外交和社会生活等各个领域发展变化的驱动力。

高速度。高技术产业是目前发达国家经济中最活跃也是增长最快的经济部门。美国经济在"9·11"事件前已连续10多年呈现高增长、低通胀趋势，而且美国GNP占世界总值的比例也由20世纪90年代初的24.2%增加到2000年的30.0%。这些都是以信息技术为龙头的高技术产业带来的结果。高技术产业的成功不仅表现在产值、产量的发展高速度上，而且还突出表现在产品性能更新的高速度，如计算机芯片的处理速度，30多年来，几乎每18个月就翻一番。现在普遍使用的高性能计算机，其运算速度已可达每秒十几万亿次，微机处理速度也已可达每秒10亿次。

技术的复杂度不同，影响其演化的因素也都不一样（表2.8）。

表2.8 技术复杂度和社会、政治、组织的相对影响

技术复杂度	技术进步推动因素	主导设计的基准	主导设计的仲裁者	社会、政治、组织的影响
非装配产品简单装配产品	子过程替代或削减；材料替代；产品替代	容易观测到的维度的技术优异	单个或同质的实践者共同体	最低
封闭装配系统	子系统替代或主导设计；核心子系统演化；连接技术	不同设计方案在多个维度上的竞争	异质的不同专业、不同组织的共同体	高
开放系统	核心子系统替代/主导设计；连接和/或界面技术	不同元件和界面设计方案在多个维度上的竞争	多个、多样化的不同组织、不同专业、政府的共同体	普遍存在、渗透其中

资料来源：Tushman M L, Rosenkopf L（1992）[①]。

---

① Tushman M L, Rosenkopf L. Organizational determinants of technological change: towards a sociology of technological evolution[J]. Research in Organizational Behavior, 1992（14）: 311-347.

二、高技术产业的内涵和特征

（一）高技术产业

OECD（经济合作组织）根据 R&D 经费投入强度对产业进行了分类：强度大于 5% 的是高技术产业；强度为 3%～5% 的是中高技术产业；强度为 1%～3% 的是中低技术产业；强度小于 1% 的是低技术产业。高技术产业本身存在着技术研发的"阈值效应"，即只有当 R&D 投入达到一定强度，企业达到一定的规模，才能使得 R&D 成果实现预期的市场化和产业化。

所谓高技术产业，通常是指那些不断将生产过程和最终产品建立在高技术基础上的新兴产业。亦即，高技术产业是围绕高技术形成的，知识高度密集、技术含量大的高附加值产业。

尽管目前对高技术产业的认识并不完全统一，但一般认为，高技术产业应具备如下条件。

①产品的技术性能复杂；
②科技人员在职工中的比例较大；
③设备、生产工艺建立在尖端技术基础上；
④工业增长率和劳动生产率高；
⑤能对相关产业产生较大波及效果。

（二）高技术产业的特征

高技术产业具有不同于一般产业的明显特征。除了体现在技术复杂度和难度上，也体现在技术更新周期、技术价值创造规律上。电子信息产业的三大规律，形象地揭示了高技术产业共有的一些特征。

①摩尔定律。摩尔定律是由英特尔（Intel）创始人之一戈登·摩尔（Gordon Moore）提出来的。其内容为：当价格不变时，集成电路上可容纳的元器件的数目，约每隔 18～24 个月便会增加 1 倍，性能也将提升 1 倍。换言之，每一美元所能买到的电脑性能，将每隔 18～24 个月翻 1 倍以上。高技术产业的技术更新速率

要远大于其他产业。

②吉尔德定律（Gilder's Law）。在未来25年，主干网的带宽每6个月增长1倍，其增长速度是莫尔定律预测的CPU增长速度的3倍并预言将来上网会免费。高技术产业带来的影响往往是基础的、泛在的。

③梅特卡夫法则（Metcalfe's Law）。是指网络价值以用户数量的平方的速度增长。网络价值等于网络节点数的平方，即V=n的平方（V表示网络的总价值，n表示用户数），网络外部性是梅特卡夫法则的本质。高技术产业往往具有赢者通吃（Winners take all）的特征。

也有学者对高技术产业的特征进行了研究。Joglekar和Hamburg（1986）研究了产业特征对产业研发资源配置的影响，发现研发投入高的产业表现出4个基本特征：可投入的资源巨大、企业间合作密切、风险规避倾向高、企业对基础研究投入高并较少依赖政府支持。Jaffe（1989）和McMillan（2000）研究发现，制药业、生物产业、电子、光学、核能等领域的科学研究对于产业创新具有显著的影响，这类企业对基础研究也具有更大的兴趣和动力；知识密集型产业的增长提高了网络在研发及产品开发与销售中的重要性，从各种经验研究中可以发现，内部研发的强度、技术的先进性与战略联盟的数量与强度都是直接相关的（Freeman，1991[1]；hagedoorn，1995[2]）。

三、案例——韩国现代阿尔法发动机的开发历程

以下内容摘自韩国学者金麟洙的《从模仿到创新：韩国技术学习的动力》[3]，现代公司阿尔法发动机的开发历程，可以清楚地显示出技术开发过程是个艰辛、漫长和充满不确定性的过程。

---

[1] Freeman C. Networks of innovators: A synthesis of research issues[J]. Research Policy, 1991, 20（5）: 499-514.

[2] Hagedoorn J. Trends and patterns in strategic technology partnering since the early seventies[J]. Review of Industrial Organization，1996，11（5）: 601-616.

[3] 金麟洙，刘小梅，刘鸿基. 从模仿到创新：韩国技术学习的动力[M]. 北京：新华出版社，1998.

三菱公司许可现代公司生产其旧型发动机而拒绝与现代公司共享其最新的机型。现代公司甚至缺乏设计碳氢（化油器式）发动机的经验，更不要说设计电控发动机了。但是现代公司决心制造出最先进水平的发动机，这又一次制造了技术学习的重大危机。尽管有人持怀疑态度，认为现代公司最终只能制造相当于30年前三菱电机的发动机。1985年，现代公司组成了特别工作队，由副总裁直接领导，要开发出最先进的发动机。但是，工作队没有一个人有设计发动机的任何经验，而本国也没有一部装有电子控制发动机的汽车可供现代公司来学习。

特别工作队被分成了6个小组：一组，研究流体动力学、热力学、燃料工程学、排放物控制和润滑；二组，研究与发动机和汽车相关的动力学和力学，以及计算机辅助设计；三组，研究振动和噪声；四组，研究新陶瓷技术；五组，研究电子和控制系统；六组，研究制造控制和计算机辅助制造。在1984年，发动机工程正式开始试制前，有300多名研究与开发人员在海外接受了培训。队员们搜集了所有能得到的有关发动机和变速器的日文和英文文献，并掌握这些内容，提高他们的隐含知识。然后现代公司与英国李嘉图工程公司签订协议，该公司的发动机设计提供了最初的技术培训帮助。接下来，现代公司聘请两位在美国大学取得博士学位后又在克莱斯勒和通用汽车公司有开发发动机经验的韩国专家。1985年从李嘉图工程公司聘请了一位有经验的工程师，聘用期为3年。

尽管培训了本公司的工程技术人员，有了李嘉图公司的咨询服务和3位专家，现代公司的工程师们还是经历了14个月的反复试验和失败，才制出了第一台样机。但是第一次测试，发动机气缸就裂成碎片。差不多每周都有新机型出现，但结果都在测验中成了一堆碎片。工作队里没有人能分析出为什么样机一台接一台失败，甚至管理层也有疑问，人们怀疑是否有能力开发出有竞争力的发动机。工作队又经历了11台样机的失败，才终于有一台样机经受住了测试的考验。发动机设计共修改了288处，仅1985年就修改了156处。现代公司为了精细地改进自然吸气和涡轮增压器发动机，又试制了97台试验电机，另有53台是为改进耐受性，88台是为了开发一种汽车，另外有26台是为了开发变速器，还有60台是为了其他试验，总共达324台试验发动机。再有，在1992年现代公司完善设计之前，还制造了200多台变速器和150辆试验车。

尽管有持怀疑态度的人，但是现代公司的阿尔法发动机在性能上超过了日本的同类型机型，现代公司的自然吸能发动机达到时速 100 千米需 11.1 秒，而本田 CRX3r 则需用 11.3 秒，在燃烧率方面，现代也超过了本田。阿尔法发电机（1.3 升和 1.5 升）的研制成功使现代公司继而开始了 β 发动机（1.6 升、1.8 升、2 升）的开发。使现代公司在中型、小型和微型车发动机方面完全摆脱了国外许可的制约而获得独立。

第三章

技术转移中的组织运作过程

随着科学技术在经济社会发展中的作用越来越大,智力等无形资产的重要性超过了实体资产,知识经济的一整套制度被构建起来,包括国家支持科学研究、企业设立研发部门、知识产权证灰度、风险投资制度等。其中,知识产权制度赋予知识以产权,使其具备了资本化的基本条件,而风险投资制度,使得知识和技术能够得到所需资源,进行价值创造。

技术转移的组织运作过程,本质上是充分利用知识经济的制度和规则,为技术开发过程提供资源支持,保障技术转移价值实现的过程。技术转移的不同形式,如专利交易、衍生企业、合作开发等,实际上是根据技术转移组织运作模式差异所作的划分,不同运作模式有不同的特点。从近几年技术转移的趋势来看,合作开发、衍生企业和人员流动的组织模式越来越多。

第一节　技术转移相关的重要制度发明

鲍莫尔（2002）[①]在《自由市场创新机器》中指出，自由市场经济之所以能够在过去的150多年中保持史无前例的高速增长，是因为它具备了激励创新的内在机制。其中，最重要的五大特征是寡头竞争、创新活动的常规化、生产性的创新精神、法治及技术的自由交易，这也是自由市场经济增长区别于其他经济增长的根本特征。

技术创新与进步，以及技术的转移和扩散，是驱动现代经济发展和社会进步的两股重要力量。无论是技术创新还是技术转移，都是在制度环境中发生，与制度互动和联系。技术变革总是伴随着制度变革。制度相当于生产关系，而技术相当于生产力。马克思的观点不仅强调生产力对生产关系起决定性作用，而且强调生产关系对生产力起巨大的反作用，当生产关系适应生产力的性质与状况时，它会对生产力的发展产生巨大的促进作用，而当生产关系不适应生产力的性质和状态时，则会阻碍生产力的发展。

然而，相对于科学的进步和技术的发明，制度的创建和改进更为困难和复杂。制度创新是一种社会供给。正统经济理论的三大柱石是：天赋要素、技术、偏好，而新制度经济学将制度列为第四大柱石，而且有意将之列为头等要素。美国经济学家道格拉斯·诺斯在其《西方世界的兴起》一书中将西方的崛起归结于制度。认为西方世界之所以能够崛起，就在于它发展出一种有效率的制度安排。按照这个逻辑，英国之所以爆发工业革命，就有了制度的必然性。早在工业革命爆发之前，英国无论在现代财政制度、产权制度、专利制度还是金融制度层面都已经为"工业革命"的爆发扫除种种障碍。诺斯的解读，也得到了著名经济学家希克斯的印证，在希克斯看来，英国工业革命本质上不是技术革命，而是金融革命。因为工业革命时期那些技术其实早已出现，而只是在有了股份公司、现代证券制度和专利保护制度之后，技术才成了最重要的生产力。"通过将美国、英国、法国、

[①] 威廉·鲍莫尔.资本主义的增长奇迹：自由市场创新机器[M].北京：中信出版社，2004.

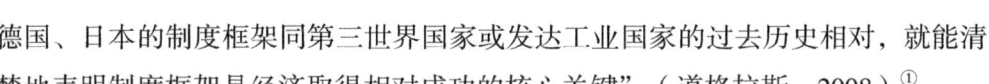

德国、日本的制度框架同第三世界国家或发达工业国家的过去历史相对,就能清楚地表明制度框架是经济取得相对成功的核心关键"(道格拉斯,2008)①。

本节主要介绍与技术转移相关的重要制度发明,包括国家支持科学研究、企业设立研发部门、知识产权制度和风险投资制度。其中,国家对基础科学研究的支持和企业设立研发部门进行应用技术研发,出现了基础研究和应用研究的分野。而知识产权制度和风险投资制度,是技术创新和技术转移活动的底层制度支撑。知识产权制度使创新得到激励,并且在很大程度上推进了技术资本化的过程。而风险投资制度,使得高技术成果转化缺乏金融支持的状况得到极大改善。

一、国家支持科学研究

进入现代社会,在很长的一段时期内,科学研究活动是以科学家的个人活动的方式存在的。科学研究活动是零散的、偶发的,投入主要来自个人。然而,随着科学技术的发展,科学技术与国家利益之间的关系日益密切,这逐渐强化了国家支持科学研究的动机,并最终催生了国家支持科学研究的制度(表3.1)。

表3.1 国家创新政策的演变

时期	1950—1975年	1975—1995年	2000年以后
主要目标	政治	经济	社会
决定因素	军事安全	工业竞争力	就业与生活质量
赞助的主要技术	核技术、航空、化学	电子、计算机、电信	混合技术
研究方法概念	线性	线性	非线性
行动选择	科学为先导	技术为先导	需求为先导
行动性质	基础研究、以溢出效应为核心	预竞争研究、对创新的间接支持	直到创新商业化的最终研究
优先权取决于性质	政治—科学	技术—工业	社会—政治

---

① 道格拉斯C.诺思.制度、制度变迁与经济绩效[J].杭行,译.上海:格致出版社;上海三联书店;上海人民出版,2008.

续表

时期	1950—1975 年	1975—1995 年	2000 年以后
资助方式	行政	技术—行动	技术—金融
评估方法	同行科学评估	同行与用户评价	金融和社会经济影响评价
领域选择标准	科学优势	科学优势及其对竞争力的贡献	对社会与工业需求的贡献
地理范围	国家	国际	世界

资料来源：Muldur Ugur：《21 世纪欧洲研究与创新政策》，欧共体内部报告，1996。

以美国为例，美国在第二次世界大战及其战后的"冷战"时期，政府投入巨额经费用于支持先进军事技术与航天技术的发展。政府同时扮演了高科技的投资者和需求方。得益于政府巨额的投入和出色的科研组织能力，美国在这一时期完成了大量的技术储备，孕育了新一轮电子信息革命的萌芽。后来这些技术由军用转向民用，带来了美国电子信息和互联网产业的崛起和在全球的领先地位。值得注意的是，美国在该时期的组织技术创新的一些策略和做法，对于促进产学研结合，以及相关产业发展起到了积极的作用。这些做法包括：①美国政府的研究经费集中在有限的几所大学，包括位于麻省的麻省理工学院和北加州的斯坦福大学。因此，MIT 实验室在 1940—1950 年约获取布什科研发展局 33 亿美元科研合同的 1/3。此外，波士顿的其他大学如哈佛、塔夫士也拿到成百上千万美元的资助。MIT 利用这些军事科研拨款组建了雷达实验室。这在美国是第一个大规模的多学科、多功能的研究发展组织，集中从事雷达、导航系统方面的研究。而哈佛的实验室则集中在潜艇战和反雷达系统的研究上。这些大规模的研究吸引了全国一流的物理学家和电气工程师。在战后，这些人或留在大学任教，或到附近的公司任职，使战后的地方工业发展大大受益。后来这两所大学都在美国电子信息产业的发展中扮演了重要的角色。尤其是斯坦福大学，与硅谷的诞生和发展密不可分。②军方采购的一些策略有助于技术扩散和产业生成。例如，美国军方在采购半导体元件的同时，对半导体元件供应商有一个附加条件，即"购买行为"应推动美国半导体企业之间有效的技术转移和交换活动。为减少围绕特定 IC 设计的系统因生产延迟或者供应商退出而出现的风险，美国军方要求其供应商必须开发出"第二来源"，即国内生产商能制造出相同的产品。为满足这一要求，企业之间会交换设计并共享大量工艺知识，以确保由第二来源生产的部件与原始产品相同，军方的上述要求激发了半导体产业内部不同企业间的知识和技能"溢出"。

政府对科学研究的支持，主要是在基础研究领域。这里有一个隐含的前提，那就是政府对基础研究的投入，会相应地促进应用技术的发展，从而促进高技术产业的发展。也就是说，政府的投入会转变成经济和国家竞争力上的回报。1945年，美国科学研究发展局局长万尼尔·布什发表了著名研究报告——《科学：永无止境的前沿》。这个报告对基础研究下了明确的定义，并说明了基础科学和技术创新之间的联系。基础研究是不考虑应用目标的研究，它产生的是普遍的知识和对自然及其规律的理解；而应用研究是有目的地为解决某个实用问题提供方法的研究。布什的观点对基础研究政策产生了重大影响，直接促成了美国国家科学基金会（NSF）的成立。"科技发展线性模式"随后被 NSF 以政策性文件的形式进行推广（图 3.1），"冷战"前后，对美国政府制定科技政策产生了巨大的影响，并逐渐被世界各国所采纳（周寄中，2008）[①]。

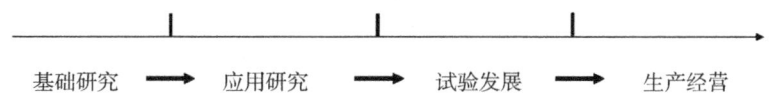

图 3.1　布什（1945）提出的"科技发展线性模式"

布什提出的"科技发展线性模式"在第二次世界大战之后的几十年里对各国政府在基础研究领域的投入产生了深远的影响。然而，近年来，随着全球范围内竞争的加剧，各国都深刻地认识到必须先于其他国家把基础研究领域的优势转化为商业上的成功，才能使国家立于不败之地。我国"国家高技术研究发展计划（863计划）"和美国"国家创新战略"等科技计划的推出，目的都是加强基于需求的基础研究，推动高新技术和高附加值产品开发能力的发展，实现可持续增长和高

---

① 周寄中. 创新的基础和源泉：基础研究的投入、评估和协调 [M]. 北京：科学出版社，2008.

质量就业,并使国家的竞争能力得到提升。

从政府的角度来看,其支持科学研究和技术创造的方式一般包括 3 种:一是以资金支持大学和公共研究机构开展公共资助研发项目;二是政府采购、研发补贴、税收抵免、奖励、优惠贷款及其他政策机制;三是授予知识产权、动员民间投资于研发活动。

Salter 和 Martin(2001)[①]归纳出公共研发对经济增长的 6 个贡献:增加有用的知识存量、训练出有技能的学生、创造新的科学规则和方法、形成网络并推动社会互动、提高科学和技术问题的解决能力、创造新企业,并且认为不管是直接的还是间接的路径,基础研究对经济发展的贡献都十分显著。

知识窗 1

国家支持科学研究的历程

早在 20 世纪之前,人们就在探讨科学与国家利益之间的关系问题,最为突出的是 19 世纪下半叶英国的"科学改革运动",斯瑞奇等主张"科学研究必须是一种国家事业"。但是在当时推广这种思想遭遇了极大的阻力,甚至出现了"反对国家资助科学研究协会"这样的包括科学家在内的反对派组织。反对的理由主要有两个方面:其一,认为科学研究是科学家个人的活动,因此资助科学不是国家的职责;其二,担心把科学与国家利益联系起来会使科学受到政治因素的干扰而丧失自主性。

进入 20 世纪,人们越来越意识到在国家之间的竞争中,科学技术能力的竞争越来越成为关键。特别是两次世界大战,使人们清楚地看到了科学技术在国家安全中的突出重要性。人们开始越来越紧密地把科学与国家利益联系在一起。

第一次世界大战期间,英国成立了"反对忽视科学委员会",英国教育大臣向议会提交了"历史性文件"——《科学与工业研究的组织和发展计划》。该白皮书明确指出:"如果我们要提高或维持我国的工业地位,就必须将科学与工业

---

① Salter A J, Martin B R. The economic benefits of publicly funded basic research: a critical review[J]. Research Policy,2001,30(3):509-532.

研究的发展立为国家目标。"

在20世纪20年代之后，科学是重要的国家资源的观点开始更加深入地影响世界各国的政治家和科学家。1937年，美国总统F.D.罗斯福在给国家资源委员会的信中，强调科学研究是"最伟大的国家资源之一，联邦政府在鼓励支持科学研究方面的作用需要重新考察"。由此，美国国家资源委员会1938年提出了重要政策报告——《科学研究是一种国家资源》。

在第二次世界大战中，科学技术的作用更加突出。雷达、高性能飞机、原子弹对战争进程的影响，国家科技能力的作用在战争环境中的集中体现，使得人们不仅意识到科学对赢得战争的意义，而且预见到科学将是战后国家竞争的关键。正因为如此，1944年美国总统罗斯福致信万尼瓦尔·布什，要求布什研究如何把充分调动国家科技力量的战时经验"用在未来和平的日子里，以增进国民的健康，创立新的企业并增加新的就业机会，提高国民的生活水准"。

1945年，万尼瓦尔·布什提交了著名科技政策报告——《科学——无止境的前沿》。这个报告不但提出了建立国家自然科学基金会的政策设想，而且明确指出：科学进步是，也必须是政府的根本利益所在。没有科学进步，国民健康将会恶化；没有科学进步，我们无法指望改善生活水平或增加公民就业；没有科学进步，我们无法维持我们的自由，反对暴政。1947年美国长达5卷的"斯蒂曼报告"（《科学与公共政策》）也从不同侧面表达了同一个主题思想：美国的安全与繁荣，从未像今天这样依赖于迅速扩充科学知识。这种知识的迅速扩充已经变得如此重要，以致有理由认为它是国家生存的一个主要因素。《科学——无止境的前沿》使科学是重要的国家资源的思想有了扎实的理论基础，成为战后许多国家制定国家战略和科技政策的基本出发点。

从我国的发展看，强调科学与国家利益之间的联系也是中华人民共和国成立后国家战略和科技政策的基本内容。例如，中华人民共和国成立后党章所指出的："中国共产党的任务，就是有计划地发展国民经济，尽可能迅速地实现国家工业化，有系统、有步骤地进行国民经济的技术改造，使中国具有强大的现代化的工业、现代化的农业、现代化的交通运输业和现代化的国防——党必须努力促进我国的科学、文化、技术的进步，为在这些方面赶上世界的先进水平而奋斗。"

如果说在"冷战"时期,科学所服务的"国家利益"往往突出的是其军事内涵,那么进入到20世纪90年代,在"冷战"结束之后,军事对峙趋于缓和,世界经济出现了一体化的新特点,经济竞争和摩擦成为各国关注的焦点,国家目标有了更广泛的意义。但是,在这种情况下,科学作为具有突出意义的国家资源的战略性地位非但没有降低,反而在"以知识为基础的社会"的时代中获得了更加丰富的内容。1994年,美国克林顿政府发布了《科学与国家利益》,这既是"冷战"后白宫颁布的第一份对国家科学政策的评论,也是自1979年以来第一份有关科学政策的正式总统报告。该报告再次强调:"科学,既是无尽的前沿也是无尽的资源,是国家利益中的一种关键性投资。""增进基础研究与国家目标之间的联系"被作为其科学政策的核心目标之一。1995年我国政府发布的《中共中央国务院关于加速科学技术进步的决定》,明确提出了"科教兴国"战略,在全面阐述我国科技发展战略时,也指出"基础性研究要把国家目标放在重要位置"。

资料来源:李正风.科学与国家利益[N].科技日报.2001-02.

二、企业设立研发部门

创新活动制度化和常规化的另一个重要内容,是企业设立研发部门。与受到国家经费支持的大学和科研院所不同,企业是面向市场需求的,应用技术的创新主体。企业最早设立内部研发部门,是在19世纪后期的德国合成染料工业。后来,随着制造和产品中的科学技术的含量越来越高,尤其是高技术产业的出现,使设立内部研发部门,成为企业的普遍选择。企业设立内部研发部门一方面使企业家和发明家(或者科学家)的职能分离;另一方面也使研发成为企业的一项常规活动。企业研发部门的重要性在高技术产业领域体现得最为明显。高技术产业之间的企业竞争就表现为技术创新能力的竞争。企业的研发实力是企业的核心竞争力。所以,高新技术产业领域的一些大型公司,尤其是跨国公司的研发投入和研发实力,已经不亚于有国家力量支持的一些大学和科研院所。例如,华为公司2016年的研发是投入606亿元,10年累计投入近3000亿元,而中国科学院2016年的经费预算是586亿元(包括事业经费)。华为公司的研发投入规模已经超过了中国科学院的科研经费。

企业设立的研发部门是需求导向的研发,对于将科学技术转化为实用产品和服务,进而提升整个人类的福利发挥了重要的作用。其中的典型案例是美国贝尔实验室。1925 年,AT&T 公司收购了西方电子公司的研究部门,成立了叫作"贝尔电话实验室公司"的独立实体,后改称贝尔实验室。贝尔实验室拥有辉煌的经历,是晶体管、激光器、太阳能电池、发光二极管、数字交换机、通信卫星、电子数字计算机、蜂窝移动通信设备、长途电视传送、仿真语言、有声电影、立体声录音,以及通信网等许多重大发明的诞生地。自 1925 年以来,贝尔实验室共获得 25 000 多项专利,现在,平均每个工作日获得 3 项多专利(表3.2)。

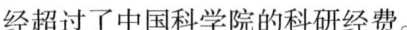

表 3.2　美国贝尔实验室的重要发明

1924 年	第一台传真机	1951 年	长途自动拨号
1926 年	无线电话,纽约到伦敦	1958 年	激光器
1937 年	数字计算机	1962 年	国际通信卫星
1941 年	可视电话	1973 年	光纤通信
1947 年	晶体管	1988 年	数字蜂窝通信技术

知识窗 2

R&D 的兴起与演进

(1) 第一代 R&D 的兴起

最早的 R&D 企业内部化发生在 19 世纪后期的德国合成染料工业,以 BASF(创建于 1865 年)、BAYER(创建于 1863 年)、HOCHST(创建于 1862 年)为代表的大公司在 19 世纪 60 年代开始雇用化学家并先后建立了工业研究实验室。在美国,1876 年爱迪生建立了一家研究实验室,成为工业时代企业研究与开发的原型。在 20 世纪前 20 年,GE(1900 年)、Du Pont(1902 年)、AT&T(1904 年)、Beull Telephone(1900 年)、Kodak(1913 年)、Westhouse(1917 年)等公司相继建立了研究实验室。20 年代以后,R&D 机构如雨后春笋般在美国工业中成长。这些早期的 R&D 一般由科学家来管理，通过科学家对研究项目的选择、实施和指导，产生一些重大的科研突破并带来一些重要和利润可观的产品。人们把这些由科学家管理的实验室称为第一代 R&D。

第一代 R&D 的特点是缺乏明确目的、规划和管理的活动，采取的是放任式管理。所有的研究开发工作是按部就班、一步一步续贯地进行。对项目成功后会有怎样的影响，不作充分估计、不采取预先的措施。这样的研究与开发方式目前国内外还不乏其例。公司拿出一大笔资金聘请雇用最优秀的研究人员，购置最先进的科研仪器设备，创造优越的研究开发环境，以期获得能商业化的科研成果。这样的研究与开发管理模式大多发生在规模巨大的跨国公司，并大多用于研究阶段（如微软的中国研究院），开发阶段较少采用。第一代 R&D 没有任何战略框架，未来的技术发展完全由研究与开发部门掌握。第一代 R&D 中最成功的例子是 1939 年 Du Pont 公司的化学家 Wallace Carothers 领导的科研项目意外地发明了尼龙，在后来的 50 年里，尼龙为 Du Pont 赢得 200 亿～250 亿美元的利润。

（2）第二代 R&D 的兴起

两次世界大战对 R&D 的发展起了很大作用。第一次世界大战的爆发是西方 R&D 发展的强力催化剂。大量先进工业技术的发展导致了新型武器的产生，如飞机、坦克，很大程度上改变了战争的特征，使人们认识到技术的威力。第二次世界大战期间，R&D 在许多不同项目中的集中运用是前所未有的，机械和电子的发展在航空、武器、雷达及染料、燃料和合成橡胶的化学技术上起了基础性的作用，形成的强大生产能力为盟军的最终胜利起了重要的作用。科学家和工程师在第二次世界大战中研究与开发的贡献为企业领导提供了可贵的经验，并且在战后商业性质的研究与开发投资得到持续增长。到 1946 年将近有 2000 家企业研究实验室在运作，并且战后又建立了更多的实验室。经过近一个世纪的稳定发展，系统的研究与开发在现代工业企业中作为核心职能得以稳固确立。世界范围内的几乎每一家主要大公司都采取了爱迪生模式的研究实验室。这个时期，公司的经理们认识到必须管理他们的实验室，应把更多的注意力放在能服务他们业务的项目上。特别是反战期间发展起来的管理经验运用和延伸到项目管理中。

与第一代 R&D 相比，第二代 R&D 的管理已注意到使研究与开发工作符合经营上的需要，开始强调研究开发项目的投入产出分析。区分出不同研究与开发项目的性质，并对各个项目进行个别的费用与效益分析，根据项目的目标进行监控。此时，研究开发战略的框架已经初现。人们开始寻求研究开发部门与生产、营销部门的沟通。从管理和战略的角度看，企业力图把研究开发部门与其他部门的关系确定为供应商与客户的关系。在运行原则上，对重大项目的投资是根据业务部门与总公司风险分享的原则进行的，渐进项目的投资决策则主要由各业务部门做出，评估项目的方法是量化的，如净现值法、投资回报率。但第二代 R&D 的管理仅仅局限在单个项目层次上对各个项目的孤立管理，没有在综合层次上对项目群进行组合管理。这样，就无法从战略角度对项目群进行战略性平衡，无法在一个战略经营部门内部和各战略经营部门之间进行平衡，也无法制定项目选择与资源分配的优先级顺序，从而无法针对经营目标与经营战略的需要，最有效地利用能力和资源，取得最大的经营效益。

(3) 第三代 R&D 的兴起

随着技术复杂程度的增长，企业 R&D 的规模不断增长，研究与开发的成本也得到了相当的增长。结果 R&D 投资的固有风险在公司整体财务风险中变得越来越重要。企业的长期成功在很大程度上取决于研究与开发实验室的成果。但即使在今天，R&D 固有的不可预测性也让人无法判断它何时能带来市场准备接受的产品。为了缓和不断增长但又不可避免的财务风险，人们开始运用其他投资使用的评估工具来评估 R&D 的投资，并出现了 R&D 组合投资的概念。这种组合概念是一种将高风险、高回报的活动与低风险、低回报的商业活动平衡起来的方法。这种平衡高风险行为的管理方法，从长期来看是一种重要的商业突破。研究项目的分析包含了竞争优势、风险、生命周期、技术发展的时间选择、与核心战略和资源的适应性，几乎包含所有与技术和市场成功率相关的变量。研究与开发管理也认识到技术在其生命周期不同阶段的影响是不断变化的，因为一项刚引入市场的新技术可能不久就会变成一项基本技术而失去它的独特性。竞争对手可以完全地复制，或是用其他方法来达到同样的目的。因此，技术路线图有助于将技术的演进与企业的产品和服务联系起来，以财务风险、战略策划和技术路线图为内容的技术管理就是第三代 R&D 的兴起。

从本质上来讲，第三代 R&D 的兴起是因客观环境发生了很大变化，众多的消费品市场日趋饱和。生产能力超过市场需求，企业间的竞争日益加剧。同时科技的迅猛发展，新产品投放市场的速度大大加快，企业为了跟上这一迅速发展的形式，不得不竞相投入更多的研究与发展的经费，以期取得技术上的优势或依靠地位。这样，企业研究与开发的运行环境发生了巨大变化，要求研究与开发必须在战略指导下有目的地进行，不再允许那种任意浪费可贵的研究与开发能力和资源的放任式管理方式，要求企业领导同研究与开发部门的领导互相交流、紧密合作。研究开发部门不仅要考虑企业发展的长远需要，也要考虑各个战略经营单位（事业部）的需要，并且从项目组合投资管理的角度，进行费用/效益分析和风险/收益的平衡，以最好地完成公司统一目标为准则进行研究与开发的组合管理。

资料来源：薛求知，王辉．西方企业 R&D 的演进及其启示[J]．研究与发展管理，2004，16（3）：28-33.

三、知识产权制度

知识产权制度是人类社会的重要制度发明之一。类似知识产权制度的规定很早就有，伴随着科学与艺术发展，专利制度也进一步完善和改进。高技术产业的发展和国家之间的竞争，使得专利制度的重要性越来越大，并最终进入了亲专利时代（表3.3）。

表3.3 专利和知识产权历史的年代划分[①]

年代	特性
无专利时代 （古文明：埃及、希腊等）	出现了独立于技术的科学； 出现了文化与产业艺术； 保密和符号被认为是知识产权； 技术发明没有专利类产权或制度

---

① 詹·法格伯格，戴维·莫利，理查德·纳尔逊．牛津创新手册[M]．柳卸林，郑刚，蔺雷，译．北京：知识产权出版社，2009.

续表

年代	特性
前专利时代 （从中世纪—文艺复兴时期）	大学的出现； 保密、版权和符号（艺术品、商标、名称）是当时主流的知识产权，也得到统一的组织； 出现了授予特权和酬劳公开披露（Remunerate Disclosure）的制度安排； 采矿法延伸到发明
国家专利时代 （15世纪晚期—18世纪晚期）	自然科学的突破； 专利法的地方立法（威尼斯1474，英格兰1623等）及版权法的地方立法（威尼斯1544，英格兰1709等）的出现； 特权的规制； 国家层面对技术进步有意识的刺激，与经济政策相关联（如重商主义）
多国专利时代 （18世纪晚期—19世纪晚期）	现代国家的出现； 工业化； 专利制度的持续的国际扩散； 本地反专利运动； 国际专利关系的出现
国际化专利时代 （19世纪晚期—20世纪晚期）	工业与军事研发的出现； 国际专利制度协作（巴黎公约1883，WIPO，PCT，EPO等）； 社会主义国家和发展中国家独立的知识产权制度
亲专利时代/亲知识产权时代 （20世纪晚期—）	对于许多实体来说，智力资本超过实物资本； 国家剧烈的国际竞争； 工业化国家采取的知识产权全球性行动，尤其是来自美国（导致TRIPS和WTO的产生）； 几乎在全世界范围内对专利制度的接收； 国际专利申请的日益增加

知识经济时代的到来，技术创新实力成为企业和国家的核心竞争力。各国构建和完善知识产权制度的出发点，是看重知识产权制度对创新活动的激励作用。知识产权制度的核心内容，是赋予知识这种无形资产产权的形式，保障创新者智力产出的收益权，从而激励知识创造和创新行为。以专利制度为例，专利制度实际上保障了企业在创新方面的先发优势，能够顺利转化为商业上的先发优势，避免了跟随模仿者对原创者利益的瓜分。有研究表明，专利对创新的促进作用是存

在产业差异的，专利制度对于知识密集型但模仿成本低的产业促进作用最大。

知识窗3

知识产权对创新活动的影响

（1）保障创新获益，激励创新活动

知识产权对创新活动的作用表现在：知识产权制度赋予发明和创新成果专有权，有助于防止竞争者搭便车行为，为创新者从创新活动中获益提供保障。知识产权激励市场力量引导创新活动，有助于有效利用知识产权信息，使前沿技术领域的市场主体对创新项目成功可能性做出准确判断，从而有效配置创新资源。知识产权不解决发明活动面临的风险，但可以增强金融市场动员资源、投资于创新的功能。知识产权如专利制度，要求申请人公开发明成果解决问题的信息，推动新技术知识及时公开，对于需要在既有创新成果基础上进行后续创新的累积创新发挥着重要作用。某些情况下专利也会对后续创新形成障碍，高于成本定价会减缓技术扩散，不过这种作用因专利时效制度得到缓解。

（2）促进技术交易，推动创新成果商业化

知识产权推动智力成果许可或转让，这在现代创新系统中日益重要。知识产权以多种方式促进技术市场发挥其功能，尤其是，知识产权是权衡保护知识和共享知识的核心，使企业能够灵活地决定交易的技术标的、交易对象和交易条件，也为大学和公共研发机构的技术创新成果商业化提供了便利。知识产权影响技术在国内或跨国扩散，这种作用的发挥取决于有关技术的特征，尤其是可被逆向开发的程度以及受让方的技术吸收能力。

（3）规制工人流动，激发创新系统活力

知识产权与创新的联系还表现在通过不正当竞争规则，依法规制技术工人流动行为，实现技术扩散与保护商业秘密间的平衡，这有助于激发创新系统活力，促进技术吸收。

资料来源：World Intellectual Property Report: Breakthrough Innovation and Economic Growth, November 2015 by WIPO。

当前，在高技术领域，尤其是通信、半导体等知识产权密集领域，知识产权越来越成为一种竞争工具。由于特殊的行业属性，这些产业领域的企业的发展，依赖于有效的知识产权策略。例如，通信技术是当前技术最为密集的领域，也是专利许可密集、专利诉讼频发的领域。

知识产权与技术转移[①]

知识产权属于民事权利，是基于创造性智力成果和工商业标记依法产生的权利的统称。知识产权主要分为两大类，即工业产权和版权，前者包括专利权、商标权、地理标记权、与不正当竞争有关的知识产权等；后者也叫著作权，包括邻接权。其中，专利权、著作权和商标权是知识产权的主要类别。

（1）技术转移实质是技术成果等知识产权被授权使用的过程

技术成果一般会以信息作为载体，因此，技术转移过程从本质上说是信息转移、信息传播过程。信息具有可分享的特征，它在转移中不会损耗，甚至为许多人分享仍然保持原有价值；而知识产权与其他民事权利客体如有形财产相比较，最为显著的特征是非物质性和可复制性，因此，技术转移过程的这一特点和知识产权的特性有着极强的一致性。这就决定了技术转移本身就是知识或者技术被授权使用的过程。另外，知识产权也是技术成果的重要的表现形式，技术成果的转移和转化，在一定意义上就是知识产权的转移和转化。从这个角度看，技术转移的实质也是知识产权被授权使用的过程。

（2）技术转移中技术受体和知识产权保护的关系

技术具有可复制性，供应方将技术再次出让或授权使用的成本是很低的，也就是说，当知识已经生产出来之后，可以以很低的成本再增加一份或者多份供给，而利润确是相当丰厚的。如果不加限制，它是可以被无限次地复制的。当每个人都可以轻易获取的时候技术的活力就大大下降，技术的接收方就没有兴趣和必要接纳该项技术了，技术转移活动也就此终止。结果会导致社会上的相同产品很多，供大于求，利润率下降；导致技术的需求方挣钱艰难或者挣不到钱，甚至亏本。

---

① 参考科易网文章：技术转移与知识产权的关系。

因此，极大损害了技术适用方的利益。从经济学来看，对知识产权使用者的保护，就是减少同类产品等的市场存量避免恶性竞争，保持专利技术的盈利能力。

侵犯知识产权的成本和因侵犯知识产权带来的利益之间存在很大差距，可以带来巨额的利润。正因为如此，世界范围内，有很多人想尽办法依靠侵犯知识产权来获取利益。知识产权保护就成了相关各方保护自己利益的有力武器。

（3）技术转移中技术供体和知识产权保护的关系

如果技术发明和成果能够轻易被窃取和仿冒，那就没有人愿意主动去开发新技术。知识产权就是为了保障技术发明人的收益的独享权利。保护发明人的劳动成果能够不被人侵害地获得经济利益，从而让他们有生产更多的技术成果的经济驱动力。

关于知识产权保护体系在技术转移中的作用，主要体现在两个方面。第一，协调使用者和所有者的关系，保证双方的利益。知识产权（技术成果）使用者和所有者有不同的利益诉求，都在为各自的利益最大化而努力，由此产生一对矛盾体。技术的供应方为了自己获得最大的利益，希望将技术成果多次转让，或者多次授权，以此获取更多的经济利益；而技术的使用方，也就是技术需求方则希望独享这项技术，不希望技术被复制，以此保证他们自己的利益。这和技术的供应方意愿完全相反，协调他们的关系，确定他们之间的游戏规则，需要一个强有力的工具，可以理解为知识产权的法律体系是一个很好的工具。知识产权保护体系通过约束技术成果（知识产权）使用方的行为，保证技术供应方获得利益；也通过约束使用者，保护所有者的利益。第二，有力地促进技术成果实现资本化，科研成果转化成生产力需要资金。技术转移过程中最关键的因素就是将研发的技术资本化，通过鼓励申请知识产权并将其保护起来，为知识产权找到合适的市场做准备，这个市场能够为企业取得显著发展提供机遇。只有当知识产权商业化后，（应用于生产和生活后）才使它具备了经济价值和产业价值，发现价值所在，才能有更多的机会获得技术转移并产业化所需要的资金，才有可能真正地转化成生产力。

四、风险投资制度

对科技的支持,最开始主要来自国家财政投入。20世纪50年代末工业投入加入其中,到20世纪70年代末,风险投资(Venture Capital)成为第三支柱。

风险投资的起源可以追溯到19世纪末期,当时美国一些私人银行通过对钢铁、石油和铁路等新兴行业进行投资,获得了高额回报。1946年,美国哈佛大学教授乔治·多威特和一批新英格兰地区的企业家成立了第一家具有现代意义的风险投资公司——美国研究发展公司(ARD),开创了现代风险投资业的先河。但是由于当时条件的限制,风险投资在20世纪50年代以前的发展比较缓慢,真正兴起是从70年代后半期开始的。1973年,随着大量小型合伙制风险投资公司的出现,全美风险投资协会宣告成立,为美国风险投资业的蓬勃发展注入了新的活力。

风险投资在美国兴起之后,很快在世界范围内产生了巨大影响。1945年,英国诞生了全欧洲第一家风险投资公司——工商金融公司。英国风险投资业起步虽早,但发展却很缓慢,直至20世纪80年代英国政府采取了一系列鼓励风险投资业发展的政策和措施后,风险投资业在英国才得以迅速发展。其他一些国家如加拿大、法国、德国的风险投资业随着新技术的发展和政府管制的放松,也在80年代有了相当程度的发展。日本作为亚洲的经济领头羊,其风险投资业也开展得如火如荼。但与美国不同的是,日本的风险投资机构中有相当一部分是由政府成立的,这些投资机构大多也不是从事股权投资,而是向高技术产业或中小企业提供无息贷款或贷款担保。

风险投资制度的出现对于高新技术产业和中小企业的发展具有重要意义。从事高新技术产品试制、生产的中小企业很难获得正常的银行贷款和其他的常规金融支持。据统计,美国由风险投资公司所支持的风险企业,只有5%~20%获得成功,失败率在80%以上。面对如此高的失败率,追求资金安全的银行显然不会轻易放贷,尤其不会大额放贷。因此,广大风险企业和中小企业的发展产生了对风险投资的强大需求。美国电子产业的发展凸显了风险投资的巨大功绩。前述的美国研究与发展公司(ARD)1957年对数字设备公司(DEC)投资不到7万美元,至1971年持有DEC的股份价值增加到3.55亿美元,这一成功的投资为后继者提供了经验和榜样。DEC研制的程控数据处理机PDP——计算机使用户可以通过键盘和显示器与机器人直接对话,从而使计算机技术迈上了一个新台阶。1968年7月,风险投资家阿瑟·洛克(Anher Rock)作为主要投资人投资3250万美元,与风险企业家诺伊斯和摩尔(每人投资25万美元)成立英特尔公司。英特尔公司为在1992年后夺回被日本半导体业抢占的世界市场份额做出了突出贡献。思科、网景、雅虎等知名企业在早期都得到了风险投资的支持。一项1998年的研究指出,1美元的风险投资要比1美元的公司研究发展(R&D)支出激发的专利多3~5倍。

风险资本的投资集中于新兴的高技术产业领域。以美国的风险投资为例,在1965—1992年间,4个产业(办公和计算机、通信电子、制药和科学仪表)占所有美国风险资本产业投资的81%。而风险投资偏好的产业也在变化,尤其是1999年和2000年,互联网相关的投资分别占所有风险资本投资的70%和75%。

陈志刚、张维华(2000)[①] 从资金与体制两个方面分析风险投资是如何克服科技成果转化中的制约因素,促进科技成果的转化的。

风险投资的资金效应体现在缺口弥补和后续资金支持两个方面。首先,风险投资能够弥补传统金融体系的不足。由于高科技成果转化具有风险高、周期长的特点,银行等传统金融机构不愿介入。而风险投资基金追逐高风险、高收益,正好可以填补传统金融服务的空白。其次,后续资金支持方面,风险投资家利用本身资金实力及大量的融资渠道和信息,履行向企业投入大量后续资金的承诺,而且通过让企业公开上市发行(IPO),让自己的收益最大化,解决了企业后续资金的问题。

风险投资的"体制效应"体现在以下几个方面。

第一,促进企业明确产权归属、理顺产权关系。我国高科技企业大多衍生于科研院所、高校和政府事业单位,组织形式普遍为"挂靠型、附属型、承包型",往往出现产权关系复杂,企业治理结构不完善等弊病。而风险投资一般都以股权

---

① 陈志刚,张维华.风险投资对科技成果转化的作用分析[J].研究与发展管理,2000,12(6):47-51.

形式进行投资；资金到位之后，风险投资家必然要求按各出资方的出资比例划分产权。客观上要求企业理顺产权关系，明确产权归属，按所投入资金和技术等无形资产确定各自的股权比例，并享受相应的权利和承担相应的责任，促进企业建立现代企业管理制度。

第二，促进技术成果的产权化。在投资评估中，技术知识的未来收益被最大限度资本化，技术股份的价值远远高于其在纯粹技术交易市场上的定价。在评估中，技术资产已产生但还没有被计算在内的效益将得到进一步确认，从而使技术股份得到升值。由于可见，在风险投资机制下，知识的价值得到最大程度的承认，知识可以转化为财富。

第三，经营者的激励与监督作用。让创业者以技术成果入股可在一定程度上消除风险投资家与创业者之间的信息不对称，有利于降低企业的管理成本，也起着一种类似经营者"期股激励"的效应，从而激发创业者的积极性。

第四，风险投资家参与经营管理。风险投资家不仅善于金融投资，而且有着丰富的企业管理知识和经验。许多风险投资家曾担任过大企业的高层管理职务，对于某些特定产业有着深厚的了解。其管理经验知识能有效地帮助创业者开展管理，促进科技成果的转化。

①风险投资家亲自参与决策管理。风险资金以股权形式投入后，风险投资家就取得了股东地位，从而进入了企业的董事会。风险投资家一般以外部董事身份，参与企业的战略决策管理，保证了企业经营的大方向。风险投资家一般不干涉企业日常管理事务。

②风险投资家常为企业引进最合适的高层管理人才。这些人才可能来自原先的创业者或科技人员，更可能来自外部人才市场，参与企业管理运作。

③在国外，风险投资机构利用其庞大的关系网络帮助高科技企业介绍和开辟营销渠道，从而直接地促进了科技成果的商业性推广应用。例如，在印度和以色列，有多家接受美国英特尔公司风险投资的企业均得到英特尔的大力帮助，最终将产品打入世界市场。

④风险投资家对高科技企业的财务状况、会计核算进行监督，以有效控制其财务风险。

第二节　组织运作过程的目标和内容

一、组织运作过程的目标

技术转移过程涉及两个并行又互相影响的子过程。一个是技术开发过程；另一个是组织运作过程。技术转移的组织运作过程是指技术转移过程中涉及的组织、制度和商业层面的活动的总和。组织运作过程的目标是为技术转移的全过程提供资源支持和制度保障，直至技术转移活动的目标实现。

技术转移涉及组织运作过程，主要有以下几点原因。

第一，技术转移过程往往涉及权利的转移，包括所有权、使用权、收益权等，需要依据法律、制度和规定进行协调。技术转移活动，首先要合法合规。涉及国家安全的重大核心技术不允许向境外机构转让，而公共部门的科研成果向私人部门转移，需要符合国有资产处置方面的规定；其次要能有效保障技术转移相关方的权益。要保障技术出让方的技术不被泄露和剽窃，技术受让方能够获得预期的技术成果。考虑到技术的非标性、技术转移活动的复杂性和长期性，技术转移活动中相关方的权利和义务都需要通过订立具有法律效力的契约的形式进行规定。

第二，技术转移过程要不断投入和整合资源，需要有效地进行组织。在技术转移的不同阶段，需要的资源种类和投入规模在不断发生变化，而且由于技术开发的不确定性，许多资源需要根据技术开发的过程进行动态的组织和即时调整。技术转移过程往往涉及多个主体，如科研院所、技术中介、企业、政府，还有协会联盟组织。技术转移过程需要充分利用这些主体的资源和能力优势，并协调好不同主体之间的利益关系。以科技成果转化为例，在科技成果转化的前段，以科研院所的研发资源和科研能力投入为主。在科技成果转化的中段，则可能需要组织科研院所、政府、投资机构和企业多方的力量，有效地分担风险，保证资源投入的持续性。在科技成果转化的后段，则更需要企业的生产制造能力和营销资源。技术转移整个过程都需要灵活和持续地组织活动，以保证技术转移全过程获得相应的资源保障。

第三,技术转移过程的最终目标,是要实现技术的商业价值。对于一些特殊的技术转移活动,其活动目标是社会性和政治性的,但绝大多数的技术转移活动,是实现技术的商业价值,让技术的受让方获取更大的经济收益。实现技术的商业价值,就需要开展一系列商业行为,包括创建新的公司或联盟、融资、并购、竞争合作,进行营销活动等,这些商业行为对于技术转移活动实现价值目标至关重要。一方面,企业技术转移的决策往往和企业的发展战略和商业目的联系在一起;另一方面,技术转移活动往往会附加一些商业条款,对技术转移相关主体的行为进行限定,以保障商业利益的实现。

二、组织运作过程的内容

经济合作与发展组织(OECD)(2002)[①]指出:在全球化和知识市场发展加快等因素推动下,大学与企业间建立了更加广泛的合作与联盟。而政府、大学和科研院所、企业存在多层次委托代理关系,三方信息不对称、利益不一致,其合作创新动机是:节省交易成本、优势互补、独占知识技术和能力的异质性。很多因素会影响具有经济博弈性质的技术转移过程是否能够有效和顺利进行,如知识产权归属、利益分配、中介服务、法律法规、资金、税收、产学研合作等。对于高校科技成果转化而言,基于高校自身不同于企业的特殊性、高校科技成果的多样性及成果转化的复杂性,法律对其调整与规范是通过一个制度体系来完成的,包括职务发明制度、关于国家资助科技项目中形成的科技成果的权利归属与成果转化的法律制度和高校科技成果转化的路径设计(朱一飞,2016)[②]。

从单个技术转移的过程来看,可以简单地将其中的组织运作过程划分为形成契约、建立组织、保障与运营3个阶段(图3.2)。不同的阶段有不同的制度支撑需求。

---

① OECD. Benchmarking industry-science relationships[M]. Paris: Organization for Economic Cooperation and Development,2003.

② 朱一飞. 高校科技成果转化法律制度的检视与重构 [J]. 法学,2016(4):81-92.

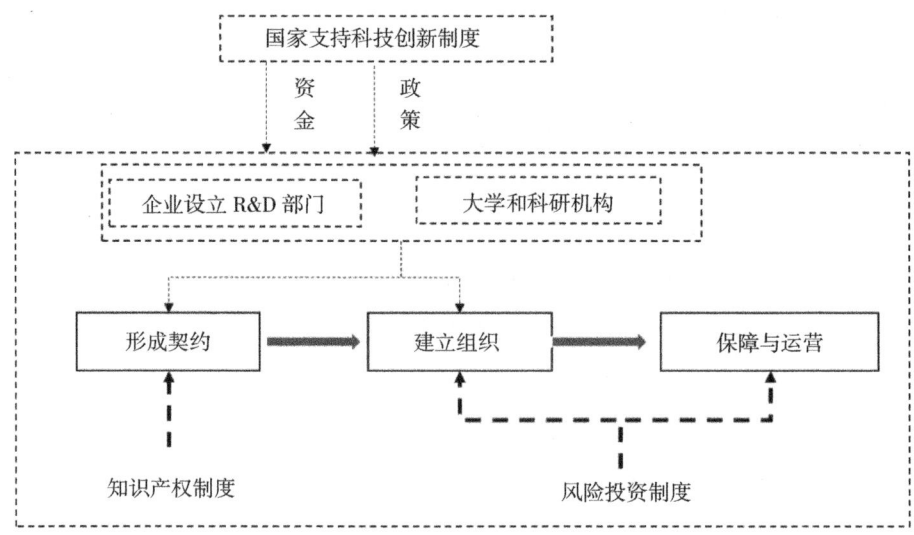

图 3.2 技术转移中的组织运作过程

①**形成契约阶段**。技术的供方和需方，还有技术中介第三方组织形成关于技术转移的，具有法律效力和约束力的契约。形成契约的前提是法律层面对科技成果的产权的认可和保护，这是知识产权制度的内容。此外，还要对科技成果的价值形成共识，涉及科技成果的整套评价制度。需要注意的是，与有形的商品交易相比，对于社会制度和文化层面的要求更高。值得一提的是，形成契约不仅需要有形的制度的支撑，也需要理念和文化层面的支持。我国的企业家以制造业起家，形成了生产"看得见"的有形产品的根深蒂固的观念，追求低成本和规模化，对高技术产业的特点认识不足，往往很难跟科研人员"说到一块儿"，因此也不愿意投入。

②**建立组织阶段**。技术转移过程往往需要成立新的组织，对于一般的技术转移项目，要成立小的、临时性的项目组。对于复杂的，大型的技术转移项目，还要成立规模较大的常设性机构。对于缺少现成配套资产的新兴产业项目，往往要通过成立新企业的方式进行成果转化。与建立组织阶段相关的制度是高校和科研院所的基础科学研究职能和企业设计研发部门。高校和科研院所、企业在能力和组织上的"异质性"和互补性既产生了建立新组织的必要，也是建立新组织的"基

础元件"。对于衍生创业或者以孵化企业为手段的科技成果转化来讲，整个社会的创业基础设施、商事制度、风险投资制度及对中小企业的政策，都会对衍生创业产生很大的影响。有研究表明，衍生创业是对制度要求最高的技术转化路径。

③保障与运营阶段。技术转移是一个充满不确定性的、漫长的、动态的过程。在形成契约和建立组织之后，就进入了保障与运营阶段。保障与运营阶段是为技术转移的技术开发过程提供资源保障和能力建设阶段。确保技术从潜在价值到商业价值的实现。技术转移的不同阶段需要不同的能力和资源，包括不同的主体主导（高校和科研院所主导还是企业主导）、不同的资源（信息、资金、人员、设备、渠道等）、不同的组织形式（产学研合作组织还是独立企业）等。保障和运营阶段需要综合的制度层面供给，包括风险投资制度、开放共享的科研设备、专业人才培养制度和专业的服务机构等。政府的持续而灵活的支持，完善的、系统性的制度，包括诚信、开放和冒险的社会文化都很重要。

三、组织运作过程的风险

（一）市场风险

技术转移的组织运作过程面临的市场风险主要包括两个方面。第一，技术产生价值的前提是满足市场需求，但市场需求往往处于动态变化当中，需求群体的偏好也在发生变化。技术转移的周期当中，市场需求的变化会带来潜在的项目失败风险。需要注意的是，市场需求变化导致的失败要与技术开发的失败区分开来。存在技术开发是成功的，但由于市场需求的变化导致技术的商业价值无法实现，进而导致技术转移活动失败的情况；第二，企业处于开放竞争的市场环境中。其他在位企业或新进企业的行为，会影响企业技术转移活动的价值，包括技术的更新换代、新的主导技术的出现等。尤其在具有网络效应的产业领域，主导技术的竞争非常激烈。例如，我国等离子电视技术的失败，就是由于液晶电视技术成了新的主导技术，导致我国在等离子电视技术轨道上的技术储备失去价值。

（二）组织风险

技术转移中的组织运作过程本身就是一种组织行为，其面临的挑战主要有：第一，组织的基础条件缺乏。以科技成果转化为例，由于技术开发过程的不确定性和技术的非标性。对技术开发过程需要投入的资源规模，开发周期和价值认定往往很难做出准确的估计，也就很难在不同主体间达成共识。此外，我国高校科研成果的转化只泛泛地起指导作用，经常缺少具体的具有可操作性的配套方案，导致在组织层面无论是设立衍生企业，还是转化收入分配，都缺少基础，无法作出明确的规定。第二，新的组织能力建设。技术转移活动经常要成立新的产学研协同组织，无论是临时性的组织还是常设组织（这种协调和组织多方联合组织的角色经常由技术转移中介组织承担）。这种新的组织需要及时形成对技术转移过程的管控和支撑能力。但由于动机、既有能力甚至文化方面的差异，这种协同组织的能力建设经常困难重重。

（三）制度风险

技术转移中的组织运作过程既要符合制度要求，又要充分利用制度工具为技术转移过程提供保障。组织运作过程中的制度风险主要有：第一，法律法规风险。我国高校科研院所的科技成果转化，涉及国有资产的处置。由于担心处置不当造成国有资产的流失，所以很多科研成果宁愿"躺"在学校里。我国企业的许多海外技术并购活动，也可能遭到外国政府的阻挠。例如，清华紫光收购美国西部数据的失败。第二，制度成本太高。我国高校的科技成果转化，往往需要层层的报审，程序复杂烦琐，周期漫长。过高的制度成本导致很多技术成果望而却步，或是错过了最佳的转移时机。第三，当今企业的技术竞争越来越激烈，利用知识产权，政府对特定领域的产业政策的技术竞争策略也越来越复杂。企业的技术创新和技术转移活动，会经常遭遇各种专利壁垒和专利陷阱。

第三节 技术转移的主要模式

技术转移的模式是指技术转移的组织方式。技术的属性在很大程度上决定了技术转移的模式，也就是技术转移在组织层面的特点。由于技术的不确定性、复杂性和缄默性，只有非常成熟的技术才适合采用直接交易的方式进行转移，对应的模式包括技术许可、技术授权。在科技成果转化过程中，往往采用合作研发和衍生创业的形式进行。合作研发最大限度地保障了技术供需的匹配度，也更好地实现优势互补、风险共担、利益共享的效果。但合作研发是针对技术存在配套资产（企业往往提供的就是配套资产）的情况，对于缺少配套资产的情况，往往需要通过创业的方式进行转化。需要注意的是，在实际的技术转移过程中，并不是孤立地采用若干模式中的一种，而是往往要综合采用多种模式，以实现技术转移的目标。

柳卸林等（2012）[①] 将科技成果转移转化分为4种过程模式（图3.3）。

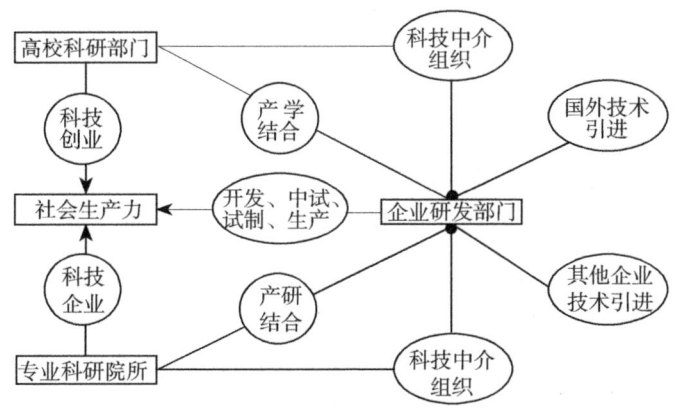

图3.3 科技成果转移转化的主题和基本过程

资料来源：柳卸林等（2012）。

---

① 柳卸林，何郁冰，胡坤. 中外技术转移模式的比较 [M]. 北京：科学出版社，2012.

①高校和科研院所通过科技中介组织，直接将科研成果向企业研发部门转移。

②高校和科研院所通过产学研合作方式，间接将科研成果向企业研发部门转移。

③高校和科研院所的研究人员通过技术创业或技术入股形式，创办企业，直接将科研成果转化为产品和工艺。

④企业通过从国外引进技术，或向本国企业引进所需技术，经过中试和批量生产过程，直接将科研成果转化为生产力。

从国内外最新的实践来看，主要的技术转移是技术许可、合作研发和衍生创业3种模式。

一、技术许可

技术许可是指技术供方以技术许可协定的方式，将自己有权处置的某项技术进行技术许可，技术受方按照合同约定的条件使用该项技术，并以此获得一定的使用费或者其他报酬的一种技术转移方式。技术许可实质上是指有关技术相关权（如所有权、使用权、产品销售权、专利申请权等）的契约或合同。可以从不同的角度对其进行分类，从授权范围的角度可分为普通许可和排他性许可；从许可的内容多少的角度可分为单一的技术许可和捆绑许可；从是否受国家强制力约束的角度可分为一般许可和强制性许可等。

技术许可的模式适合技术成熟度较高，经过时空和场景、使用主体的变换，在很大程度上仍可直接应用的技术。技术许可的方式在跨国技术转移和企业与企业之间的技术转移中应用较多。跨国企业往往将其落后一代或是将要淘汰的技术，或是在其他国家通过模仿学习将要掌握的技术以技术许可的方式转移给后进国家，以在技术"失效"之前，获得更多的利益。

美国和以色列在以专利技术进行技术许可的技术转移模式方面表现突出。原因在于这两个国家拥有专业的技术转移公司。以色列的魏茨曼科学院耶达公司是世界上成立最早的技术转移公司（成立于1959年），比美国斯坦福大学的技术许可办公室（1970年成立）还早了11年。由于这两个国家较早地开始了技术转移专业服务能力方面的探索和积累,因此,积累了丰富的经验和能力。这体现在许多方面,包括技术转移机构与研究机构与产业界的密切稳固的联系,技术许可过程中,从专利写作、申请、授权及后续商业化运作的一套严密的工作方式和流程以及一大批相关的专业人才。除了机构能力的积累和建设,在围绕技术许可模式的制度环境,尤其是法律体系建设方面,这两个国家都具有很大的优势。

二、合作研发

根据 OECD 报告,合作研究包括协同式研究、合同制研究及由公共研究员向私人部门提供的咨询服务。合作研发是联合高校科研院所与企业的优势能力,进行目标明确的应用技术研发的技术转移模式。合作研发的模式是使用较多的技术转移的模式之一。世界各国都普遍设立了应用技术导向的研究机构,这些机构的核心能力介于高校院所的基础研究能力和企业的应用技术研究能力之间。这些机构往往与高校院所有紧密的联系,能够灵活使用高校的科研成果和科研力量。例如,德国的弗朗霍夫协会,我国的许多科研院所是原来计划经济体制下"一场一所"的研究所转制而来,如无锡油泵油嘴研究所。这些研究院所,本来就是应用研究的研究导向,而且具有跟企业合作研发的能力积累。在我国的合作研发活动中扮演了重要的角色。Winerbrake(1992)[①]分析了有关公共资助的科研成果进行转移转化的各类机制的相对有效性,发现提供资金支持、创建支持性的咨询和服务机构是两种最有效的推进机制。自美国 1986 年通过了《联邦技术转移法案》依赖,合作研发一直被理论界和实务界认为是一类效果最好的技术转移机制。

促进合作研发,一直是各国政府充分释放本国科研资源潜力,提升国家创新竞争力的重要手段之一。在手段上,各国一般通过政策激励的方式,将与企业进行合作研究作为获得政府经费支持的前置条件。例如,德国弗朗霍夫协会只有约 1/3 来自联邦和各州政府的公共科研经费,其余来自企业和公助科研委托项目。

---

① Winebrake J J. A study of technology-transfer mechanisms for federally funded R&D[J]. The Journal of Technology Transfer,1992,17(4):54-61.

法国卡诺研究所获得国家科研署资助金额大小则是根据该研究机构同产业界合作伙伴签订的合同金额总量而确定。美国主要采取了政府计划的激励方式,例如,"小企业创新研究计划"除了主要为小企业提供初期阶段发展资金,同时还帮助小企业参与联邦政府的研发活动;"小企业技术转移计划"虽然与"小企业创新研究计划"总体相似,但最主要的差别是要求被资助小企业在项目中与一家研究机构开展正式合作。德国也有以联合研究开发促进技术转移的资助计划,如中小企业创新能力建设计划,主要支持多个企业和研究机构共同开发一项技术;东部德国创新网络计划,要求每个项目至少要有6个中小企业共同进行研究开发;创新网络资助计划,要求每个项目采取"2+4"的组织形式,即2个大学和4个企业共同进行技术开发。

三、衍生企业

衍生公司是指从母组织独立出来的企业。从名义上讲,创建衍生公司也是一种知识转移的过程,但它却不像其他渠道那样是向私营部门的直接性的知识转移,而是研究人员通过创办公司实现发明的商业化。严格来说,创建衍生公司是一种以创建新的商业实体的方式利用公共研发成果的机制。根据得以衍生及创业者曾经所在的组织类型,衍生公司通常分为两类:一类是大学或公共研究机构衍生公司;另一类是企业衍生公司。尽管两类衍生公司有很多共同之处,但区别也很大。例如,企业(尤其是私人企业)通常都会试图将技术研发保留在其内部,而大学或公共研究机构通常会鼓励将研究成果转移到其实体之外。大学或公共研究机构的衍生企业也分为两种类型:一是大学或公共研究机构发起型,即大学或公共研究机构依靠自身组织的力量来创办衍生企业,从某种程度上看,这是大学或公共研究机构职能的一种扩展,在衍生过程中大学或公共研究机构扮演了孵化器的角色;二是员工自发型,即大学或公共研究机构有创业意识的员工(称为学者型创业者)认为某项研究成果具有潜在的市场价值,自己创办衍生企业实现转化。

创建衍生公司一般包含以下相关元素。

①技术发明者：将技术从创新开发过程中的基础研究阶段带到可以进行转移的阶段的个人或组织。②母组织：可供技术发明者进行研发的组织或机构。③企业家：获得由技术发明者（可能是企业家本身）发明的技术并创建一个以该技术为中心的新的商业投资机会。④风险投资者：为新公司提供所需要的资助以期获得部分权益所有权或共享经营收入的回报。在美国耶鲁的衍生公司创建模式中，衍生公司需要以下4个必要的角色作为初始投入：技术发明者、科研团队（不含发明者）、大学、首席执行官。作为投入回报，每一方都会得到公司首轮投资前25%的股权。

如果选择衍生公司作为技术转移方式，必须首先与其他方式（如许可、出版物）进行权衡。一般是在其他方法失败或证明不够有效时，才会将创建基于知识产权的衍生公司作为推动技术转化的一种成效方式。衍生公司在以下情况下可实现超过其他技术转化方式的优势：①技术具有破坏性，风险较高；②现有企业因其既得利益，不愿意采用新发明；③要将技术发明成功转化为产品或服务，发明者的隐性知识与背景知识不可或缺；④发明者有兴趣参与衍生公司。隐性知识的转移及原始发明者的参与可帮助提高衍生公司的成功概率。

衍生创业是对制度环境要求最高且失败风险最高的一种技术转移转化模式。采用衍生创业的模式进行技术转移转化，往往是在缺少现成的转化对象，缺少相应的配套资产，一切都需要从零做起的情况。导致这种情况的原因，一般是因为技术是突破性创新或变轨创新，当前市场缺少从事相应产品或服务的企业。衍生创业不仅对制度环境的要求很高（包括商事制度、知识产权制度、风险投资制度、公平的市场竞争环境），也对创业者的素质有很高的要求。要求创业者具有科研、管理、市场等多方面的综合能力。但是很多从高校出来创业的专家教授，往往长于技术研发，却不善管理，导致创业的失败。

我国大众创业、万众创新的兴起，创新创业基础设施的完善，极大地促进了衍生创业这种技术转移模式的发生。

专题——公共知识的转移渠道与商业化[①]

一、公共知识商业化体系

公共研究的知识转移与商业化是指大学和公共研究机构的知识通过多种途径为企业和研究人员自身所用，从而产生经济和社会价值并促进产业发展。这一过程由多个阶段构成，涉及不同行为主体和各种渠道。国家或机构进行知识创造、转移和商业化的体系不但包含结构性因素，而且包含政策措施，其中涉及融资结构、研究活动，以及制度的法律环境、制度背景、与高科技企业接近程度、技术转移部门等中介机构的专长与经验及国家和地方推出的科技政策（图3.4）。

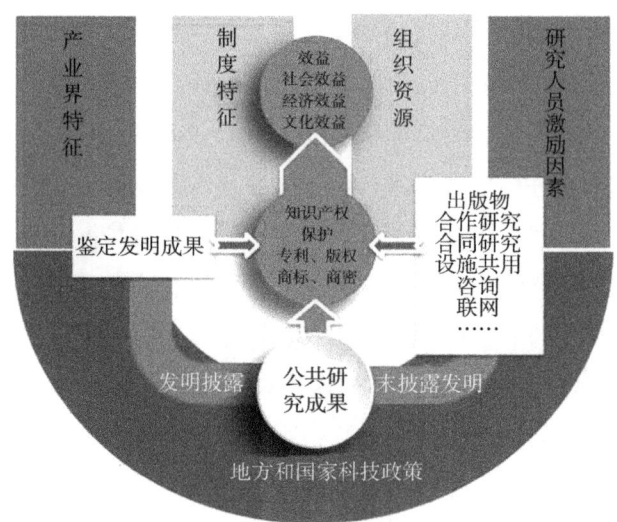

图 3.4 知识转移和商业化体系

[①] 本部分内容译自：OECD. Commercialising Public Research: New Trends and Strategies[J]. Organization for Economic Cooperation and Development（OECD），2013.

近些年来，国际技术转移方式呈现出一些新的趋势。根据 OECD 研究报告，由于全球化、知识数据的开放性以及众投等一些新的投资形式的出现，技术转移形式正在发生一些新的变化。例如，虽然专利、许可证和衍生企业等公共研究商业化的一些传统方式仍然占主导地位，但增长势头锐降，一些新渠道，如合作研究（公私合作伙伴关系）、人员流动性、合同研究等其他方式则对技术转移似乎越来越重要。创新形式在传统的方式下也悄然在发生着一些变化，出现了一些新的模式，如以用户为中心、社会实践为舞台、协同创新和开放创新为特点的用户参与的开放创新模式。

二、知识转移的商业化渠道

有很多种方式描述和划分知识转移和商业化的渠道。Ponomariov 和 Boardman（2012）根据以下 4 个方面进行划分。

①人员直接介入程度（关系强度）。知识转移通常与隐性知识和显性知识有关。隐性知识很难形式化和传达交流。知识转移要求知识创造者与使用者（即研究人员与产业界）之间密切联系。例如，一份出版物的关系强度较低，而联合研究的关系强度很高。

②对产业界的重要性。从产业界的角度来看，渠道种类相对重要。商业调查结果显示，出版物和合作研究被视为非常重要的渠道，而以专利和许可授权为基础的渠道的重要程度相对较低。

③知识最终确定程度。知识最终确定程度是指研究项目达到具体目标或是交付具体成果（如合同研究）的程度；与之相对的是公共部门创造知识，扩大知识存量，这类活动成果难以测度和预期（如召开会议）。

④正规化程度。知识转移渠道可分为非正规渠道和正规渠道，前者如员工交流或联网（涉及隐性流动），后者涉及公共研究组织与企业之间的合约、许可证、联合专利及参与大学衍生公司。渠道正规化程度是指互动制度化或受到正规程序引导的程度。

表 3.4 根据关系强度、对产业界的重要性、最终确定程度及正规化程度对知

识转移渠道进行了概述。这种区分至关重要，因为它有利于决策者们详细地了解知识转移和商业化渠道的多样性和潜在影响力，并且表明公共研究知识转移、运用和商业化的途径多种多样，并非仅局限于专利、许可授权和分拆公司。这里应该注意的是，知识转移和商业化的渠道并不是单向的。各种渠道往往同时运作，或者互为补充，相辅相成，这就凸显了隐性知识流与编码知识流之间的交互作用及知识流的多向性。除了从大学流向产业界，知识还有其他流向。例如，为产业界提供咨询服务有可能建立牢固永久的产学伙伴关系，从而在创意、资金、合同研究、联合发表论文或联合申请专利方面开展长期合作。

表3.4 特定的知识转移和商业化渠道概况

渠道	说明	特点			
		正规化程度	最终确定程度	关系强度	对产业界的重要性
出版发表	最正规和最广泛的知识传播方式；多限于发表论文	低	高	低	高
出席会议、建立网络	专业会议、非正式的关系和联络以及交谈	低	低	中	高
合作研究与研究合伙关系	科学家和私营公司为某项目而联合投入资源，共同开展研究工作；联合开展的、有可能联合出资（相对于合同研究）的研究工作；差异甚大（在个人或机构层级上）；下至小规模项目，上至与多名成员和利益主体结成的战略合作组织（公司合伙组织）	中	低	高	高
合同研究	私营企业委托解决其关切的某种问题；与大多数类型的咨询活动截然不同；需要按照客户的规定或目标来创造新知；通常应用程度高于合作研究	高	高	高	高
学术咨询	研究人员向产业界客户提供的研究或咨询服务；属产业界和学术界参与的最广泛的活动，但制度化程度最低；包括3种类别，即受研究、机会和商业化推动的咨询；对产业界相当重要，通常并不影响大学使命	中	高	高	高

续表

渠道	说明	特点			
		正规化程度	最终确定程度	关系强度	对产业界的重要性
产业界聘用、学生安置	这是企业参与产学研合作的主要动机，大学从中获得主要利益；通过联合指导论文、实习或是合作研究等形式	中	低	中	中
专利申请与许可授权	产业界和研究人员认为重要程度最低的渠道；学术文献和政策制定者却大为关注；几乎不能转移隐性知识	高	高	低	低
公共研究分拆公司	备受关注，但与校友和学生创办公司相比却是一种少见的"创业"形式	高	高	低	低
人员交流/跨部门流动	形式可能多种多样；通常大学或产业界研究人员对调工作一段时间；"人员流动"最重要的形式是产业界聘用	高	低	中	低
标准	依据各种共识程度形成的文件；对于知识转移渠道来说，重要性不亚于专利	高	高	低	中

各种知识转移和商业化渠道的使用强度存在跨学科差异。事实证明，在研发密集型部门，如生物医学和化学工程部门，最重要的渠道是专利与许可授权、出版物、产业界聘用、学生安置及合同研究。专利申请与许可授权对材料科学领域的研究人员十分重要，但对计算机科学家来说则是次要的渠道。社会科学和人文学领域最重要的渠道是人际关系和劳动力流动工程科学（或称"转移科学"，即计算机、航空、机械工程）和社会科学领域因其知识特点支持隐性知识逐步转移，因此，其所有权冲突不如自然科学和物理科学领域激烈。现有的经不同渠道进行知识转移和商业化的数据和事例提供了有价值的知识供需流动信息。在考虑政府干预或改变政策方式的理由时，关于知识供需数量和类型的证据是重要依据。

第四章

技术转移机构与创新生态系统

关于技术转移机构的能力，存在技术市场观和技术接力观两种观念。技术交易观认为技术转移机构主要服务于技术交易过程；而技术接力观则认为技术转移机构需要深度介入从技术开发到技术产业化的中间阶段，具备推动技术价值实现的能力。技术转移机构按照能力的类型和层次可以划分为 1.0~3.0 版，这构成了技术转移机构能力升级的路径。

对创新活动的认识经历了从线性到系统模型，再到生态系统模型的过程。创新生态系统模型在反映了创新活动的生态特性，包括栖息性、自组织性、自增长性等，但归根到底是动态演化性。培育创新生态系统除了保证资源要素的充裕，更要注重要素之间联系的构建，包括制度化的联系和非制度化的联系，还要注重构建制度化联系转化为制度化联系的通道。在搭建联系的策略上，一种是机构之间联系的搭建，另一种是机构能力的综合化。

互联网在技术转移领域的应用潜力，主要取决于关于技术的缄默信息在多大程度上可以数据化。

第一节 技术转移机构

一、技术转移机构的能力

（一）技术转移机构的诞生

技术转移机构是指为技术转移过程提供服务的机构。技术转移机构是知识经济的产物。人类社会从工业经济过渡到知识经济，知识的生产、运营和价值实现成为经济发展的关键动力。技术转移机构正是知识专业化分工的结果，一方面，大学内部的发明创造者既要专注于研究，又要寻求技术的购买者；另一方面，企业往往求助于专家对购买的技术的市场价值做出评估，这都为技术转移机构的产生创造了机会[①]。技术转移机构服务于技术的生产、流动和扩散过程，客观上促进了技术创新价值的发掘和实现。

我国 2008 年颁布的《国家技术转移示范机构评价指标体系（试行）》也体现了 TTO 的中介性质，将技术转移机构定义为"为实现和加速技术转移提供各类服务的机构。包括技术经济、技术集成与经营和技术融资等服务机构等。但单纯提供信息、法律、咨询、金融等服务的除外"。

技术转移机构从来源上，有大学、科研院所设立的技术转移办公室，如美国斯坦福大学的技术转移办公室；由企业设立的从事技术交易、技术咨询和技术运营服务机构，如清华科威国际技术转移有限公司；由政府主导设立的专门从事科技成果转化和交易的机构，如中国技术交易所。技术转移机构来源的多样性决定了技术转移机构形态的多样性。在我国，技术转移机构在形态上，既有事业单位性质的研究机构、公司，也有联盟协会等社会团体。

[①] 王小勇，宁建荣，张娟. 国内外关于技术转移机构研究综述 [J]. 科技管理研究，2009，29（1）：44-46.

（二）技术转移机构的能力

技术转移机构的核心能力是什么？这是正确认知技术转移机构的一个关键问题。技术转移机构的能力取决于技术转移机构的功能。从技术转移机构发展的过程来看，对于技术转移机构的功能，实际上有两种不同的观念。本书在这里总结为技术市场观和技术接力观。

（1）技术市场观

技术市场观认为技术转移的核心问题是供需对接的问题，就是技术的供应方找不到（或不知道）需求方，而需求方找不到（或不知道）供应方（图4.1）。所以，技术转移机构的功能就是构建一个市场，把供给方和需求方集中在一起，彼此知道对方的存在，这样技术交易就会顺理成章地发生。在这种观念下，技术转移机构所做的工作就是从技术供给方搜集技术成果信息，从技术需求方搜集技术需求信息，然后做好信息公开和推送。技术转移机构的核心能力是信息的搜集和交易服务。实践证明，这种将技术看成商品，技术供给和需求可以直接对接的想法存在很大局限性。技术不同于一般有形商品的属性也凸显出来，技术的不确定性、复杂性、缄默性和科研成果与产业应用技术的形式差异决定了技术在很大程度并不是"直接可交易"的，由此也限制了技术市场功能的进一步发挥。

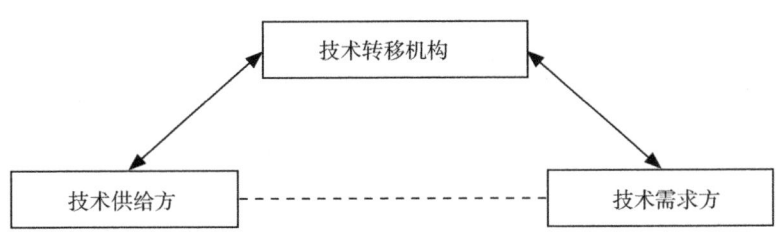

图 4.1 技术市场观下的技术转移机构能力

（2）技术接力观

技术转移活动中，有很大一部分技术并不是直接可交付的技术，需要经历再开发的过程。尤其对于从高校和科研院所出来的科研成果来说，到能够直接在企业应用的技术，还有很大的差距，同样需要经历再开发的过程。一般来讲，高校和科研院所的核心能力是基础研究，企业的核心能力是应用技术开发。与技术市场观不同，技术接力观不认为只要让技术的供给方和技术的需求方知道对方存在，就可以完成技术转移的过程。技术转移观念认识到技术供给方——高校和科研院所，与技术需求方——企业之间的能力差异，任何一方都不具备推动技术度过中间阶段的能力。所以，技术转移机构的功能是从事或者至少服务于技术从科研成果到可应用技术的技术开发过程。技术转移机构需要具备或有能力组织起力量推动技术的产业化过程。

技术转移机构需要具备一定的技术开发能力，这种能力介于基础研究和应用开发之间（图4.2）。而在资产特性方面，技术转移机构的资产处于通用性资产和专用性资产之间。技术转移的接力观符合技术转移机构的实际发展情况。多数技术转移机构都建立了一定的技术开发实力，并配置了一系列针对小试用、中试阶段的技术开发平台。

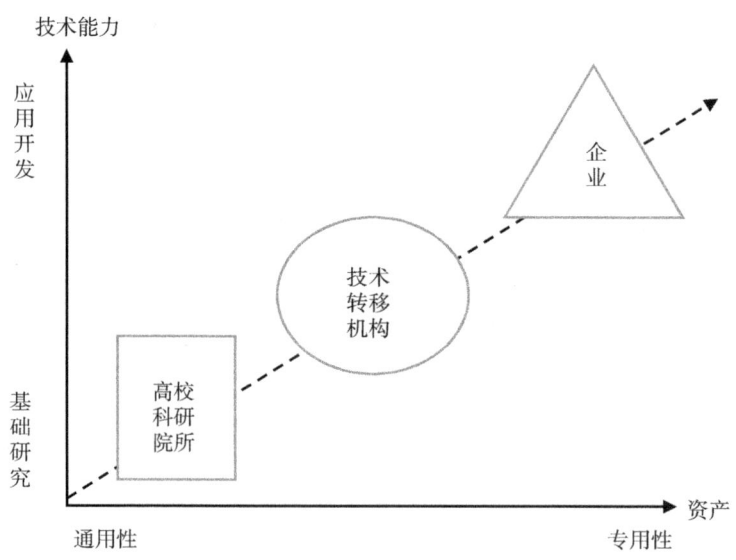

图4.2　技术接力观下的技术转移机构能力

知识窗 1

国际知名的技术转移机构介绍

(1) 美国高校的技术转移办公室(OTL)

《拜杜法案》引发了高校科技成果转化制度的变革,斯坦福大学首先创立的技术许可办公室(OTL),各个高校复制推广。1981年,美国高校的技术许可收入只有730万美元,而到了2008年,其规模已超过34亿美元。高校科研人员如果取得了发明成果,便会到OTL披露,如加州大学伯克利分校OTL每年收到220项发明披露,其中70%是专利,平均每年获得技术许可收入1200万美元。除了OTL加州大学伯克利分校还设有产业研究联盟办公室(IAO)。IAO专门负责企业资助的项目,技术人员如果有创新想法,通常会联系IAO,协助寻找有兴趣资助做这方面研究的企业。

(2) 欧洲企业网络(EEN)

欧洲企业网络(EEN)由欧盟委员会创立,它是由1987年成立的欧洲信息中心(EIC)和1995年成立的欧洲创新中心(IRC)在2008年合并组成,是旨在为中小企业提供技术创新、成果转化、经贸支持等服务的标志性机构,是全球覆盖范围最广,影响力最大的服务性平台。EEN覆盖全球53个国家,拥有600多个技术转让与商业合作组织,包括国家、州、地区、市级的经济发展机构、工商会、研发机构、高等院校、科研中心和创新中心等,以及超过100万家中小企业;欧盟国家之外的地理区域还包括瑞士、挪威、冰岛、美国、以色列、俄罗斯、日本、墨西哥和智利等国家。

(3) 德国史太白技术转移中心(STC)

德国史太白技术转移中心(STC)成立于1971年,是史太白基金会的子公司,在54个国家设立了739个分中心,共聘用1340名员工,项目人员2907名,各类专家教授762名,各分中心独立核算、自由决策。定位于技术转移服务组织,担当政府、学术界与工业界的联系平台。中心年服务收入过亿马克。主要服务包括:一是咨询服务。包括一般咨询、专家咨询、管理咨询及评估和专家报告。二是研究开发。为企业提供新产品、新工艺和新系统的样机开发、测试、专利申请到生产实施及现有工艺、程序和产品的工业技术进行优化改进等。三是国际技术转移。向各分中心客户提供国内外技术项目信息，构建跨区域、国界的国际技术转移平台。四是人力培训。为企业提供前沿技术的专业知识和成功管理战略的培训。

（4）德国弗朗霍夫应用研究促进协会（FhG）

德国弗朗霍夫应用研究促进协会（FhG）是欧洲最大的从事应用研究方向科研的机构。其研究领域包括健康、安全、通信、能源和环境。其打造技术，设计产品，改进方法和技术。其拥有67家研究所及其他独立研究机构，分布于德国各地。拥有23000多名优秀的科研人员和工程师。年度研究总经费达20亿欧元。其中17亿欧元来自科研合同。超过70%的研究经费来自工业合同和由政府资助的研究项目。近30%经费是由德国联邦和各州政府以机构资金的形式赞助。弗朗霍夫在欧洲、美国、亚洲和中东都有自己的研究中心和代表处。

（5）英国技术集团（BTG）

英国技术集团（BTG）是一个国际权威的专门以风险投资支持技术创新和技术转移的技术贸易机构。其总部设在伦敦，在美国费城、日本东京设有分支机构。BTG有雇员200多人，都是具有技术和商业知识的人才，其中半数以上是科学家、工程师、专利代理、律师和会计师等。其通过许可证贸易、出版物与文献交流服务、合同研究开发、技术咨询、技术人员转移、支持投资创办新技术企业、授予技术专有权及采购科技成果等经营业务，取得了卓越的成效。其业务领域涵盖欧洲、北美和日本，75%以上的收入来自英国以外的业务。它的运行机制就是充分利用国家赋予的职权，同国内各大学、研究院所、企业集团及众多发明人有着广泛的紧密联合，形成技术开发—推广转移（销售）—再开发及投产等一条龙的有机整体，利润共享，风险共担。BTG现已成为英国技术开发和技术转移的核心机构，在国际上也有很高的知名度。

（6）帝国创新集团公司（Imperial Innovations Group plc）

帝国创新集团公司（Imperial Innovations Group plc）的前身是1986年成立的帝国理工学院的技术转化办公室，1997年成为帝国理工学院全资子公司。2006

第四章 技术转移机构与创新生态系统

年以帝国创新集团公司名义在伦敦上市。它的"母校"目前只占20%股权,其余股东达10家以上。其职员共55人左右,均是拥有商业市场经验的非高校老师。其每年围绕350个发明点,申请50个专利,成立4~6家公司,签署30项授权。该集团公司上市不到10年,也得益于伦敦金融中心,它吸引了超过3.46亿镑的投资,催生了155家初创企业,而这些经其融资的企业又吸引了9.27亿镑的风险投资。

（7）日本工业所有权情报·研修馆（INPIT）

日本工业所有权情报·研修馆（INPIT）是2001年4月1日成立的一个独立的行政机构。该中心提供全面的工业产权信息,包括收集和保存在世界各地的工业产权公报,并为他们提供给公众参考；提供工业产权的磋商会；收集和保存日本专利局审查和上诉过程中的相关材料,为公众提供参考；鼓励工业产权的战略开发。在2004年10月,中心将更名为现在的名称,并对外提供"人力资源开发服务"。

（8）韩国产业技术振兴院（KIAT）

韩国产业技术振兴院（KIAT）是根据政府的公共机关先进化计划,于2009年5月4日设立的、隶属于韩国知识经济部的准政府公共机构,其致力于制定产业技术政策、中长期计划及产业分析、打造产业技术基础、振兴地区及零件材料产业、产业技术转移及事业化等R&D政策的计划及执行。

（9）台湾工业技术研究院（ITRI）

台湾工业技术研究院（ITRI）成立于1973年7月5日,是中国台湾地区唯一经立法程序设立的财团法人技术研究机构,简称工研院。工研院的建院宗旨与原则是：从事应用研究,加速发展工业技术,追求工业效益,与产业界合作,从事产品改良与制造的短期研究,研究成果从公平、公开的原则及时向产业界推广,帮助中小企业,为社会培养工业技术人才。工研院是国际级的应用科技研发机构,拥有近6000位科技研发人员,以科技研发带动产业发展,创造经济价值,增进社会福祉为任务。成立40年来,累积超过20 000件专利,并新创及育成240家公司,包括台积电、联电、台湾光罩、晶元光电、盟立自动化等上市公司。

资料来源：江苏省产研院技术交易市场微信公众号。

二、技术转移机构的类型

从技术转移机构的发展历程来看,技术转移机构围绕技术转移过程不断进行能力扩展,即根据实现技术转移价值的需要,在原有的能力之上,向整个技术转移链条的前端和后端叠加新的能力。这种能力发展也是能力升级。整体来看,根据技术转移机构的核心能力可以将技术转移机构分为以技术交易服务为主的1.0版的技术转移机构、以技术孵化服务为主的2.0版的技术转移机构和以创新资源整合为主的3.0版的技术转移机构。我国大多数技术转移机构,实际上处在1.0版的状态,大众创业、万众创新的兴起和众创空间的建设,极大地推动了我国技术转移机构从1.0版向2.0版发展。

(一)1.0版的技术转移机构

1.0版的技术转移机构以技术交易服务为主,服务内容包括信息检索、技术咨询、专利申报、技术合同登记等。1.0版的技术转移机构缺少增值服务能力,服务能力较差,因为需要技术成果有很高的成熟度,可像商品一样进行直接交易。服务层次是单个技术交易,对供需双方和整个产业发展都缺少影响力。

我国大多数技术转移机构都是1.0版的技术转移机构,包括各地的技术交易市场和技术咨询服务公司。

> **知识窗2**
>
> ### 技术市场与技术转移
>
> 技术市场很大程度上是一个具有中国特色的概念,这反映了我国从经济的角度出发,对技术的一个独特的认知:那就是将技术看作与土地、劳动力、资本一样的生产要素。我国从计划经济到市场经济改革的过程,就是不断解放新的生产要素,并通过市场进行资源配置的过程。手段就是建设土地交易市场、资本市场和人才市场等。这样的逻辑延伸到技术领域,就是兴建技术交易市场。自20世纪80年代开始,我国各地开始举办各类技术交易会,建设技术交易市场。技术

第四章 技术转移机构与创新生态系统

交易市场是我国最早的技术转移机构,并且到现在仍然是我国技术转移机构的主要类型。受益于我国技术合同登记制度,我国技术市场机构的数量不断增长,技术成交额快速增长。

但与此同时,技术不同于一般有形商品的属性也凸显出来。技术的特性决定了技术很难像洗衣粉、牙膏一样在市场上直接进行交易,由此也限制了技术市场功能的进一步发挥。我国大多数技术市场机构更多的是一个技术合同登记机构,主要服务是帮助企业享受政策优惠,服务仅限于成熟度高的技术交易,对于整个国家的技术转移,尤其是科技成果转化,发挥的作用实际非常有限。

我国技术市场机构未来要发展,对技术市场的理解,就必须突破将技术市场看成是有形的交易市场的认识,而将技术市场看作是技术经济,或者知识经济下的一整套制度安排。在知识经济形态下,技术是泛在的,存在于设备、商品、人力等诸多要素中,而且只能通过与其他要素的结合发挥价值,所以,技术的交易实际上是通过蕴含技术的商品、人和组织的交易来实现的。从这个角度来看,知识经济形态下的所有市场,都可以看作是技术市场。知识经济形态下的各种制度安排,包括教育、知识产权、金融等,都涉及对知识和技术价值的认可,为技术的交易(当然是内化到商品、人和组织中)提供了制度支持。

单纯的技术要素市场很难做大,因为单独的技术拿出来,是非标的,价值是难以确定的。技术只有与特定的设备、人和组织相结合,才能够标准化,价值才好确定。所以,纯粹地剥离了技术使用场景的技术市场的发展是很受限的。这也是我国当前许多技术市场交易面临的困惑,感觉自己只是一个"事后"的登记机构,如果想要做点其他相关的事情,又感觉超出了技术市场的范畴。所以,我国技术市场机构要发展,就必须摆脱狭隘的有形技术市场的理解,从制度层面考虑机构未来的发展。

技术市场的叫法,可以说是源自我国特殊的制度改革路径的一个"概念包袱"。按照制度经济学的理论,配置资源的方式有两种:一种是市场手段,通过交易实现;另一种是企业内部的,通过行政命令的手段进行配置。究竟采取哪种方式,取决于交易成本的高低。就单纯的技术要素来讲,主流的配置方式并不是市场手段,因为技术的不确定性、缄默性和专业性,导致市场交易成本过高。所以,独立研发、合作研发和创业,是技术转移的主流方式,这些方式从理论上讲,是非市场的配置方式。一家企业和一所高校针对某项技术进行联合研发,在合同订立之后,整个研发活动,包括技术在组织间的转移,实际上是通过行政的方式进行的,而不是频繁地到市场上购买。所以,我国的技术市场机构,不应该受限于市场的概念,要主动向交易的前端和后端延伸,促进机构能力的升级。

(二)2.0版的技术转移机构

2.0版的技术转移机构以技术孵化服务为主,服务内容除了有1.0版本的技术交易服务之外,还增加了孵化能力。孵化能力主要包括技术开发能力和投融资服务能力。因此,2.0版的技术转移机构往往通过外包、联合或是自建的方式,拥有众创空间或孵化器、技术开发平台、中试平台还有创投基金等。拥有技术开发的服务能力和投融资服务能力(两者共同形成技术创业孵化能力)是2.0版相对于1.0版的技术转移机构的最大特点。2.0版的技术转移机构的服务层次是企业,即在技术元素上增加了团队和组织元素。一方面帮助企业熟化技术,另一方面也帮助企业解决场地、融资、管理等方面的问题。在此情况下,技术转移机构已经超越了技术转移服务的范畴,不是被动地为技术供给方或是需求方发起的交易提供服务,而是主动地介入所孵化的企业的发展,满足各种需求。技术转移机构要筛选孵化项目,就必须对技术的价值和产业趋势有足够的了解,这就对技术转移机构的能力提出了更高的要求。

林强等(2003)[①]于2002年对深圳清华大学研究院发展经验进行了系统总结和提炼,提出支撑体系、投资体系和扩展体系架构。孙伟等(2009)[②]的研究发现,研究院在创新思路指引下,进一步发展了技术研发、企业孵化、资本投资等方面功能建设,体现为支撑体系、技术体系、孵化体系和资本体系,并提炼出一个产

[①] 林强,姜彦福,王德保,等.科技创新孵化器的管理模式研究:以深圳清华大学研究院为例[J].科学学与科学技术管理,2003,24(8):16-21.

[②] 孙伟,高建,张帏,等.产学研合作模式的制度创新:综合创新体[J].科研管理,2009,30(5):69-75.

学研合作模型——综合创新体（图4.3）。

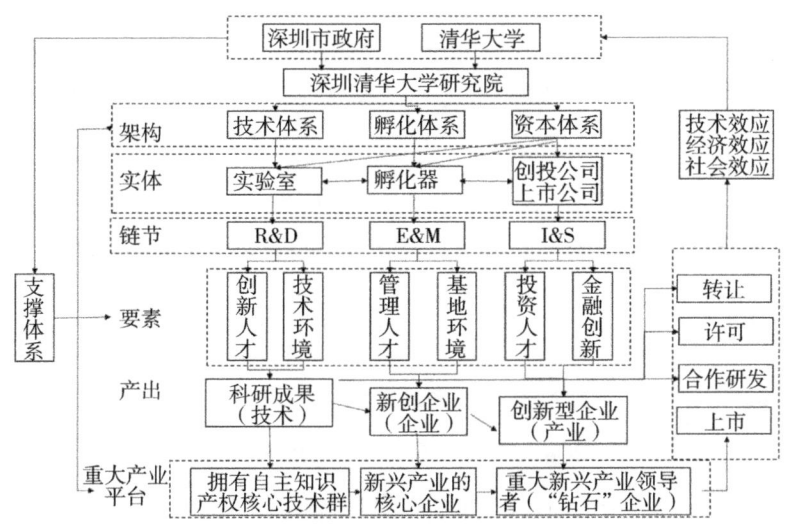

图4.3 深圳清华大学研究院综合创新体模型

（三）3.0版的技术转移机构

3.0版的技术转移机构以整合创新资源为核心能力，在2.0版的技术转移机构的能力之上，增加了对整个高技术产业创新资源的运作能力。这里的创新资源可以是专利，也可以是高技术企业。可以说，3.0版的技术转移机构是高技术产业的"战略投资者"。掌握对高技术产业创新资源的运作能力，要求技术转移机构至少做到这样几点：第一，拥有强大的资本实力，对创新资源的整合是通过资本手段实现的，无论是购买高价值专利形成专利池，还是投资、收购高潜力企业进行整合，都需要强大的资本实力作支撑；第二，拥有高超的技术预见和开发能力。3.0版的技术转移机构对技术资源的整合是建立在技术趋势预测的基础之上的。一方面，提前储备"未来"技术，等技术升值后"待价而沽"；另一方面，通过不同技术的集成，获取一加一大于二的增值收益。这些都需要洞察产业的技术趋势，对技术的价值做出准确评估。此外，3.0版技术转移机构还对潜在技术进行进一步开发，这就要求自身具备强大的技术研发实力。为了提升对产业创新资源的整合力，3.0版的技术转移机构还是创新网络的积极构建者，通过联盟、协会等多种手段加强与科研院所、企业和相关政府部门的联系。3.0版的技术转移机构面向的是整个产业层次，对整个产业技术创新的走向有较强的影响力。

一个典型的现象是，大型和超大型技术专利投资与经营公司兴起。技术经营的一个重要特点是鼓励企业积极利用外部资源，即通过购买和联合开发等方式获取战略性技术。在这种背景下，一些公司开始购买专利，然后通过专利授权和专利诉讼获取利润，被形象地称为"专利海盗"。随着技术经营日益成熟和普遍化，专业从事发明与专利交易的大型和超大型公司开始兴起。与"专利海盗"有所不同，这类公司致力于将发明和专利本身作为产品进行投资和经营，已形成发明与专利的资本市场和产业链。这种通过经营专利获取的利润非常惊人，据统计，专利投资公司中的代表阿卡西亚研究公司2010年累计专利授权近千次，仅其中的31项专利授权费就超过13亿美元。与此同时，专利投资与经营公司的规模也空前庞大，近年来，兴起的高智发明公司目前拥有3万~6万个专利，在美国排名第5、世界排名第15。其旗下共拥有约1300家空壳公司，投资业务遍布美国、澳大利亚、新西兰、加拿大、爱尔兰、新加坡、中国、印度、日本、韩国等国家（董丽丽 等，2013）[①]。

三、技术转移机构的发展趋势

从1.0版到3.0版，是一个技术转移机构能力升级的过程。服务的层次从交易层面到企业层面，再到产业层面。服务的能力从专利撰写、技术合同登记到创业孵化，再到技术运营和资本运作。技术转移机构的能力升级是技术转移机构提升自身竞争力的手段，也是未来技术转移机构的发展趋势。

从技术的特性、技术转移活动的特征出发，就很容易明白，技术转移机构进行能力升级，是自身发展的必需。

第一，技术的不确定性、复杂性和系统性决定了技术转移机构必须具有一定

---

① 董丽丽，张耘. 国际技术转移新趋势与中国技术转移战略对策研究[J]. 科技进步与对策，2013，30（14）：99-102.

的技术能力才能提供相关服务。技术不同于洗衣粉和牙膏，尤其对于高技术，如果没有足够的专业领域的积累，就会存在认知偏差和认知障碍。技术预测、技术搜寻、技术定价、技术开发和运营都需要足够的技术认知。采用外部专家评审的方式虽然能够解决一部分技术认知需求，但无益于自身的能力积累。技术转移机构如果自身缺乏技术能力，则很难提供真正有质量的技术转移服务。何继江等（2013）[①] 在对深圳清华大学研究院的案例研究中认为技术能力是其他能力的核心（图4.4）。

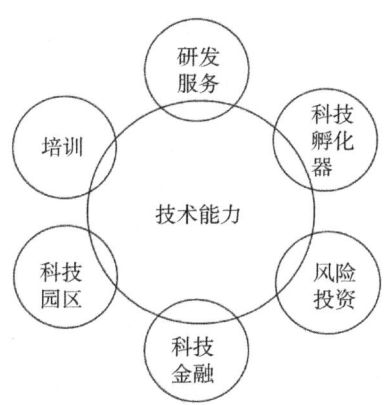

图4.4 以技术能力为核心的能力扩展

第二，技术转移活动的风险性、综合性和长期性决定了技术转移机构必须扩展多种能力，才能促成技术转移活动的成功。我国当前以技术合同登记等交易服务为主要服务内容的技术转移机构面临一个最简单的发展问题：仅仅提供交易服务对促进科技成果转化的作用十分有限，而且自身也赚不到什么钱。技术转移活动，尤其是科技成果转化，实际上涵盖企业成长的大半个生命周期。技术转移的全过程需要多种资源和能力。能力方面包括基础研究能力、应用研究能力、产业化和营销能力；资源方面包括研发、中试设备、资本、空间、人才等。这些资源

---

① 何继江，王路昊，曾国屏. 以技术能力的商业开发促进科技成果转化：以深圳清华大学研究院为案例 [J]. 科学学研究，2013，31（9）：1355-1363.

和能力的获取主要有两种方式：一种是从市场上购买；另一种是技术转移机构自身构建。由于技术转移活动的高风险和复杂性造成的认知差异，从市场上购买服务，要么是找不到愿意提供服务的卖家（认为风险太高不愿投入，或是认为项目没有前景），要么是交易成本（搜索成本、议价成本、契约成本等）太高。所以，技术转移机构只有自身构建，才能有效保障整个技术转移过程的资源和能力供给。从另一个角度分析，技术转移活动如果频繁地切换合作对象和投入主体，则会增加技术转移活动的不确定性，不利于技术转移活动的稳定开展。

技术转移的能力升级有横向和纵向两个方向。横向的升级，指向技术创新链的前端和后端延伸，通过自建或者联合的方式，发展技术开发能力、创业孵化能力、投融资能力、技术经营能力等新的服务能力。纵向的升级，指向行业领域和服务功能的专业化、精细化发展。在电子信息、生物医药、新材料等高技术领域形成一批专业化的、高水平的技术市场服务机构；在技术信息服务、知识产权运营服务、技术咨询、国际技术转移等细分服务领域形成一批专业化、高水平的服务机构。

技术转移机构的发展趋势就是能力拓展和能力升级，这既是源自技术转移活动特性的客观要求，也是被清华大学深圳研究院、西安光机所、光启研究院证明了的成功实践。

四、技术转移机构的典型案例

（一）清华大学深圳研究院

清华大学深圳研究院[①]（以下简称深清院）在内部产业化历程中发展技术能力，并成功地开发研发服务、科技孵化器、风险投资、科技园区运营等多种能力。大学和科研机构对其技术能力以合适的商业模式进行商业开发，在获得商业价值的同时有效推进科技成果的转化，是科技与经济结合的一个重要方向。

---

① 何继江，王路昊，曾国屏. 以技术能力的商业开发促进科技成果转化：以深圳清华大学研究院为案例 [J]. 科学学研究，2013，31（9）：1355-1363.

1. 深清院技术产业化相关技术能力的发展

深清院技术能力最初的起点是其核心成员所拥有科学技术知识，然后在技术研发过程积累起来核心技术能力，后来深清院在产业化的艰难探索过程中获得了技术产业化的相关能力。深清院技术产业化的工作最具代表性的清华力合高科公司的创立和发展，公司通过3次重要的跃迁获得了产业化所需的关键的补足性资产，从而有效地提升了公司的技术能力，推动了技术产业化。这3次重要的跃迁分别是1995—1999年通过产品开发获得技术能力；2000—2003年通过大规模制造获得技术能力；2003年"非典"期间研发生产快速测温仪而获得整合的多样技术能力，在技术产业化方面取得很好的效益。

从力合高科公司的发展历程中可以看出，执着于以内部产业化方式进行科技成果产业化的科研机构要想从技术创新中获得价值回报，必须从单一的研发能力起点出发，努力获取相关的补足性资产，扩展自身的技术能力。完整的技术产业化通常要通过4步跃迁以获取相关的补足性资产。这几步跃迁往往需要较长时间的积累，机遇在其间也扮演着重要的角色，从而使技术产业化的发展道路太漫长、成本过于高昂，很多技术产业化的项目在迎来这些跃迁之前就失败了。极少数科研机构创办的企业在补足性资产方面取得了卓越的成功，并使其成为公司的核心竞争力。但是，还有更多科研机构在创办企业过程中为了获得如规模化制造的能力和营销能力等方面的补足性资产而精疲力竭，没有精力专注于其作为核心竞争力的研发能力，导致研发能力衰退。

2. 深清院的商业模式创新与技术能力

深清院在以内部产业化发展技术能力的同时积累了对科技型企业运营的深刻理解。深清院后来开拓研发服务、孵化器运营、以风险投资为核心的多种科技金融业务及科技园区运营等新的商业模式的时候，其服务对象都是中小型科技企业，而深清院在创办企业过程中积累起来的对科技型企业的感同身受的理解，成为其区别于一般科研机构的独特技术能力。深清院的技术能力在新的商业模式下，参与了创新价值的创造，并分享价值，而且在新的业务开展过程中，在不断解决问题的过程中，这些技术能力又得到不断的提升，积累成为更大的知识资本，并在后续的商业模式下继续参与价值创造与分享（表4.1）。

表4.1 深清院技术能力的商业开发

业务形式	商业模式	开创性案例或代表性案例	必需的技术能力
研发服务	为技术产业化活动提供研发支持；与外部企业合建研发中心，助力企业产业升级；为持股企业的中试研发提供支持	光机电实验室和新材料实验室对立合传感公司提供研发支持；万格电化学研发中心；深圳清华国际技术转移中心孵化深圳力合环保技术有限公司；深清院将自己的楼宇建设作为"示范工程"交由达实进行中试	产品开发能力；搜寻有技术需求的公司的能力产品开发能力；研发管理能力技术产业化的各项能力；判断技术项目的能力
孵化器	为初创期高科技企业提供物理空间；收取房租；孵化增值服务；对初创期高科技企业进行持股孵化	1999年10月，现代中医药、邦乐生物、清华数码、清华深讯、清华茂物、港大教研中心、捷泰科电子、清华至善、拓邦共租用了8500平方米场地；为入园企业申报深圳市科技三项经费；深讯公司入驻大楼，深清院以两年房租折成股权。1999年，从深讯公司分拆成立清华深讯科技发展有限公司，2005年，清华深讯被美国微软公司以出价2000万美元收购，深清院获得额外高额回报	搜寻技术项目的能力；判断技术项目的能力；搜寻技术型公司的能力；判断技术型公司的能力；
科技金融	风险投资；成立风险投资基金；对高科技企业提供金融服务；对高科技企业提供担保	1999年，成立深圳清华创业投资有限公司。2000年，投资和而泰公司，持股20%，和而泰公司于2010年在深交所中小板上市；2009年，开始受托管理方式运营创投基金；2009年，成立深圳力合智通融资担保股份有限公司	搜寻技术项目的能力；判断技术项目的能力；搜寻技术型公司的能力；投资判断技术型公司的能力
科技园区	出售、出租房产的收益	2000年，珠海科技园成立；2003年，清华信息港项目启动；2008年，无锡数字信息产业园项目启动	搜寻技术型公司的能力；服务技术型公司的能力

第四章 技术转移机构与创新生态系统

续表

业务形式	商业模式	开创性案例或代表性案例	必需的技术能力
培训	培训费	1997年，招收研究生课程进修班； 英国威尔士工商管理硕士培训班项目启动了学位培训； 蛇口工业区中层管理人员培训班项目启动了管理内训	搜索某领域教授专家讲师的能力； 培训项目的组织和研发能力

3. 深清院的研发服务、孵化器业务、创投业务与其技术能力的关系

（1）研发服务与技术能力

对于一个科研机构，其技术成果可以采用产业化的方式实现创新价值，而其在学术训练、科学研究的过程中积累起来的研发能力也可以采用适当的商业开发来实现其价值。深清院自2000年创办第一个实验室，到2012年共创建了14个实验室。这些实验室用不同的方法实现其作为技术创新者的价值实现方式，下面介绍4种各具特色的商业模式。

第一，为深清院的技术产业化提供研发支持。实验室与深清院创办的某家创业公司密切协作，为创业公司提供研发支持。该实验室的主要服务对象是这家企业（或者是在一段时间内），而这家企业的最主要研发力量来自于这家实验室，这种方式有助于研发活动的专业化，实现研发机构与企业之间的协同创新。

1999年，深清院安排光机电实验室对力合高科公司的前身力合传感公司进行研发支持。双方合作对石英数字实力传感器进行应用开发，成功开发了基于石英数字实力传感器的系列人体脂肪仪和人体水分仪系列产品并成功进入欧、美、日等国外市场。2003年"非典"期间，在深清院开发非接触红外体温快速筛检仪的过程中，光机电实验室和新材料实验室负责研发，力合高科公司负责生产、安装和售后。该产品于一周内完成产品开发，并迅速销售到全国，成为产学研合作的一个成功典范。

深圳力合数字电视公司和数字电视实验室均成立于2004年，公司专门承担清华大学地面数字电视传输方案的产业化、工程化和市场化工作，实验室则针对国内数字电视产业环境确立研发战略方向，在关键应用技术的研发试验方面为公司提供研发支持。

第二，与外部企业合建研发中心，助力企业产业升级。深清院与万裕科技集团有限公司合作建立万裕电化学研发中心（后来发展为先进储能材料及器件实验室），2004年合作之初万裕每年提供200万元研究经费，后来合作力度不断加大，研究经费逐渐增加到每年350万元。曾任实验室负责人的刘伟强概括了双方的合作路线图：从最初帮企业临时解决技术难题，到共同提升技术和升级换代产品，再到后来帮企业谋划未来5年的技术前景和发展方向；在实验室的技术升级支持下，通过技术能力的提升，该企业生产的电容器的产量和利润都实现了翻番。实验室的研发也有了经费保证、有了市场目标。这种委托研究成为一种有效的技术转移手段，不但推动了万裕公司的发展，也推动了电容器行业的产业升级。

第三，以研发管理为核心整合资源孵化企业。深圳力合环保技术有限公司，是深圳清华国际技术转移中心针对深清院工业分离与环境保护重点实验室的环保技术开展技术产业化的一家公司。技术拥有方是实验室，技术转移中心是技术产业化的主体，技术转移中心吸引外部资本对实验室的技术进行产业化，技术转移中心还承担起中试阶段的产品研发管理的角色，这个角色增强了资金投入方和技术研发方之间的信任，而这个管理角色则得到了一定的股权。在这里，研发管理同技术、研发人员的技术咨询一样在新创公司中获得了以股权方式体现的价值，由此推动了各种创新要素合作实现技术创新的市场价值。在相关衍生公司创立过程中，会吸引创投机构的资金投入，实验室也会入股，个人也参股。不过实验室的人员不会全职去公司，而是兼职做顾问或者总工。

第四，为持股企业的中试研发提供支持。深圳达实智能股份有限公司成立于1995年，主要从事建筑智能化及建筑节能服务，包括建筑智能化及建筑节能方案咨询、规划设计、定制开发、设备提供、施工管理、系统集成及增值服务。1999年入驻深清院，后来获得力合创投的资金支持。达实早期进行楼宇节能的研究，但苦于无法找到"中试"平台。深清院将研究院的办公大楼作为"示范工程"交由达实进行中试，对达实技术的成熟化和商业推广起到了重要作用。2010年6月达实智能登陆中小板，在公司上市的答谢宴会上，公司董事长表示："公司为了能够成功上市，曾引入了多个战略投资者，其中深清院对达实的贡献是最大的。"

在这里，研发服务活动体现了与制造业明显不同的特点。楼宇节能作为服务业，不能在单纯的实验室条件下完成中试，必须在实用条件下，与客户共同进行"中试"。如何获得第一次中试项目成为这类技术产业化的关键障碍。深清院因为自身有很强的研发能力，能够评估出这个项目的风险属于可控的范围，从而敢于把自己的办公楼交给达实做中试，这成为深清院的一种特殊的研发服务，对于推动达实以"用中学"的方式实现知识创新，促进技术服务的商业化起到了重要作用。

显然，后两种研发服务与前两种研发服务相比，所运用的核心能力仍然是研发能力，但由于商业模式进行了创新，研发服务成了持股孵化和风险投资的重要增值服务活动，使实验室的研发能力得到了很好的商业回报。

（2）孵化器业务发展与技术能力

1998年，深清院大楼封顶，但当时深清院除了这幢大楼外，再无任何资产。深清院内部经过广泛讨论，决定创办科技企业孵化器，并借鉴国内外的先进做法，为企业提供各种信息、技术、资金等多方面增值服务。挑选有市场潜力的、有高成长性的企业，进入孵化器，是保证孵化器运作成功的一个关键。在这点上，"专家眼光"发挥了独到的作用。1998年年底，冯冠平了解到几位深圳大学的老师在开发手机短信服务业务，他凭借多年经验认为这个东西很有潜力，同时又请一位通信领域有名的专家去对该项目进行评估，该专家认为这是一个"很有前途"的项目。冯冠平马上亲自上门邀请他们到深清院来"孵化"，最后确定的合作模式是双方合作成立清华深讯公司，深清院提供深讯公司2000平方米办公场所，两年免收租金，以租金换取30%的股份。1999年年底，深清院的孵化器开张一年时，大楼入驻率达到90%以上，入孵企业达到60家。入孵企业所缴付的房租，给深清院带来了稳定的现金流。而一些以房租换得股权的投资项目也有部分取得了丰厚的回报。第一家入驻企业深讯公司后来分拆成两家公司。2005年，美国微软公司出价2000万美元收购了其中一家公司，深清院"以租金换股权"的投入方式获得了几十倍的回报。这种盈利方式实质上开启了深清院后来的风险投资业务的商业模式。

技术能力在深清院的科技孵化器业务中所起的关键性作用体现在：搜索有市

场潜力的、有高成长性的高科技企业;"专家眼光"对于搜索和评估高科技企业有许多独到的帮助;强大的技术人际网络有助于快速找到行业内的一流专家对项目进行评估。

(3) 创投业务发展与技术能力

把技术能力运用于价值增值活动,经过重新设计,可以产生新的商业模式。面向高新技术产业的风险投资就是把技术能力与金融资源融合在一起,实现技术要素与资本要素的整合的一种创新的商业。风险投资在硅谷的形成和发展中扮演着重要的角色,受到全世界的广泛关注。风险投资公司的投资对象大多是高科技企业,往往具有高增长的特点,同时也具有高风险,仅有资金远不足以保障风险投资业务的成功。成功的风险投资公司往往具有比较高的技术能力,主要体现在拥有一个十分专业的、集金融投资专业背景与行业技术专业背景于一体的投资团队,专门从事技术成果商业价值评估和筛选的工作。

深清院把在传统技术产业化商业模式下积累的技术能力转换到新的商业模式下,开创了创投业务等其他商业模式,并取得了优异的绩效。深清院把孵化器逐渐发展成为一个包含 VC 在内并以它为轴心的科研成果转化综合性解决方案。

深清院通过力合创投公司投资深圳和而泰智能控制股份公司是一个很具代表性的案例。1999 年 10 月的第一届高交会上,深清院看好哈尔滨工业大学教授刘建伟的家用电器控制技术,于是清华大学和哈尔滨工业大学签约共同投资兴建和而泰公司。深清院所属的力合创投提供种子资金 100 万元,占 20%的股份,种子资金的投入促成和而泰的技术成果迅速转化为产品投入市场。后来力合创投在和而泰公司扩大生产规模需要资金时追加投资到 198 万元,还为和而泰提供过 1000 万元的贷款担保,数百万元的借款,并且利用自己的资源为和而泰争取到银行贷款。深清院对和而泰的支持不仅限于资金支持,"财务上也是有过指导的,2004—2005 年前财务总监都是清华派过来的""清华在品牌效应方面还是明显的,一说是清华感觉就不一样了""我们公司有什么战略,刘总都会和冯冠平院长商量"。这一系列的支持帮助和而泰渡过了发展中的难关,迈入发展的快车道。2010 年,和而泰公司成功在深圳证券交易所上市,实现了企业发展的飞跃,力合创投也获得了很好的投资回报。

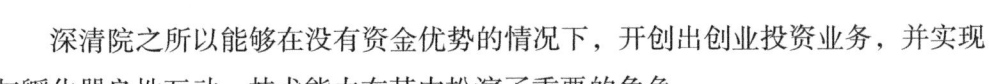

深清院之所以能够在没有资金优势的情况下，开创出创业投资业务，并实现与孵化器良性互动，技术能力在其中扮演了重要的角色。

①搜索项目的能力。在国内外广泛进行相关学术研究成果搜索的能力使深清院在搜索项目时更具专业眼光。深清院的创投对象大量来自深清院之外，甚至清华大学之外，因为被投资企业最初的技术并不是清华大学的，但公司的创立得到了深清院的投资，该公司的一位经理表示"我觉得清华做得比较好的地方就是，投资不限于清华，也不限于地域，他们看得清领域，成功率也比较高"，而且深清院搜索全球研发资源的能力也很强。例如，清华大学在北美地区的校友会成了深清院搜索项目的重要的技术密集型社会资本，深清院依托校友资源成立了北美创新创业中心，找到很多优秀人才及项目。又如，冯冠平很早就注意到在美国留学的刘若鹏博士，他鼓励刘若鹏回深圳创业，后来深清院对刘若鹏团队创立光启理工高等研究院进行投资，持有一定股份。冯冠平还力邀在石墨烯领域有很强研发能力的瞿研博士回国创办石墨烯研究院，对石墨烯技术进行产业化。

②判断项目的能力。深清院的技术能力给予了创投团队在项目选择时的"鹰"眼光。深清院不仅自己具备强大的科技实力，而且还背靠清华大学等国内一流科研单位的高级专家队伍。通过专家评估队伍和技术转移专业队伍，深清院在选择和论证被投资项目时往往比一般的投资公司更加准确。力合创投副总经理程国海认为，深清院在孵企业规模达三四百家，能发现并孵化出一批成功的企业，不仅依靠投资经理很强的专业经验和投资经验，更要靠深清院强大的科研力量。个人的经验和能力是有限的，对项目的理解也是有局限性的。深清院评估一个项目时，会在第一时间请到该领域的权威专家，这些专家往往可以一针见血地指出这些项目能不能进行产业化及原因。因此，深清院常常能够迅速出击，找到那些真正的"金子"。

③投早期项目的判断力需要技术能力的积淀。投早期项目，投资人要有前瞻性，同时需要有科技背景，对整个产业链比较了解。深清院的成员及力合创投公司的员工大多具有工科背景，这些人员成为深清院的技术密集型人力资本。

④培育企业的能力。多年的投资经验让冯冠平认识到："初创期的企业，培育比给它钱更重要。深清院的风险投资与一般 PE 不同的关键一点就是帮助选择

或开创合适的商业模式，而不仅仅是常规的咨询。"

有深清院的支撑，力合创投拥有了敏锐精准的项目识别能力、丰富的技术项目来源、高质量的待投企业群体，还可以方便地获得发展必需的银行贷款。力合创投直投项目中累计对外投资79家，目前，直接在投项目40家，2011年度在孵企业年产值超百亿元。现在力合创投除本身直接对外投资以外，还作为基金管理人管理参与设立和受托管理基金。力合创投管理团队目前管理资产规模超过21亿元，直接投资并管理的6只基金，受托管理1只基金。除了力合创投之外，深清院还有深圳清研创业投资有限公司从事风险投资业务，成立了科技小额贷款公司、力合智通担保股份有限公司从事融资担保、小额科技贷款、科技银行等业务，深清院由此逐渐形成了创投投资、股权基金、小额贷款、融资担保、科技银行等多项科技与金融相结合的商业模式。

"把科研成果变成企业，再从企业里得到价值回报的盈利模式成为深清院进行科技成果转化的'内生动力'。"深圳清华大学研究院副院长刘伟强说，深清院从科研成果转化和企业"孵化"中获益的同时，研发人员也通过实名制的股份等激励机制从研发投入中获益。"科研创造价值、价值反哺科研"的良性循环为研究院自我发展提供了"巨大内力"。

（二）法国卡诺研究所

2006年，法国高等教育与研究部设立了卡诺研究所计划，对在与产业界合作研究、技术转移、资源共享方面取得显著成果的公共科研机构进行卡诺标签认证，形成卡诺研究所联盟，以提供专项资助。该计划的名称来源于法国著名理论与实践物理学家莱昂纳多·卡诺。该计划的提出是受到1949年德国设立的应用导向型研究所联盟——弗朗霍夫协会启发。法国政府期望通过学习和采用这种方式快速拉近法国公共科研机构同产业界的距离，加快法国技术创新与转移的步伐。

卡诺研究所计划的核心目标是开展公立科研机构与企业之间的合作研究，既包括以实现科研为创新服务，也包含科研技术向经济领域转移。除了服务经济需求的原则，卡诺研究所的另一个指导方针就是科技成果向中小企业倾斜转移，扶持中小企业创新研究。作为回报,各卡诺研究所将获得国家科研署的资金支持,资助金额大小根据该研究机构同产业界合作伙伴签订的合同金额总量而变化。

为促进开展公立科研机构与企业之间的合作研究,法国虽然以德国弗朗霍夫协会为学习榜样,然而在体系构建上却有创新。法国没有另起炉灶,重新建立在一个体系下的研究机构,而是利用卡诺标签认证的方式,将现有面向应用研究的公共研究机构组成卡诺研究所联盟,与弗朗霍夫一样以协会方式管理,通过卡诺研究所计划给予公共资金的支持,但其支持规模取决于研究机构同产业界合作伙伴签订的合同金额总量。法国的做法无疑是一个创新,对其他国家具有借鉴作用。这样的体系构建方式效率非常高,利用了现有公共科研机构体系。同时,由于标签认证是动态的,给研究机构增加了发展的压力,政府还保留了管理的灵活性和主动性。

CIN 定位于"面向产业的研究与创新(Research & Innovation for Industry)",秉持"通过产业驱动的学术研究来产生里程碑式的实用创新(Industry-driven academic research generating landmark marketable innovations)"理念,促进公立研究机构积极主动地面向企业,特别是中小企业签订研发合同,并提供研究支持与创新服务。

CIN 目前拥有 34 个研究所,拥有包括 8000 名博士在内的 2.7 万名研究人员,占全法公共科研机构研究人员总量的 15%。2014 年,CIN 从企业获得的研发收入已达 4.58 亿欧元,成为欧洲第二大研究所联盟。

2010—2014 年间,CIN 通过研究合同带动的整体营业额平均增幅为 52%。截至 2014 年年底,CIN 已获得法国市场上企业研发外包合同份额的 55%,孵化出初创企业 65 家。合作企业数量超过 5000 家,其中,中小企业有 1200 家,占 24% 左右。

1. 主要功能定位

以提高合作伙伴的研究水平为己任,CIN 通过提高公共研究实验室的能力,致力于促进社会经济合作伙伴(企业)的创新,努力成为企业竞争力和经济增长研究领域的重要参与者之一。

以研产共建联合实验室为载体。CIN 通过与企业共建联合实验室，CIN 专家对企业的产业研究需求进行分析，并针对需求开展进一步的研究，为其提供更高水平的专业化服务。在此过程中，CIN 通过设置保密条款进行专业管理，并且在项目的推进过程中充分考虑到相关企业的需求和局限性，CIN 与企业之间形成了专业的契约关系，提供获取科技能力的便捷性，为企业大量接触其他技术平台创造了良好的研产合作氛围。

构建有利于协同创新的多学科研究网络。目前，CIN 已构建起一个多学科的研究网络，涵盖理论、应用和产业化等各方面问题，应对经济和社会的重大挑战。这些有转化成果经验的机构在一个平台上对外服务，可以实现资源、信息、经验的共享，还可以通过多方联动快速解决企业面临的技术问题。CIN 还注重依托竞争力集群，推动与企业的研究合作，每年组织卡诺见面会（含每年一次大型的和若干次小型的见面会），为企业尤其是中小企业创造与 CIN 磋商洽谈的机会，促进达成双方合作的研究项目。

为企业提供多样化的平台服务。CIN 为企业提供平台类服务（包括对工艺、临床、测试、实验等相关概念和原型的有效性验证及通过联系专家来提供高性能设备），B2B 合同项目的研究服务（项目时间从数月至数年，金额从 1 万欧元至 100 万欧元不等），协作式项目服务（如由法国国家科研署、法国国家专项基金、欧洲地平线 2020、欧洲研究协调机构尤里卡等提供的项目）及加入为期 3 年或更长时间的联合实验室的服务等。企业同其合作还可以享受科研税收抵免等资助政策及科研项目申报的便利。此外，CIN 注重不同企业客户的个性化需求，根据时间长度，制定对应的合作方案。

通过界定合作成果使用权促进合作共赢。AiCarnot 协会与法国国家工业产权局（INPI）形成了有效的伙伴关系，成立了含众多卡诺研究所在内的工作组，通过制定并落实《中小企业与公共实验室合作研究指南》来解决知识产权问题。该指南规定，CIN 与企业双方对合作研究成果共享所有权；同时，各方都对自己所拥有的前期知识成果享有所有权与使用权，只能在以研究为唯一目的时可免费使用对方的成果。该指南在制定指导原则时允许 CIN 对合作研究结果在后续研究中免费使用。这种在法律范围内的鼓励措施，既不影响企业的利益，又有助于研发机构的科研技术发展。同时，该指南允许研究所授予企业技术成果独占与非独占许可权，以促进研究成果的商业化利用。

2. 管理机制

经过10年的探索运行，卡诺研究所网络已经形成了一套较为科学、高效的运行管理体系，为其目标实现、日常管理提供了制度保障。

管理机构由成员单位协商组建。由各个研究所选派代表组成的AiCarnot协会，负责卡诺研究所联盟内部的日常管理。该协会主要有3项工作职责：一是负责各机构的协同工作，当研究项目为跨学科性质时，AiCarnot需要组织相关机构共同工作，同时还负责内部信息共享与交流；二是负责联盟与国际科研领域交流工作；三是推动与企业的研究合作。

所获政府拨款与企业合同挂钩。所有卡诺研究所都会得到来自国家科研署的资金资助，但资助金额的大小是根据该研究机构同产业界合作伙伴签订的合同金额总量而变化的。目前，CIN资金45%来自政府拨款，31%来自企业，24%来自国际合作招投标项目。

设立动态调整的淘汰机制。为了防止出现部分机构停滞不前的现象出现，进入CIN的研究所需要经过由法国高等教育与研究部、法国国家科研署与卡诺评选委员会的严格评定，有效期为5年，超过有效期需再次评定。CIN已实施两期计划：第一期从4年（2006—2009年）延期至5年（2006—2010年）。最初有20个研究所，在2007年增加了13个，截至期末淘汰了9个，剩余24个研究所。第二期是5年（2011—2015年），其间增加了10个研究所。目前，CIN内研究所的总数为34个。

积极推进品牌化运作。通过自成立之初就着手进行的一系列品牌化运作，CIN已经成为法国科研院所开展产学研合作的标志性品牌。品牌化的好处在于：对外可以提高企业、公众等需求方对这些应用型公共科研机构的认知度；需求方在遇到实际问题时，带着对"卡诺"整体的品牌认知，就能在第一时间找到网络内合适的科研机构，进行对接；知名的品牌对科研机构合作研究工作的实力和地位也是一种肯定和激励；有利于更好地发挥政府资金的作用，避免在研产合作中粗放式管理带来的不必要管理成本和资金浪费。

第二节　创新生态系统理论

一、国家创新系统

（一）国家创新系统概念的提出

国家创新系统概念是由克里斯托弗·弗里曼在 1987 年首先提出的。弗里曼通过研究日本企业组织、生产组织、企业之间、政府的作用，深入分析了日本的技术创新机制，于 1987 年出版了《技术和经济运行：来自日本的经验教训》一书。弗里曼认为"国家创新系统是一种在公私领域内的机构网络，其活动和互动行为启发、引进、改造和扩散新技术"，并且特别强调政府政策、企业及其研究开发工作、教育和培训、产业结构 4 个要素。

伦德瓦尔进一步发展了国家创新系统的概念。在其 1992 年主编的《国家创新系统：建构创新和交互学习的理论》一书中，详细研究了国家创新系统的构成与运作。他认为创新是一个经济系统内用户和制造商相互作用的过程，市场是一个有组织的市场，由此创新就成为一个系统。他认为现代经济中最基础的资源是知识，最重要的过程就是学习，学习是一种交互式的社会过程，要从制度和文化的范畴去理解。伦德瓦尔强调在生产系统中相互作用的学习过程。

近些年来，经济合作与发展组织也对国家创新系统进行了一系列研究。1996 年经济合作与发展组织在报告《以知识为基础的经济》中指出国家创新体系的结构是经济发展的重要决定因素。1997 年经济合作与发展组织又提出了《国家创新系统》报告。该报告对国家创新系统的定义是：国家创新系统是由参加新技术发展和扩散的企业、大学和研究机构组成，是一个为创造、储备和转让知识、技能和新产品的相互作用的网络系统。总的来看，在 OECD 的一系列实证研究中，强调国家创新体系中要素之间的互动是与国家创新系统运行效率密切相关的重要因素。

第四章
技术转移机构与创新生态系统

本书采用的定义是，国家创新系统（National Innovation System，NIS）是指由私有企业和公共机构组成的组织和制度网络。这些机构的活动和相互作用决定了一个国家知识和技术的扩散能力，并影响这个国家的创新表现。它是从系统的角度来研究创新如何影响经济增长的理论框架，强调私有企业和公共机构的研究发展、学习过程、激励机制、人力资源流动等创新影响因素，重点关注整个创新系统中相互作用的联系和网络。

随着国家创新系统理论在学术研究上的成功，研究者将目光开始转移到更加微观的层次，从区域的角度来探讨创新在区域发展中的作用。首先出现的是萨克森宁对美国硅谷和波士顿128公路这两个世界著名高新技术产业中心的比较研究。她发现在这两个地区存在着两种截然不同的组织结构环境：波士顿128公路属于资本密集产业相关联的独立企业系统，即企业更多的是与同属于一个集团内部的其他企业而不是地区内的非集团内企业产生交流；而硅谷地区则属于由众多中小企业构成的企业网络系统，在系统中生产者在深化其专业化能力的同时与其他竞争者也存在着合作关系[1]。

两种不同的区域创新系统在20世纪80年代以后的20余年中互竞短长，最终以网络系统为标志的硅谷模式在这场竞争中取得了胜利。萨克森宁对上述两种创新模式的研究为后续者的理论研究提供了丰富的实证资料。随后在1996年，库克在其主编的《区域创新系统：全球化背景下区域政府管理作用》一书中，对区域创新系统的概念作了较为详细的阐述：即认为区域创新系统主要是由在地理上相互分工与关联的生产企业、研究机构和高等教育机构等构成的区域性组织体系，而这种体系支持并产生创新[2]。区域创新系统从本质上看应该只是国家创新系统在研究层面上的微观化，但是由于国家的创新能力往往由其内部的区域创新能力所决定，因此，在政策上的应用范围更加普遍。

---

[1] Robertson P L. Regional Advantage: Culture and Competition in Silicon Valley and Route 128. By Annalee Saxenian [J]. Contemporary Sociology, 1995, 32（1）: 100-101.

[2] Cooke P N, Heidenreich M, Braczyk H J. Regional Innovation Systems: The Role of Governances in a Globalized World[J]. European Urban & Regional Studies, 2004, 6（2）: 187-188.

OECD（1996）年的报告中特别强调了系统方法应用于研究技术发展的重要意义。系统方法要求打破以往那种知识流动被简单描述为投入—产出或"上游—中游—下游"的单一线性创新模式而转向一种链环互动的创新整体系统模式。总体来看，国家创新系统的视角有助于解决以下问题[①]。

OECD 的《创新系统的治理》一书里把科技创新政策分为 3 个版本（表 4.2）[②]。

表 4.2　国际科技创新政策的理论进展

	1.0 版本	2.0 版本	3.0 版本
时间跨度	第二次世界大战后—20世纪 60 年代末	20 世纪 70 年代初—20 世纪 80 年代末	20 世纪 90 年代初—现今
重要契机	科技的第二次世界大战作用	德日的经济崛起	日本经济奇迹
理论认识	线性模型：基础研究—应用研究与开发—市场实现	交互模型：创新是多元素作用下的技术与市场交互过程	系统模型：国家创新系统理论
政策关注	支撑科学研究	激励产业技术开发	构建激励创新的系统
政策方向	基础研究；人才培养	加强商业领域技术开发；支持企业技术升级	鼓励创新主体关联；加强创新环境塑造；政府领域创新（改革）
代表著作	《科学——没有止境的前沿》（布什，1945）	《科学、增长与社会》（OECD，1970）	《日本国家创新系统的经验》（弗里曼，1987）

（二）国家创新系统的要素和结构

国家创新系统是由创新主体、创新活动、创新资源、创新环境等方面共同组成、相互作用的复杂巨系统。

---

① 陈劲.科学、技术与创新政策 [M].北京：科学出版社，2013.
② 经济合作与发展组织.创新系统的治理 [M].上海：同济大学出版社，2011.

第四章
技术转移机构与创新生态系统

创新主体包括大学、科研院所、企业和科技中介服务组织。大学的主要功能是基础研究、前沿技术研究及人才培养和知识扩散。科研院所以使命导向型研究为主,主要承担基础性、战略性和公益性研究和推广应用任务。企业是技术创新的主体,承担着绝大部分技术开发和创新活动。科技中介服务组织主要任务是促进技术转移,对大学、院所与企业之间的技术、信息、人才等交流发挥桥梁作用。

创新资源(要素)包括人才、资金、基础设施、技术、信息等。

创新环境包括政府科技创新治理、创新政策、市场竞争环境、全社会创新文化等因素。优良的创新环境,要统筹政府、市场与社会。政府的功能边界在科学研究、共性技术和高风险创新活动,主要通过制定政策、提供基础设施、研发经费和公共服务、组织实施重大科技工程等促进创新,政府创新治理体系在创新体系中发挥着指挥系统的作用。市场竞争是创新的主要动力,技术创新活动由市场主导,公平竞争、有效监管的商业环境和金融环境是创新必不可少的保障。以公民创新意识、企业家创业精神为重点的社会创新文化,对创新创业的活跃程度起着深层次、根本性、基础性作用。

国家创新系统的政策体系,包括科学政策、技术政策与创新政策。科学政策的重点是产生科学知识,其主要任务是对不同的科学活动合理地分配资源并保证资源有效利用。技术政策与科学政策相比,政策目标从宽泛的哲学考虑向更加实际的国家竞争力及经济目标转变,其重点是促进产业技术进步和商业化。创新政策实际上是经济政策的一部分,其重点是提高经济中创新的总体绩效,知识产权和风险投资是两个重要的政策内容(图4.5)。

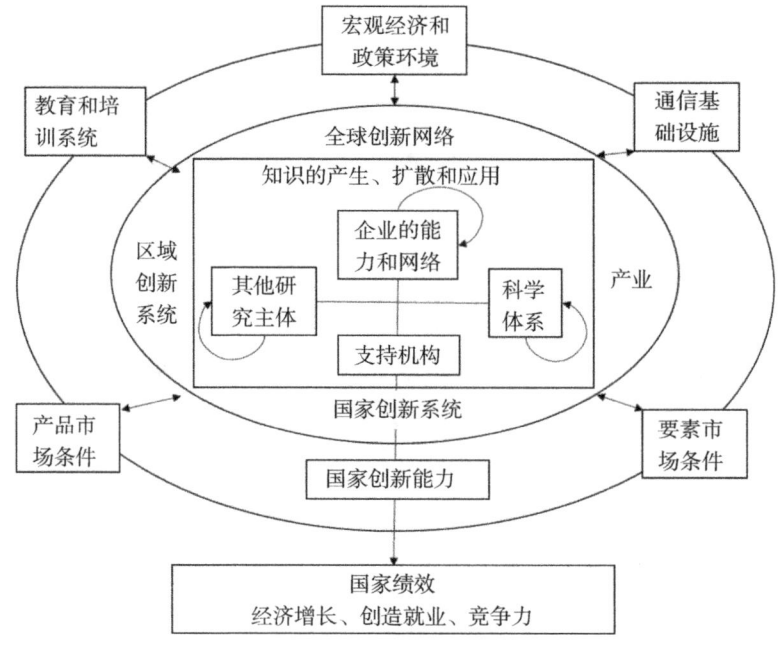

图 4.5　OECD 国家创新系统

资料来源：OECD（1999）。

二、创新生态系统

国家创新系统的概念来自对日本第二次世界大战后崛起因素的研究，而创新生态系统概念的提出则来自硅谷的崛起。在两本针对硅谷的研究著作——《区域优势：硅谷和 128 号公路的文化和竞争》和《硅谷前锋：创新和创业的栖息地》中，创新生态的概念被提了出来。前者认为，硅谷的优势在于其以地区网络为基础的工业体系，鼓励协作和竞争。后者认为，硅谷最大的特点是作为"高科技技术创业精神的'栖息地'"，"要从生态学的角度来思考"才能解释硅谷的难以复制性，"如果要建立一个强有力的知识经济，就必须学会如何建设（而非单纯模仿）一个强有力的知识生态体系。"此后，学界和政府的一系列重要的研究报告开始使用创新生态系统的概念。从生态系统（Ecosystem）定义来看，生态系统就是在一定空间中共同栖息着的所有生物（生物群落）与其环境之间由于不断地进行物质循环和能量流动过程而形成的统一整体。创新生态系统就是借用生态学的视角来认识创新,创新生态系统强调创新系统的自组织性、多样性、平衡及创新主体的共生共荣(表4.3)。

表4.3 重要报告中对创新生态系统的表述[①]

1994 年	《科学与国家利益》	今天的科学和技术失业更像一个生态系统,而不是一条生产线
2004 年	《维护国家的创新生态体系、信息技术制造和竞争力》	国家的技术和创新领导地位取决于有活力的、动态的"创新生态系统",而非机械的终端对终端的过程。要支撑美国创新生态系统的健康状态,一是加强国家的研发能力,包括增强对美国大学中数学、科学和工程学领域的基础研究的资助,并与各州政府更好地协调研发之努力,以及要考虑新一代的"贝尔实验室"模式;二是改善劳动力/教育状况,培养足够的可资利用的科学家和工程师及大量后备的技能雇员;三是提升美国创业氛围;四是保持基础设施改善的进取性日程
2004 年	《维护国家的创新生态系统:保持美国科学和工程能力之实力》	美国的经济繁荣和在全球经济中的领导地位得益于一个精心编制的创新生态系统,它来源于几个卓越的组成部分:发明家、技术人才和创业者;积极进取的劳动力;世界水平的研究性大学;富有成效的研发中心(包括产业资助的和联邦资助的);充满活力的风险资本产业;政府资助的聚焦于高度潜力领域的基础研究。这个创新生态系统的一个核心驱动因素是国家关于科学、技术、工程和数学的技能上的实力,而这个美国的创新生态系统由于当前全球技术人才库的变化、技术人才的全球市场份额的丢失而面临着威胁
2006 年	美国和日本的21世纪的创新系统:来自十年变化的经验学术研讨会论文集	创新可以被定义为从思想到市场产品或服务、某个新的或改进的制造或分配过程甚至是某种提供了社会服务的新方法的转变。这种转变涉及某个适应性的机构网络,其中包括各种各样非正式和正式的规则和程序,即国家创新生态系统,由此影响着个体和公司实体如何创造知识和为进入市场的新产品和服务而合作。如果竞争力可以被定义为在全球经济环境中通过附加值而获得比他人更多的市场份额,那么这些行动者在一定的创新生态系统中去进行成功合作的能力,就具有重要性

---

① 曾国屏,苟尤钊,刘磊.从"创新系统"到"创新生态系统"[J].科学学研究,2013,31(1):4-12.

续表

2008年	《创新生态中的大学与私人部门研究伙伴关系》	这个生态系统包括从学术界、产业界、基金会、科学和经济组织和各级政府的一系列的行动者。在广泛承认其非线性和相互作用的同时,最简洁地说,创新过程可以看作是产生出新知识(教育和培训)和技术(开发和商业化)两者的过程
2009年	《弥合创新鸿沟:在全球经济中再点燃创造星火》	任何一家企业或组织的创新生态系统,都要依靠整个国家和世界的创新大环境,创新生态系统里的不同栖息者,主要可以分为三大群落:研究、开发和应用;正是三个群落之间健康的平衡决定了国家创新生态系统的可持续性

三、从创新系统到创新生态系统

我们对创新活动的认识,经历了从线性模型到系统模型,再到生态系统模型的一个逐渐升级的过程。从线性模式到系统模型,反映了创新各个要素之间的联系并不是线性的,而是有层次和结构的多对多的交互性的联系;而从系统模型到生态系统模型,又反映了创新活动的生态特性,这些生态特性表现为自组织性、自增长性等,但归根到底是动态演化性。动态演化性,是生态学独特的观察视角。原有的系统模型,在形态上更多的是一种静态的物理模型。系统中的要素边界清晰、结构清楚、联系稳定,这样的物理系统几乎是静态的。但实际上,区域的创新系统一直在变化,呈现出明显的生态特性,这体现在如下方面。

第一,系统的要素处于动态变化状态。这里的变化是指要素的性质和功能的变化,而不是简单的数量的增加或减少导致的规模变化。以人才要素为例,100个大学生、1000个大学生到10 000个大学生形成的群落,其蕴含的创造潜力是有层次差别的。此外,要素的功能也不像之前系统模型描述的那样清晰而单一,而是根据环境和发展的需要,存在功能的拓展和交叉。著名的描述产学研合作的三螺旋理论(Leydesdorff et al,1996)[①]中,提到产学研参与主体的"互动自反"效应,即"互动"是指三方互动产生三方网络和混合型组织,"自反"是指每一

[①] Leydesdorff L, Etzkowitz H. Emergence of a Triple Helix of university-industry-government relations[J]. Science & Public Policy, 1996, 23(5): 279-286.

个参与者在扮演自身角色的同时,也扮演其他参与者的角色。这就是指生态系统模型中要素动态变化表现出的功能的拓展和交叉。

第二,系统之间的联系是双向、多重和动态变化的。第二章提到的链环—回路模型,就是对创新活动中各个要素和组织之间的复杂的、动态的交互关系的描述。三螺旋理论对于产学研合作主体之间的动态关系也有阐述。三螺旋理论将具有不同价值体系的政府、企业和高校在科技资源配置上统一起来,形成知识领域、行政领域和生产领域的三力合一。而政府、企业和高校要更好地协同,就必须打破传统的边界,包括学科边界、行业边界、地域边界、观念边界等,并在边界切面上建立起新的研究管理体系和市场运作机制。高等院校、企业、科研院所的重合部分,互相渗透的部分才是创新系统的核心单元,其三方联系是推动知识生产和转化的重要三因素;在将知识转化为生产力的过程中,各参与者相互作用,结构比例随知识积累和外部环境变化而不断调整,不断在动态过程中推动创新能力螺旋上升(图4.6)。

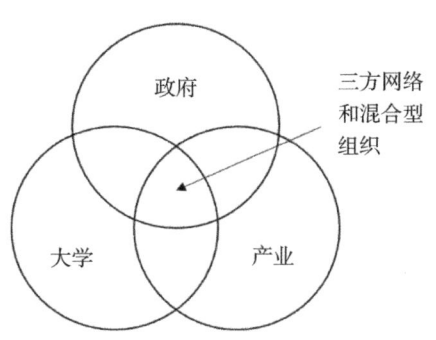

图 4.6 三螺旋的管—产—学/研关系

第三,资源丰裕和选择机制。如果将创新生态系统作为创新系统发展一个高级的阶段,那么是什么因素促发了从创新系统到创新生态系统的跃升?本书认为,从创新系统到创新生态系统的跃升,要满足两个最基本的条件,那就是资源丰裕和选择机制。

资源丰裕是指创新生态系统里的资源一定是丰富、充裕,甚至是富余的,这是创新系统呈现生态系统特性的资源条件。可以认为，从创新系统到创新生态系统，在资源丰裕度方面是有一个临界条件的，这个临界条件是"量变产生质变"的临界条件。就好像只有两只大熊猫很难称为有大熊猫种群一样。一个区域的创新生态系统，必须要有足够多的人才、创新机构和风险资本，才能形成群落，才能繁衍和演化。关于资源丰裕的必要性，也可以从创新生态系统中要素的功能拓展的需要来理解，前面提到三螺旋理论中的"互动自反"效应。一个要素必须资源富余，才有条件根据环境变化和发展需要去拓展新的功能。以产学研合作中的政府为例，政府要做创业投资、要建设公共科技服务平台、孵化器等，就必须有充裕的资金和人力。从现实中的发展来看，创新生态系统优越的地区，无一不是资源丰裕的地区。美国硅谷有斯坦福、伯克利、加州理工等名校，以及苹果、facebook等一大批高科技公司，还有众多的风险投资机构等；中关村是我国首屈一指的科教资源密集区，也云集了百度、联想等众多领军型企业。

选择机制类比进化论中的"自然选择机制"，只不过创新生态系统中的选择机制，背后更多的是市场、制度和文化在发挥作用。创新生态系统中的选择机制对于创新生态系统的演化至关重要。好的创新能否被发掘、发现，能否获得所需的资源快速成长，就取决于创新生态系统的选择机制。关于选择机制，尤其需要注意的是，选择机制背后的制度和文化的力量。这对于认识和指导我国当前创新组织和治理中存在的问题非常具有解释力。在国家实施创新驱动发展的指引和产业转型升级的巨大压力下，我国许多地方大力建设创新载体，招引创新资源，从众创空间、加速器到产业园，从人才、资本到政策，"一个都不能少"，但实际情况是"集齐了七颗龙珠，却唤不醒神龙"，效果远不如预期。这些"创新失败"背后的深层次原因，就是没有形成好的选择机制，导致好的创新无法被发现，也很难聚集起足够的资源。而选择机制的问题，实际上是制度和文化的问题。在制度方面，我国现有的科技体制缺乏对科研人员的有效激励，科技转化过程也存在制度障碍；在文化方面，我国社会整体缺少创业精神和企业家精神，缺少开放容错的文化。

第三节　如何培育创新生态系统

硅谷的卓越的创新绩效使得打造创新生态系统成为各个国家和地区努力追求的目标，但实际上硅谷的生态系统几乎是无法复制的，正如物种的演化、环境的变化一样，生态系统的形成需要时间，并且不同的资源基础、文化、制度条件下的创新生态系统存在显著差异。从促进生态系统演化和发展的角度出发，除了要增加生态系统中的资源，更要注重增加创新生态系统中各个要素之间的联系。

当前，各个区域构建创新生态系统之所以鲜有成功的案例，绝大多数是因为只重视资源的招引，而忽略了资源之间联系的构建，也无法形成"共生共荣"的关系。这种联系网络的构建，对于技术的创新与扩散非常重要，要素之间基于这种联系的互动，也是创新生态系统演化的动力和微观机制所在。可以说，创新生态系统的生态特性，包括自组织、自增长和栖息性，在很大程度上是由生态系统中要素之间的互动关系衍生出来的。要素之间的联系会不断发生变化，包括创建新的联系和不同种类联系的互相转化。本节从创新生态系统中的联系的角度出发，提出构建创新生态系统的策略。

一、创新生态系统中的联系

创新生态系统中的联系可以简单地划分为4个类别：要素与要素之间的制度联系、要素与要素之间的非制度联系、机构和机构之间的制度联系、机构与机构之间的非制度联系。可以构建下面的象限进行说明，如图4.7所示。横向的是联系的主体，包括要素和机构，纵向的是联系的种类，包括制度联系和非制度联系。要素包括信息、人、资金和空间等；机构包括企业、高校科研院所、政府、联盟协会、技术中介机构等。制度联系是指有制度规定和保障的联系，这种联系包括所有权和管理上的联系（如同一母公司作为上级单位）、契约（签订了长期的合作协议）。这种联系还具有持续、稳定和强度较高的特点。非制度联系是指缺少制度规定的联系，包括地理上的临近、社交关系、文化认同等。非制度联系是自由发生的，具有灵活、广泛、强度较低的特点。

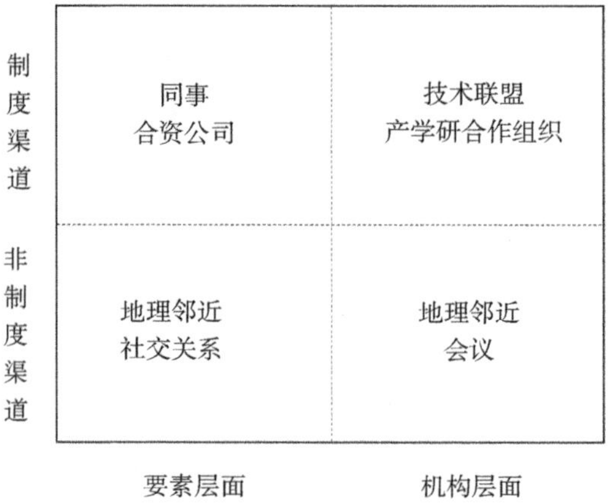

	要素层面	机构层面
制度渠道	同事 合资公司	技术联盟 产学研合作组织
非制度渠道	地理邻近 社交关系	地理邻近 会议

图 4.7　创新网络中的联系的类别

由于技术的创新与扩散充满不确定性，制度联系和非制度联系都非常重要。技术有显性技术和隐性技术之分。技术转移中的显性技术，是技术转移过程中有关技术成果的说明性或操作使用性材料中所表达的知识。技术转移中的隐性技术，是技术成果转移中不能用语言文字符号表达出来的有关技术成果的构思、设计、试制及其生产的技术诀窍类知识，以及技术成果研发单位及其员工的理念、精神、价值观等文化层面知识。显性技术易于传播，而隐性技术则不能有效地编码化，因此不易传播，其共享与扩散只能在近距离内通过非正式交流或面对面的接触来实现。

在技术转移和交易过程中，由于技术的缄默性和复杂性，技术转移和交易契约很难设计得非常完整和全面，双方的权利和责任很难事先完全确定和规范下来，出现问题后更需要双方通过友好协商的方式来解决。因此，要实现技术转移和交易，往往需要供需双方之间建立长期的合作伙伴关系。在很多情况下，技术转移过程中非正式关系比正式关系更重要，隐性的关系契约比显性的正式契约更重要。

从制度联系和非制度联系的特性来看，两者在很大程度上是优势互补的。制度联系虽然稳定，但也存在路径依赖、不够灵活的缺点。非制度联系则正好相反，不够稳定，却非常灵活。所以经常存在这样一个动态的过程，即当新技术涌现（尤其是颠覆式创新和变轨创新），现有的组织无法及时捕捉，或是缺少就与之相应的配套资产的情况下。非制度联系会首先响应，然后转化为制度联系。例如，从事电子行业的电子工程师和某个内科医生缺少制度上的联系，但两个人正好在同一个足球俱乐部，互相熟知。在智能硬件的创业浪潮下，两人一拍即合，创立了一个智能健康穿戴设备的公司，这样非制度联系就转化为制度联系。从这个程度上说，非制度联系是孕育新制度联系的土壤。非制度联系的土壤越肥沃，在一定转化效率条件下，新的制度联系，也就是创新创业行为越活跃。除了存在转化上的关系，非制度联系还通过提供信息、信任等方式为制度联系上的活动提供灵活支持。

在实践过程中，政府一方面往往关注制度联系的构建，而忽略了非制度联系的培育；另一方面，对于非制度联系转化为制度联系的过程缺少支持。

二、创新生态系统的构建策略

技术的创新与扩散是涉及多主体（高校、政府、企业等）、多维度（政治、经济、社会、文化等）、多要素（人、资本、信息、空间等）的复杂活动。这样的特性导致从政府的角度来看，促进技术的创新与扩散，在很大程度上只能从宏观层次施加影响。越是下沉到某个主体，或某个活动的微观层面，就越是发现它的活动深刻地受到其他主体和环境因素的制约和影响。技术的创新和扩散需要多个主体的紧密协作。任何一个主体（或其所承担的功能）的缺失都会制约整体的活动绩效。

从构建创新网络中主体之间的联系的角度出发，关于创新生态的构建，存在两种不同的策略。

一种是重点加强专业化机构间的联系，促进专业化机构之间协同。在这种方式下，从事科学研究的机构仍专注科学研究，从事应用研究的机构仍旧专注应用研究，从事孵化的机构仍专注孵化，从事投资的机构仍专注投资，但是通过各种方式加强机构的联系，如空间的聚集、联盟组织、政府的协调等，目的是让这些机构围绕技术创新、技术转化的链条进行接力和有效协同，最终提升整个技术创新和价值实现的效率。这种方式也是我国当前大多数地方政府的做法，大力招引科研机构、金融机构、创业服务机构等，并在一个区域聚集。这种方式的优点是能够在短时间内聚集创新网络的要素，形成创新网络的雏形，也有利于机构能力的专业化。缺点是往往有了空间聚集，但却没有能力协同。这是因为机构之间合作的交易成本太高。技术转移转化过程，或者说技术的价值实现过程是一个充满不确定性的、复杂的、有大量专业化缄默信息的、长周期的过程。首先，由于技术是无形的、专业化的，其价值随市场、社会环境的变化而变化。所以不同的主体对于技术的价值，科技创业项目的价值很难形成一致的判断，这意味着相对于其他有形商品的较高的沟通和议价成本。其次，由于技术的复杂性、专业性，买方和卖方信息不对称，极易产生道德风险，这又为有效的合作增加了额外的障碍。所以，这种协同效应往往需要较长的时间才能形成。等长时间的接触和磨合形成的信任有效降低交易成本。

另一种是机构能力的综合化。即机构自身围绕技术创新和价值实现链条拓展相关的能力，成为拥有技术开发、创业孵化和投融资能力的综合性机构。这也是当前许多从事技术转移转化的机构的最新实践。这种方式的优点是通过组织内部配置资源的方式，有效降低交易成本。为什么这种方式能够有效地降低交易成本呢？因为组织内部的信息共享、资源调配要比组织之间的信息共享和资源调配更加便利。例如，以深圳清华大学研究院为代表的新型研发机构，在技术开发的能力之外，拓展了技术运营、创业孵化、投融资等新的能力。一个科技项目从概念形成到孵化加速，到最后上市融资，都可以在一个机构内部完成。机构人员与创业团队朝夕相处，自然减少了信息不对称，机构通过股权投资的方式，与孵化项目形成利益共同体，而机构根据项目的发展包揽各种资源的整合，为创业团队省去了搜索合作对象、沟通谈判的负担，可以专注于项目核心技术和产品的开发。能力的拓展和综合化是当前很多技术转移机构的发展趋势。以深圳清华大学研究院、华大基因、西安光机所、有色院等为代表的科研院所在这方面做出了先进的探索和实践。一些大型领军企业，如华为、BAT、海尔等，也以打造开放创新创业平台、成立专门孵化机构和战略投资等方式,发挥类似的功能。这种方式的缺点是能力门槛高,只有少数的机构能够顺利拓展并综合运用相关能力,取得市场上的成功。

三、案例——美国制造业创新中心[①]

为重塑美国制造业的全球领导地位和竞争力,美国政府于2012年启动了国家制造业创新网络,以推动先进制造技术向产业转移、向生产力转化。美国国家制造业创新网络的核心单元是制造业创新中心(以下简称创新中心),它担负着特定领域内先进制造技术成果转化与应用推广的职责。经过向社会公开咨询与评估,美国国家制造业创新网络拟建立45家创新中心,目前已建成7家,分别是美国制造、数字化制造与设计创新中心、未来轻量制造、美国合成光电制造、美国柔性混合电子制造中心、电力美国和先进复合材料制造创新中心。

1. 创新中心致力于先进制造技术的转化与推广

美国制造业创新中心在美国国家制造业创新网络扮演着技术"孵化器"的角色,主要功能是加速先进制造技术成果的转化和产业渗透,为美国制造企业提供经过验证的先进制造技术和应用示范,促进前沿创新技术向规模化、经济高效的美国制造能力转化。

(1)致力于先进制造技术的开发、转化与应用

每个创新中心专注于一个特定领域,对处于"竞争前"阶段的先进制造技术开展应用性研究、试验性开发、商品化试制,把实验室环境下的技术能力转化为产业环境下的生产能力,将生产企业转化和应用新技术的风险与成本降到最低,使得先进制造技术成果能够被快速推广到产业界,最终提升美国制造业的竞争力。

---

① 资料来源于国务院发展研究中心企业研究所"激发创新主体的活力"课题组袁东明、郑舒丹执笔的《调查研究报告》[2016年第169号(总5052号)]。

（2）围绕特定先进制造技术构建创新生态系统

创新中心通过设置适用于各类机构的多层次会员制度，将政府部门、大中小企业、行业联盟与协会、高等院校、社区学院、国家重点实验室及非营利组织等纳为会员，构建了一个以特定先进制造技术为基础、"产学研政"共同参与的创新生态系统，使得创新技术甄别、技术路线选择等更能贴近产业需求，如图4.8所示。

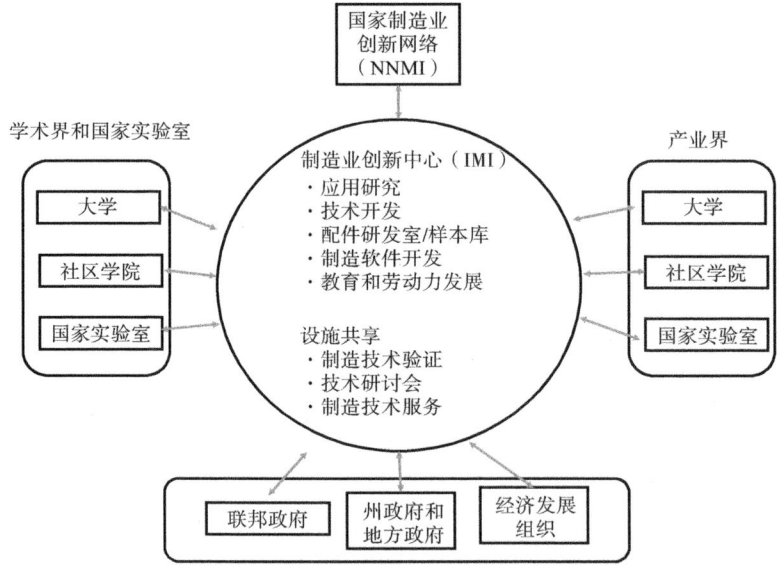

图4.8 美国制造业创新中心的创新生态系统

（3）整合创新资源形成完整的技术创新链条

在构建创新生态系统的基础上，创新中心通过项目定制和招标，推动会员之间紧密联系、信息共享和合作研究，达成共同的利益关注和资源投入，形成从基础研究到应用研究、再到商品化和规模化生产的完整的技术创新链条，使得先进制造技术成果能够得以有效转化和应用。

2. 创新中心采取商业化的运作模式

尽管美国制造业创新中心由美国政府部门主导设立，但具体运作采取了商业化模式。在融资方式上,早期由政府出资一部分,后期必须自我持续发展;在治理模式上,实行以董事会为核心的商业治理模式;在项目运作上,聚焦技术前沿,贴近产业要求,按照市场需求来决定项目支持。

(1)融资方式:初期由政府和会员共同出资,之后逐渐过渡到自我发展

创新中心由联邦政府和私有部门按照1∶1比例共同出资筹建,形成一个5~7年的合资计划。联邦政府出资总额一般为0.7亿~1.2亿美元,以逐年递减的形式投入。前3年,联邦政府资金主要用于购买设备、启动资金和基础项目资助;第4年以后取消启动资金投入,开始资助竞争项目;第5年以后取消设备投入,主要资助基础项目和竞争项目。同时,创新中心需建立起一个可持续的收入模式,主要收入来源包括会员费、服务费、技术转化项目筹资、知识产权使用费、合同研究、产品试制、捐款等,并在5~7年后脱离联邦财政,实现资金上的完全独立和自我发展。

(2)治理模式:实行以董事会为核心的商业治理模式

尽管美国联邦机构主导了各个创新中心的技术领域定位、建立和初步融资,但并不直接领导和干预创新中心的运作。创新中心的日常管理一般交由一个独立的非营利组织,要求该非营利组织必须是美国本土的机构,并具备极强的整合"产学研政"各界资源的能力。例如,美国制造的牵头机构是美国国家国防制造与加工中心,拥有坚实的技术基础和广泛的合作伙伴,在业内有较大影响力。创新中心设董事会,负责中心重大事项的决策。董事会成员来自各个会员机构,"产学研政"各方都拥有一定的席位。此外,董事会还会引入以制造企业代表为主的独立董事。执行董事由负责日常管理的非营利组织带头人担任。创新中心设有一个层级分明的合作伙伴体系,"产学研政"各方会员根据自身条件与意愿,参与到不同的合作层级,承担相应的义务,包括缴纳会费、参与技术开发与成果转化的合作、提供科研资源等,并享受相应的权利,包括董事会席位、技术和知识产权获取、研发设施使用等。例如,美国制造的会员组成,根据捐助的资金或实物分为白金级、黄金级和白银级,到2015年年末美国制造已有近150家会员。

(3)项目运作:专注于从技术甄别到产品开发的全过程

创新中心的资金主要投入到执行技术开发和成果转化的各类创新项目。每个

创新中心都会制定各自的技术转化路线图，起点是对领域内先进制造技术进行甄别，终点是将该技术转化为可规模化生产的产品，中间的每一个环节创新中心都会参与。

①技术甄别。创新中心定期举办由"产学研政"各方成员参与的研讨会，甄别出各种为产业界所需具有较高转化价值的先进制造技术和工艺，并制订出相应的研究与开发计划。例如，数字化制造与设计创新中心，在技术甄别阶段会形成一个研究开发计划，详细描述当前某个数字化技术领域的开发价值、现状、困难、企业共同面临的问题及解决这些问题的方法、步骤等。

②筹集研发提案。针对所甄别的技术领域，创新中心会发起项目动议，向各个合作成员机构征集研发提案。合作成员机构可自由组队，向创新中心董事会递交各自的研发提案。研发提案要求包含两个核心内容：研发计划和筹资计划。其中，研发计划包含了具体开发步骤和解决方案、成果转化和商业化方案、配套的劳动力技能方案等内容。筹资计划要求详细描述联邦政府和各会员机构如何分摊相应的研发成本。

③招标遴选。创新中心通过招标，公平竞争选出最优方案，并给予相应的资金资助。最优方案往往要具备4个条件：一是与美国政府的政策和产业发展重点相一致；二是通过公平竞争脱颖而出；三是由能够代表技术创新链各环节的相关机构所组成的综合团队来执行；四是建立起清晰的、全过程的成果转化路径。据此，创新中心能够挑选出最具有开发和应用价值的前沿制造技术，避免了政府及科研机构"拍脑袋"的无效率，最大限度地降低了技术转化风险。

④技术开发和转化。所选定的项目进入技术开发和转化阶段后，创新中心会组织更多会员资源，为其提供所需的智力、材料、设施、试验场地、生产车间等资源。高校和科研机构主要是提供智力支持，为技术孵化建言献策。国家实验室提供材料和设施及交叉学科和特定领域的专业知识。大企业是承接技术开发的重要平台，除资金支持外，还提供技术转化所需的试验场地和生产车间，并联合中小企业共同探索和开发创新技术的商业模式，使先进制造技术能够快速达到规模化应用。

3. 创新中心多途径促进技术转化和应用

围绕着先进制造技术成果的转化和应用，美国制造业创新中心形成了多元化的促进举措。这些举措主要沿着两个方向展开：一是以创新项目为纽带，以中小企业为核心，着力于应用研究和商品化两个关键环节，打通技术成果转化的创新链条，使新技术应用能够快速过渡到量产阶段；二是为新技术的大规模应用扫清各种障碍，包括制定各种应用标准、为新技术应用提供适用性人才等。

（1）充分发挥中小企业科技创新的活力

中小企业是美国技术创新和转化的主体，在"产学研政"组成的创新生态系统中，中小企业是产业界的核心代表，具有极高的参与度和话语权。首先，中小企业在国家制造业创新网络的领导委员会中，保有一定比例的席位。其次，创新中心组建时，要求必须有较大数量的中小企业参与。例如，美国制造150个会员中，就有1/3是中小企业。最后，创新中心运作过程中，它所支持的技术创新项目必须是当前行业内的首要关注领域，这就要求那些掌握前沿技术的中小企业能够充分参与到创新中心中来。

（2）着力于技术成果转化和应用的薄弱环节

一是为企业打通先进技术转化的两个关键环节。创新中心承担了先进技术的应用研究任务，弥补了创新链中从基础研究到商品化的关键一环。同时，创新中心也积极参与商品化环节，在其能力范围内形成新技术应用的原型样机，使企业能低风险、低成本、高效率地从试验性应用快速过渡到规模化生产。二是为企业提供各种专业服务，提升企业承接先进技术的能力，包括提供新技术应用的信息、咨询、设备和培训等各类配套服务，提供与其他会员共同技术开发的合作，促进大中小及初创企业之间的战略合作和经验分享。

（3）强化系统内各会员单位的共享合作

各创新中心都制定有知识产权保护和专利使用权分享制度，以保障其会员机构，尤其是中小企业，能够以合法的方式获得先进制造技术的应用。此外，创新中心还建立了各种共享机制，包括技术设施共享、共同的技能培训、最佳制造技术实践分享、内部成员和外部相关者的信息共享等。通过共享合作，创新中心与会员企业能够达成对先进技术未来发展方向的共识，并在技术应用、人才培养和就业创造上形成共同利益和一致行动，更加高效地实现前沿的、跨领域的技术转化。

（4）主导推进先进制造技术应用标准的制定

创新中心通过与产业界、国内外技术标准制定者及政府部门的通力合作，积极参与并主导适应于新兴技术的各种标准制定。同时，为加快标准推广，创新中心还为制造企业提供各种适应新标准的软硬件设施与服务，包括技术参考数据、科学和工程数据库、技术应用的相关设施等。

（5）建立人才培养机制保障新技术转化和应用的人才需求

创新中心作为教育系统与产业系统之间的桥梁，引导教育系统加快培养新技术应用所需的人才。创新中心通过甄别新技术和新工艺，明确新技术应用所需要的技能与人才，并将此反馈到教育系统，联合高校、社区学校和技术学校，通过设计培训计划和课程、设置技能认证和颁发资格证书、完善"科学、技术、工程和数学"学科的教育大纲、提供实习和实践机会等，为新兴制造业产业输送合格的、匹配的科研人员与技术工人。例如，未来轻量制造中心将轻量设计课程纳入了美国22个州的教育系统，美国制造中心联合一些制造工程院系推出了3D打印课程，并向1000多所学校捐赠3D打印设备。

专题——互联网与技术转移

互联网在技术转移领域的应用潜力，主要取决于关于技术的缄默信息在多大程度上可以数据化。

技术转移过程主要涉及两个关键环节。第一个是技术供给方和需求方的相互发现；第二个是技术从供给方到需求方的转移。技术供给方和需求方的互相发现是指技术供给方研发了新技术以后，需要在市场上找到有需求的买家，知道哪些企业需要这项技术的信息。而对技术需求方来讲，当产生新技术的需求后，需要在市场上找到拥有这项技术的卖家，也就是知道拥有这项技术的卖家的信息。技术从供给方到需求方的转移，是指技术文件、设备或人员从供给方到需求方转移的过程。这一过程同样涉及大量的信息传递，有一部分信息可以通过图纸、操作手册等技术文件进行传递，但更大一部分是缄默的，表现为人和组织的无形的常规、经验、技能和诀窍。这部分技术转移通常需要人与人的直接接触，"手把手教"，而且往往要经历一个漫长的过程，才能被技术需求方有效掌握。

互联网能够发挥作用的主要是第一个环节，因为关于需求和供给的信息是很容易被数据化，并通过互联网进行传播的。而对于第二个环节，互联网的作用就十分有限，因为技术的实际转移涉及大量缄默信息的传递，这只能通过大量人与人的，非结构化信息的传递来完成。当前，很多应用"互联网+"的线上技术交易市场，就是互联网在第一个环节的应用。

互联网能够使全国（甚至全球）的技术的买家和卖家聚集在一个虚拟的"场"上，将彼此的距离拉近到点击几下鼠标，这的确是一个非常巨大的进步。但互联网线上平台对技术交易的作用，就远比不上对服装、日用品、手机等一般商品交易的作用。这是由于技术的专业性和非标性所致。高技术经济经过这么多年发展，专业技术领域的组织与分工网络，包括机构、情报和人际网络都已经相当成熟。且不说技术在在研的状态下就已经被"盯上"，即使技术研发出来，研发人员也大概清楚有这项技术需求的企业有哪几家。由于技术的专业性，技术市场是一个专业市场，而不是一个大众市场，越是专业的领域就越是细分，越是细分的市场买家和卖家就越少。所以，以互联网手段聚集更多的买家和卖家聚集在一起，不断扩大市场的范围和规模，对于本来搜索成本就不高的技术交易来讲，作用其实非常有限。

技术的非标性决定了技术信息很难通过标准化的编码进行传递。一件衣服拍张图片放到网上，买家就基本了解到大部分的信息。但对于一项技术来讲，却很难找到如此充分有效的线上的表现方式。在网上发布的技术成果的信息往往只能作为一个线索，更多更具体的信息只能通过线下的面对面的沟通获得。

技术的另一个重要特性也限制了互联网在技术转移中的应用。那就是技术的价值很大程度上取决于它的使用场景，一项技术应用于不同的场景，其创造价值的潜力可能差异巨大。对技术价值的评估是和其使用的场景联系在一起的。常常存在这样的情况，一项生化技术转移给一个化工原材料企业可能只值几百万元，而转移给一家制药企业可能价值上亿元。而互联网本身是"弱化场景"，甚至"消除场景"的。技术价值的确定与场景密切相关，而且专家的知识、经验等主观因素起很大作用，所以经典经济学理论里的，通过市场竞争确定最终价格的机制在技术交易领域很难有效。原因就是，一项专业技术买家很少，卖家也很少，其价值更多受到市场之外的因素的影响。

互联网能够加快信息的传播，提高沟通效率，这是对几乎所有经济社会活动带来的好处。但由于技术的缄默性、专业性和非标性，导致技术信息的数据化大大受限，从而也限制了互联网在技术转移，尤其是技术交易中的应用潜力。

第五章

我国技术转移的现状与问题

经过多年的建设发展，我国技术转移体系初步建立，技术转移机构不断成长，技术合同成交额快速增长。随着创新驱动发展战略的提出和科技体制改革的推进，《科技成果转化法》的修订、国家技术转移区域中心的建设等都进一步完善了我国技术转移的发展环境，有利于提升我国技术转移体系的能力。

我国技术转移的问题可以总结为4个方面。在供给方面，有价值的科技成果存量不多；在需求方面，企业缺少对上游科研院所的需求；在通道方面，我国科研界和产业界缺少联系；在环境方面，我国技术转移活动要素供给不足。其中，需求缺乏是最根本的原因，这是由我国高新技术产业发育不足，存在对发达国家的"技术依赖"及我国科研资源受到体制束缚造成的。

第一节 我国技术转移的现状

一、我国技术转移机构的发展历程

（一）起步发展阶段（1980—1992年）

20世纪80年代，伴随着我国在经济社会领域的改革，我国专利制度逐步建立。1980年10月，国务院颁布了《关于开展和维护社会主义竞争的暂行规定》，指出"对创造发明的重要技术成果要实行有偿转让"。1980年，沈阳市和武汉市科委在国内率先成立了开拓技术市场的中介服务机构，并举办了技术交易会，我国开始建立第一批技术转移机构。这一阶段，技术的商品属性初步建立，技术成果的推广应用实现了从无偿到有偿的突破。

1982年年初，党中央、国务院提出了"经济建设必须依靠科学技术，科学技术工作必须面向经济建设"的战略方针。不少单位采用合同制的运作模式，推动科技成果从实验室向生产领域转移，从军工向民用转移，从沿海向内地转移，从国外向国内转移。在该阶段，技术转移机构主要是由政府推动建立，促进技术交易是当时技术转移机构的主要作用。各城市的技术交易机构把本地的大专院校、科研单位、军工单位等联合起来，跨地区、跨行业的技术交易网络开始形成。技术成果交易会、技术难题招标会、科技信息发布会、技术交易洽谈会、大篷车技术服务队等是促进技术交易的主要形式。该阶段初步确立了我国技术转移机构发展的思想基础和制度前提。

（二）发展完善阶段（1993—2006年）

1993年5月，全国第一个国家级技术交易所——上海技术交易所成立。此后，天津、沈阳、武汉、成都等国家级常设技术市场相继运行，不仅为当地技术交易提供了良好的平台，也带动了周边乃至全国技术交易和经济建设的发展。1999年

12月，由上海市科委、上海市国资局共同出资建立的国内首家以技术和资本相结合的上海技术产权交易所正式成立，在我国率先实现了技术市场、金融市场和产权市场的资源整合，探索了技术市场发展的新模式。此后，深圳、北京、成都、西安等地纷纷成立了技术产权交易机构。

同时，在这个阶段，《中华人民共和国科学技术进步法》（以下简称《科学技术进步法》）颁布，以法律形式规定了"国家建立和发展技术市场，推动科学技术成果的商品化"。本阶段技术转移机构的发展表现出3个明显的变化：①国家开始系统地指导和布局技术转移机构的发展，国家层面科技部火炬中心设立技术市场处，地方层面也普遍在科技部门设立了主管技术市场工作的处室；②市场的力量开始介入，出现了民营的、市场化的技术转移机构，这些体制外的技术转移机构优先在北京、长三角、珠三角等市场化程度比较高的地区出现，成为促进产学研结合，服务企业创新的重要力量；③技术转移机构的类型和模式趋向多元化，出现了专利事务所、产权交易所等新的技术服务机构类型。

（三）转型跃升阶段（2007年至今）

2007年，技术市场发展思路发生重大调整，以技术转移为核心的技术市场体系建设开始大规模展开。同年9月，科技部、教育部、中科院三部门共同组织实施了"国家技术转移促进行动"，启动了国家技术转移示范机构建设工作。截至2016年年底，共确定了6批次453家国家技术转移示范机构，覆盖大学、科研院所、企业等各类技术转移服务机构，对促进和规范技术转移机构的发展发挥了重要作用。同年12月，《科学技术进步法》修订通过，规定了国家培育和发展技术市场，鼓励创办从事技术评估、技术经纪等活动的中介服务机构，引导建立社会化、专业化和网络化的技术交易服务体系。

在该阶段，政府对技术转移机构的支持力度进一步加大，市场的力量开始发挥越来越重要的作用，技术转移机构的发展环境不断优化。在政府方面，党的十八大提出实施创新驱动发展战略，创新成为改革和发展的主题词。围绕提升国家创新能力，国家层面先后出台了一系列政策文件，包括《实施〈促进科技成果转化法〉若干规定》《促进科技成果转移转化行动方案》《关于加强高等学校科技成果转移转化工作的若干意见》等。在市场方面，无论是传统产业，还是高新技术产业，其创新的诉求更加强烈，对优质科技资源的需求快速增长。市场需求是技术转移机构的强大推动力，加速了技术转移机构的发展，也加强了技术转移机构的竞争，从而促进了整个行业的快速发展。有来自政府力量和市场力量双重推动，是该阶段的鲜明特征，也使得技术转移机构获得了前所未有的发展速度。

二、我国技术转移发展现状

从我国技术市场的发展来看，可以在一定程度上反映我国技术转移的发展现状。

（一）技术合同成交额

2015年，全国技术市场实现技术合同成交额9835.79亿元，较2014年增长14.67%。其中，技术转让和技术服务合同成交额占全国技术合同成交总额的66.34%，同比提高4个百分点。技术转让合同成交1466.53亿元，增幅居4类合同首位，达到28.96%；技术服务合同成交5058.96亿元，成交额居4类合同首位，同比增长19.13%（图5.1）。

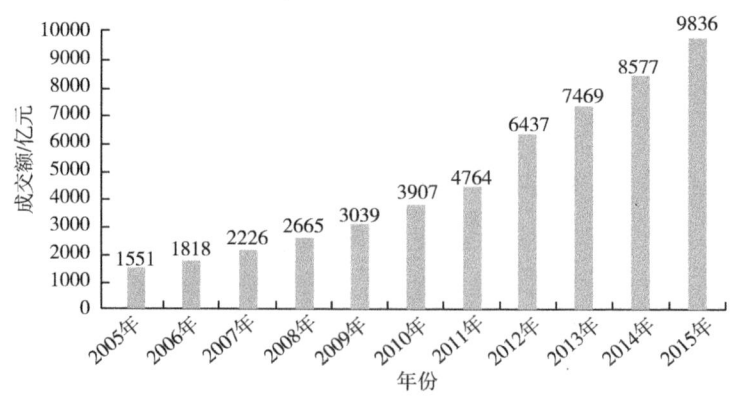

图5.1　2005—2015年全国技术合同成交额情况

资料来源：2016全国技术市场统计年度报告。

（二）技术合同的类别分布

2015年，技术开发、技术转让、技术咨询、技术服务4类技术合同总量均呈现增长态势。其中，技术服务、技术开发合同成交额位居第1、第2位，分别占全国技术合同成交总额的51%和31%，成为技术交易的主要类型（图5.2）。

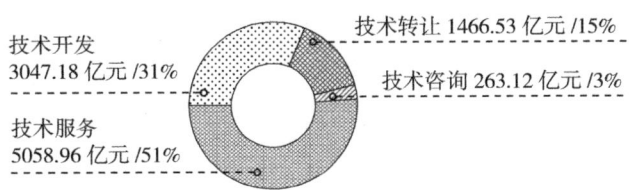

图5.2　技术合同类别构成

资料来源：2016全国技术市场统计年度报告。

（三）技术交易的领域分布

电子信息、先进制造、城市建设与社会发展领域技术交易居前3位，成交项数和金额均超过全国技术交易总项数和总金额的50%。除农业技术交易额略有下降外，新能源与高效节能、现代交通、环境保护与资源综合利用、航空航天、农业、生物医药、现代交通和新材料及其应用领域的技术交易均有不同程度的增长（图5.3）。

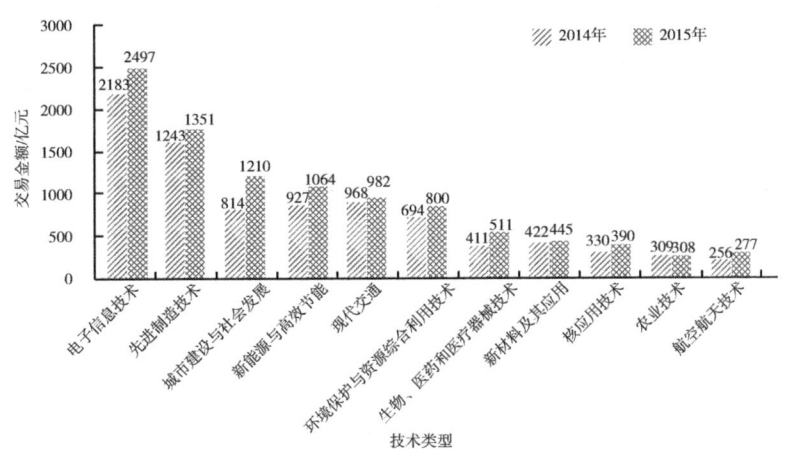

图5.3　2014—2015年全国技术交易领域对比

资料来源：2016全国技术市场统计年度报告。

(四)技术交易的主体

企业输出和吸纳技术居各类交易主体首位,其中输出技术 196 517 项,成交额 8476.92 亿元,同比增长 12.78%,占全国技术合同成交总额的 86.18%;吸纳技术 209 342 项,成交额 7463.91 亿元,同比增长 12.93%,占全国 75.89%。

2015 年,高校和科研机构通过技术转让、技术入股、产学研合作等方式,签订技术合同 97 744 项,成交额 874.7 亿元,比"十一五"末增长 121.1%。其中,科研机构输出技术成果 40 663 项,高等院校输出技术成果 57 081 项,分别较上年增长 11 335 项和 2717 项。

企业在创新中的主体地位和主导作用在技术交易中表现明显。各类技术交易主体中,企业既有对新技术的渴望,也有发展新技术的动力,技术输出和技术吸纳持续走高,双向交易额均位居首位。

2015 年,近 50% 的技术交易发生在企业与企业之间,成交额占全国近 70%,其中涉及知识产权的技术合同成交额逾 50%。截至目前,全国技术市场登记注册的技术卖方企业已达 98 271 家,买方企业 628 570 家。

(五)技术交易的区域分布

技术市场一体化建设稳步发展,区域技术转移服务体系加速融合,助推经济发展空间格局优化,支撑京津冀协同发展、长江经济带区域发展战略实施。2015 年,京津冀三地以北京为龙头,成交额同比增长 12.49%,达到 4031.70 亿元,占全国成交总量的 40.99%,北京向津冀输出技术交易额较上年增长 34.17%。长江经济带 11 个省市技术交易额同比增长 15.87%,达到 3241.99 亿元,占全国的 32.96%。其中,湖北、江苏领跑位势明显,成交额分别居全国第 2、第 3 位。

全国大部分省市技术合同登记成交额实现增长。技术合同登记成交额排在前 10 名省市的构成与上年相同,但排名有所变化,依次为北京、湖北、江苏、陕西、上海、广东、天津、山东、四川、辽宁,登记项数和金额分别占全国的 80.47% 和 87.09%(图 5.4)。

第五章 我国技术转移的现状与问题

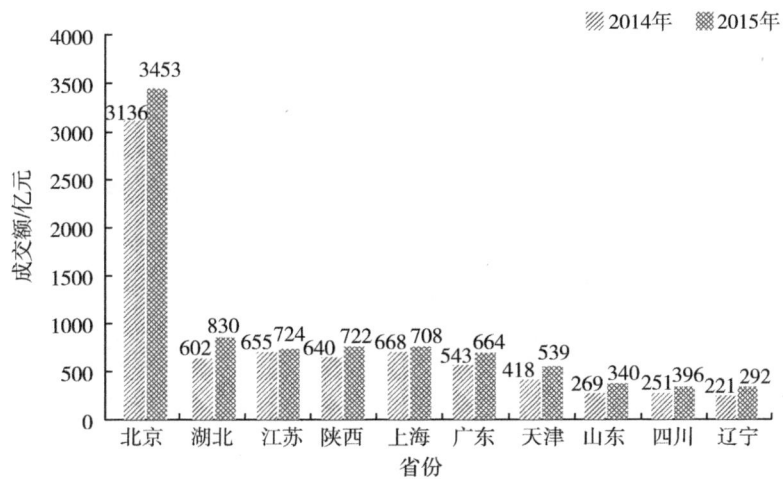

图 5.4 2014—2015 年全国各省市登记合同成交额前 10 位

资料来源：2016 全国技术市场统计年度报告。

> **知识窗**
>
> ### 我国促进科技成果转移转化工作情况
>
> （1）新的科技成果转移转化制度体系初步建立
>
> 全国人大修订《促进科技成果转化法》后，2016年2月国务院颁布了《实施〈促进科技成果转化法〉若干规定》，4月国办印发实施《促进科技成果转移转化行动方案》，形成了从修订法律条款、制定配套细则到部署具体任务的科技成果转移转化工作"三部曲"。2016年11月，中共中央办公厅、国务院办公厅印发了《关于实行以增加知识价值为导向分配政策的若干意见》，鼓励科研人员通过科技成果转化获得合理收入，加强科技成果产权对科研人员的长期激励。科技部会同教育部、中科院、国资委印发了相关细化文件，推动高校、院所和企业成果转化；财政部、国家税务总局完善了股权激励和技术入股所得税优惠政策；农业部、卫生计生委、国土资源部、国防科工局等颁布了本行业科技成果转化制度。20多个省市出台了地方配套政策。总体来看，我国已经初步形成了具有中国特色的促进科技成果转化政策法规体系。

（2）各具特色的科技成果转化示范区加快布局

为探索地方开展科技成果转化的有效机制与模式，科技部支持启动了国家科技成果转移转化示范区建设。这是国务院办公厅颁布的科技成果转移转化行动方案中的一个重要内容，要求建设10个左右科技成果转移转化示范区，推动落实国家科技成果转移转化的政策法规，探索可复制、可推广的经验和模式。例如，河北以京津冀协同创新战略为核心，探索承接京津创新要素外溢转移与河北产业创新需求对接转化的新模式。再如，浙江也是最近批复的成果转移转化示范区，以完善科技成果转化市场机制为核心，探索"互联网+科技成果转化"的有效模式，构建互联互通的全国性技术交易网络。又如，宁波以激发民营经济活力为核心，发挥科技成果转化对产业和企业创新发展的支撑作用。各个示范区现在都有了很好的进展和成效，未来将总结提出一些可复制的经验和做法。

（3）促进科技成果转移转化的载体平台不断丰富

技术市场加快发展，目前，全国各类技术交易市场超过1000家，2016年全国技术合同成交额同比增长15.97%，达到11 407亿元，首次突破1万亿元大关。从分布领域看，技术交易主要聚焦于电子信息、先进制造、新能源、节能环保、生物医药等高新技术领域，占成交额的80%。从交易主体看，高校院所的技术供给积极性增强，成交技术合同增幅达21.78%；企业成为技术吸纳的主体，吸纳技术占交易总量的76.91%。"互联网+"与科技成果转化加快融合，技术挂牌交易、竞价拍卖、难题招标等市场化服务模式不断创新。例如，中技所推出了专利拍卖和科技成果评估公示在线服务系统，已累计为25家高校院所提供相关服务，涉及项目达2258项，成交额达3.6亿元。不断创新科技成果转化对接模式，举办了中国创新挑战赛、科技成果直通车、百家院校科技成果走基层等系列活动，从供给端、需求端、服务端同步发力，实现了科技成果与技术需求零距离、精准化对接，取得了显著的经济与社会效益。

（4）科技成果转移转化的资金投入渠道进一步拓展

财政资金对科技成果转移转化的导向作用日益增强。国家科技成果转化引导基金在重大专项成果转化、京津冀协同创新、国家自主创新示范区及新能源汽车产业等方面，出资设立了9支创业投资子基金，总规模173.5亿元，转化基金出资38.3亿元，放大比例达1:4.5。目前已投资了一批成果转化项目。注重加强科技与金融结合，选择10家银行业金融机构在5个国家自主创新示范区内开展科创企业投贷联动试点工作。开展了知识产权质押等新型金融产品创新，在科技金融结合的试点地区，创业投资和私募股权对创新创业企业投资超过了7000亿元，累计增加中小企业科技贷款超过了1.2万亿元，专利质押融资突破了500亿元。

（5）一批重大科技成果在企业与产业发展中得到转化应用

以国家科技计划形成的科技成果为重点，组织开展了科技成果包发布工作，已分3批向社会公开发布500多项有转化需求的科技成果包，涉及新一代信息、能源、现代农业等11个技术领域。一批重大成果转化成新产业培育与传统产业转型升级的引擎。例如，通过工程化的方式，对现有传统的机械设备进行数字化和智能化的改造，我们提出"数控一代"机械产品创新应用示范工程，推动纺织机械、轻工机械等行业降低成本30%左右。

资料来源于网络：《李萌副部长介绍促进科技成果转移转化工作情况》。

第二节　我国技术转移问题分析

科技成果向现实生产力的转化，是一个由科技供给系统、科技转化系统、科技需求系统和科技环境系统构成的复杂体系（刘溶沧，2000）[①]。本节从供给、需求、通道和环境4个方面分析我国技术转移，主要是科技成果转化活动当前存在的问题。

一、供给方面：有价值的科技成果存量不多

科研成果具有潜在的商业价值是科技成果转化的前提。而科研成果具有商业

---

① 刘溶沧．促进科技成果转化的环境和条件：比较与借鉴[J]．经济纵横，2000（11）：4-7．

价值，需要满足两个基本条件，首先是科研成果要匹配产业需求；其次，科研成果要具有先进性，即比产业领域正在使用的同类技术要先进。但中国创新体系的创新产出效率低下，公共研究机构所研究的项目与企业的研发需求之间存在巨大的差距（Liu et al, 2001）[①]。我国科研院所的研究成果要么脱离产业需求，要么成果不够先进，企业缺少投入和应用的动机。其背后的原因包括如下方面。

①我国科研项目在立项的时候就缺少对产业需求的考虑，导致项目本身偏离市场需求。一些科研人员在进行课题设计时就没有进行转化的主观意图，怎么容易拿到课题就怎么设计。相当多的科研人员申报项目并不是为了解决某个生产技术问题，而是瞄准评职称和获得科技奖项，有的是为了完成科研量和解决带研究生的经费。有关研究显示，我国科研机构的研究经费中，30%～40%来自财政拨付的事业费，60%～70%来自各类项目研究经费。项目导向的体制对科研机构具有很强引导性，关键是项目设立机制是否合理。对于当前的项目管理机制，科研机构认为申请项目花费精力太多，研发也缺乏连贯性。

②我国科研项目存在立项难、结项容易的问题，这导致科研工作者重项目申请，轻实际研究，使科研成果的质量无法得到保证。课题申报中有转化的内容，研究的成果也可以转化，但在课题结项或鉴定后，也没有精力去考虑转化，而是去忙评奖的准备或完成别的项目。科技人员对转化的路径不熟，觉得风险太大，课题完成验收后科研人员和管理部门也就不去理会了，外界也不知道有这些成果。

③我国整体科研水平与世界发达国家的科研水平存在差距，论文数量虽多，但高质量的论文比例较小，即使是高水平期刊上发表的论文，也多处于较边缘的研究领域，引用量较小。尽管一些课题鉴定意见都是"国内领先水平""行业领先水平"，实际上都是重复研究或是技术含量不高的研究，不是真正有市场潜力、有推广价值、适宜转化的科技成果。此外，我国科技的绝对投入水平与世界发达国家还存在差距。虽然，我国R&D经费投入的绝对额近些年来一直在快速增长。2015年我国研发经费支出规模达到14169.9亿元，比上年增长8.9%，较2011年

---

① Liu X，White S. Comparing innovation systems: a framework and application to China's transitional context [J]. Research Policy，2001，30（7）：1091-1114.

翻了一番，支出规模仅次于美国稳居世界第 2 位。但是从 R&D 经费占 GDP 的比重来看，2015 年我国 R&D 经费占 GDP 的比重为 2.07%，与世界其他先进国家还存在较大差距（图 5.5）。

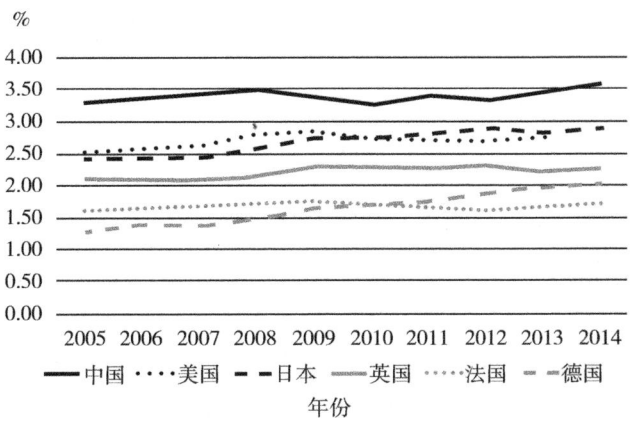

图 5.5　世界主要国家 R&D 经费占 GDP 比重

④我国政府的一些政策造成了不恰当的激励效应。尤其是对专利申请的激励政策，导致申请人重视申请数量而忽略专利本身的价值，导致了大量低值、重复和无效专利的存在。我国政府非常重视专利数量的增长。由于专利数量是很多政府部门和各类国家和地方组织的统计指标，加之专利审查系统又十分宽松（极少量的在线技术检索，实用新型专利和设计专利则无实质审查程序），造成大量的专利申请涌现。此外，许多地方政府支付了专利申请头三年的各项费用，又进一步降低了申请专利的难度。很多其他因素也造成了中国专利申请数量的增加，其中显著的因素是：政府部门和科研院所的政策所导致的专利的不恰当使用。例如，政府科研基金资助部门通常要求课题组在资助项目结题时有 1 项以上的专利，致使很多项目负责人为结题不得不申请专利，而根本不考虑专利本身的商业价值。一些大学和研究所规定研究生只有发表了科学论文或是申请了专利才可以毕业，这使一些学生为了毕业而不得不申请专利。专利申请其他不恰当的用途还包括：专利可以作为工作晋升或是申报城市户口时的评价指标等。另外，一些地方政府

或研究机构规定对每一项专利的申请或授权都给予发明人一定的现金或其他奖励。这些政策和规定关注的只是专利申请和授权的数量，却并未考虑这些专利申请或授权专利是否已经被商业化或者是否具有商业价值。

二、需求方面：企业缺少对上游科研院所的科技需求

以利润最大化为目标，同时面临激烈市场竞争的企业，如果有对新技术的需求，而自身研发实力又不足，那一定会主动"找上门来"，借助上游科研院所的研发力量。但实际上，我国企业整体上是缺少对上游科研院所的科技需求，主要原因包括如下方面。

①我国产业类型中，传统产业门类占了很大比例，这部门产业靠资源和劳动力驱动，本身对技术的需求就不高。而且，为了发挥低成本的人力资源优势，往往并不采用最先进的技术，而是对技术进行"低端化"的改造，以最大限度地利用人力。

②即使是我国的高新技术产业，多处于高新技术产业链的低端环节。我国光伏产业就是这种战略性新兴产业价值链低端化的典型代表。首先，我国光伏产业的技术创新主要集中在光伏组件加工制造方面，而没有掌握包括光伏组件的制造设备、高纯硅提纯技术和新型光伏材料研究等核心技术，整个产业的附加值仅占全球光伏价值链的 8%～10%，在全球价值链中处于加工制造的低端环节，在国际分工中仍处于"担水劈柴"的地位。其次，我国光伏产业的技术创新基本上都属于工序创新，这种创新提高生产率的结果是导致了我国光伏产品生产者受损而进口国受益的价格下降，与激烈竞争和大量产能过剩相结合，共同导致了国民福利的净损失。最后，我国光伏产业通过进口国外关键机器设备和高附加值投入，90%以上产品销往国外市场，这种利用廉价劳动力，特别是各地政府在土地、税收、环境和融资等方面提供的低成本扶持政策，打造出来的低端加工制造产业在很大程度上属于一种为他人作嫁衣的"飞地型经济"（贾根良，2014）[①]。

---

① 贾根良. 中国应该走一条什么样的技术追赶道路 [J]. 求是，2014（6）：25-28.

在科学研究型创新领域，中国仍处在投资建设弥合差距所需的能力阶段。中国在品牌医药行业占全球收入的比例不到1%，生物技术行业占全球收入为3%，半导体占全球收入为5.5%。在这些依靠科研创新的行业中，中国企业依然倾向于低附加值产品及战略，如生产仿制药。

③由于我国的大多数企业的技术升级是在国外企业的技术轨道上升级。多数企业创新的目的在于保证其既有市场份额，而非追求技术领先，大量的研发投入被用于维持盈利水准而进行的低成本、大范围的技术改造。引进国外先进设备是技术升级的主要方式。一旦国外企业通过突破性创新进入一个新技术轨道，中国企业就会再走从国外引进技术的老路，这种"引进落后—再引进—再落后"的模式在中国一直延续着。例如，中国家电产业在显像管时代成功地实现对日本企业的追赶，但一旦日本企业进入液晶时代，中国企业又出现了整体的落后，又需要从国外引进核心技术。

④我国企业缺乏技术创新的先进理念。我国大部分企业已经具有了一定的经济实力。但是对于产业的理解局限于传统工业模式和形态。我国一大批企业家不但对于早期的技术开发缺乏兴趣，而且对于高科技产业的特性和模式缺少认识。对那种以拥有覆盖全球主要市场的知识产权为前提，将早期技术推进到一定阶段，然后许可给大公司进行下一步的研发的模式存在认知障碍。所以，我们的企业家往往只关心引进现成的生产线，或是卖什么产品（有形的），而对于高科技产业的知识产权、技术运营等商业模式缺少兴趣。

三、通道方面：我国科研界和产业界缺少联系

既然我国的大学科研院所缺少符合产业界的技术供给，而产业界又缺少对上游大学科研院所的技术需求，那大学科研院所与产业界缺少联系也就不足为奇了。除此之外，由于我国计划经济的制度历史和我国大学、科研院所管理体制方面的特点，使得我国学界和产业界缺少联系的特征更加明显。

大学科研院所与产业界的联系通道体现在制度性的通道和非制度性的通道两个方面。

①制度通道方面。在原先我国计划经济体制下，不同领域条块分隔，领域内

部联系密切，但领域之间相对闭塞，这种体制特性到现在仍有很多遗留。我国科研界与产业界缺少制度上的联系主要体现在这样几个方面：第一，国家层面，不同领域的主管部门各自为政，缺少协同。国家发展和改革委员会主要负责产业部门向研究部门的"后端整合"，即所谓的"产业化"，而科技部负责应用前项目向市场需求的"前端整合"，即所谓"科技成果转化"。但在两个部门之间仍然存在治理空隙。第二，国家层面缺少对于围绕高校技术转移的资金投入，机构设置和收益分配的明确的、强制性的规定。一方面，导致高校和科研院所的技术转移活动缺少足够的动机；另一方面，也导致高效的技术转移活动由于无据可依而无法开展。第三，高校科研院所的考核和晋升体系与产业界的考核和晋升体系存在明显差异，两种体系的工作成果互不相认，限制了领域之间人员的流动。第四，我国的知识产权制度、风险投资制度和国家对中小企业的扶持制度还不够完善，使得技术许可或授权，技术创业等技术转移渠道受到限制。

②非制度通道方面。技术转移的非制度渠道包括地理上的临近、人员的流动、社交网络等。首先是地理上的临近。出于风险可控的考虑，我国改革开放首先在沿海几个城市开展。那些工业发展好的地区，往往并没有大学和科研院所，因为大学科研院所往往分布在首都、直辖市、省会城市。即使是同一个城市里面，产业区往往处于城市偏远的郊区，而科教区往往处于市中心。其次是在人员的流动和社交网络方面，由于学界和产业界存在制度障碍和文化差异。学界和产业界的人员流动，尤其是高层次人员的流动并不多见。社交网络的构建也由于地理上的区隔和文化差异受到限制。此外，一个重要的非制度渠道，就是各种联盟，协会等自发形成的社团组织。这些社团组织在我国的发展远远落后于西方发达国家，也不利于学界和产业界的联系建立。美国、英国、德国等发达国家的高校教师和科技人员到企业兼职和向企业流动已经蔚然成风。据统计，美国有1/3的教师从事各种类型的咨询工作，而工程系的教师从事咨询工作的已达60%以上（傅崇伦等，1997）[①]。

---

① 傅崇伦，韩春林，艾兴政. 发达国家推进高校科技成果转化的对策[J]. 研究与发展管理，1997（3）：27-29.

四、环境方面：我国技术转移活动缺乏要素供给

我国技术转移活动在环境方面的主要问题是缺乏资金、人才和制度要素的供给。

（一）资金要素

根据2014年发布的《2013年全国科技成果统计年度报告》，资金因素是导致我国科技成果未应用或停用的主要影响因素（54.5%），其次是技术因素（45.1%）、市场因素（22.7%）、政策因素（13.8%）和管理因素（6.3%）。从这组数据可以看出，科技成果转化环节的资金不足是制约科技成果转化的最大瓶颈。虽然，我国在国家层面设立了科技成果转化引导基金、中小企业技术创新基金、产业技术基金，地方层面有成果转化基金，但多数却集中在风险较小的产业化阶段，而未投向对小企业发展最关键的"死亡之谷"阶段，从而并未产生种子基金的应有效果。另外，资金额度与需求相比还有较大差距。

（二）人才要素

技术转移的成功运作需要大量将实验室技术商业化的专业人才，既懂得技术，能帮助所有权人认识到其科技成果的经济价值，又了解市场营销和商业化运作。专利许可费用是美国高校经费的一个重要来源，因为他们的技术转移机构有能力将自己的技术许可出去，获得专利使用费和销售额提成。然而，中国大部分高校和科研院所是做不到的，与技术转移部门由于缺乏必要的专业人员而能力低有关。在发达国家一个技术转移专业人才需要具备独特的知识和技能组合，即科学、法律和商业的复合背景。通常是以自然科学博士或硕士为起点，然后加上工商管理或法律方面的高级学位，如工商管理硕士（MBA）或法学博士。即使具有这样背景的专业人才也还需要3~5年的工作积累来培养其法律和商业判断力，才能应对技术转移办公室（OTT）工作中的各种任务，如特定区域许可、筛选被许可方、确定合适的市场、客户、商业应用范围和可能的商业模式等。目前，我国在科学、商学、法律3个方面都接受过良好专业训练的人才非常缺乏，从事技术转移的专利分析师极少。

在发达国家，技术转移中心还可以将部分工作外包给各种服务机构，如专利律师事务所可以参与已有文献的检索和专利性的判断，法律顾问可以协助起草技术许可合同，风险投资公司和咨询公司可以参与评估专利价值和确定合适的商业模式。然而，目前在我国这些服务机构都还没有发展起来。例如，专利律师事务所或资产评估事务所的人员通常技术背景薄弱，技术专利撰写的质量差；评估公司没有能力提供以谈判为目的的专利价值评估，其评估报告的结果常常是根据客户要求的数目而定，主要是为了满足政府的要求而完成；几乎没有风投公司对投资早期技术感兴趣。与技术转移最为相关的是专利，而我国技术转移机构当中极少有专利分析师。

（三）制度要素

制度要素的供给问题体现在以下几个方面。

1. 科技成果转化的人员激励面临较大障碍

我国在《促进科技成果转化法》中规定，对成果转化中取得收益应有不低于20%的比例奖励科技成果发明人及转化完成人，但是在实际执行中，普遍反映这一比例过低，对职务发明人或转化人的利益保障不足。各地方虽然认识到对职务发明人或转化人激励的重要意义，并规定了成果转化收益的较高比例用于奖励成果完成人。但是，在实际中仍然面临难以落实的问题：一是在成果转化中对从事转化人员的贡献有所忽视，转化人员的激励得不到保障；二是各单位奖励制度事先约定不明，容易在成果转化后对转化收益的分配产生纠纷。在实际执行中，很多成果完成人认为权益难以得到保障，因此，进行成果转化的积极性不高。

2. 科技成果权属不明确，成为科技成果转化的最大障碍

根据《科学技术进步法》，财政资金资助形成的科技成果，除涉及国家安全等的外，授权项目承担者依法取得。但是，高等学校和科研院所的国有技术类无形资产，都属于国有资产，在资产处置中要遵守国有资产管理的办法，由于缺乏与国有技术类无形资产相适应的国有资产管理制度，导致科技成果转化面临着极大的障碍。一是高校和科研院在处置科技成果时，都要经过复杂的国有资产处置审批程序，处置收入要按照"收支两条线"管理，首先要上缴国库，导致高校和

科研院所很难在成果转化方面形成积累。目前，在国家自主创新示范区进行了科技成果使用、收益、处置管理改革试点，一些地方也制定了适用于本省市政策，但尚未在全国推广。其次是国有技术类无形资产的处置程序不合理，按照国有资产管理规定都要经过评估，提高了成果转化的成本，评估过程与市场需求相脱节。

3. 财政资助科技成果转化的权利义务不明晰

高等学校、科研院所等对在财政资助下取得的科技成果负有促进转化的义务。但是，由于权利义务不明确，高等学校和科研院所在促进科技成果转化上积极性并不高，也缺乏制度性的约束。客观上导致很多科技成果束之高阁，财政资助形成的科技成果在转化为现实生产力上不够理想。对高等学校和科研院所的科技成果转化也缺乏有约束力的评价和考核机制。同时，我国在财政资助科技项目成果转化的管理和评估机制不完善。财政资助科技项目的应用导向不明确，在立项、管理及验收、评估等方面都缺乏促进科技成果转化的导向和管理，缺乏追踪问效和相应的惩罚机制。

4. 高等学校、科研院所的成果转化评价和人员流动存在障碍

当前，高等学校、科研院所和国有企业对科技成果转化人员缺乏差异化的考核评价标准。在职称评定上，转化人员难以进入主流的评价体系，虽然人事管理部门制定了成果转化的专业职称评定科目，但是仍然没有实施。在相应的评聘制度上，从事科技成果转化的人员处于不利地位。

在传统的考核评价体系下，我国高等学校、科研院所和事业单位科技人员很难离岗创业。与企业相比事业单位工作稳定，离岗创业环境不完善，也不利于企业与高校、科研院所人员的交流。

5. 相关法规政策体系不完善

科技金融在促进科技成果转化中的作用有待进一步加强。从总体上看，财政资金对中试和工程化等成果转化关键环节的支持力度还不够，支持方式单一。创业投资、资本市场在促进科技成果转化方面的作用有待进一步发挥。促进科技成果转化的需求政策应得到进一步加强。政府采购在促进科技创新方面的作用还不强，低碳、节能等消费领域的补贴政策也还有很大的操作空间。促进科技成果转化的税收政策存在不足。技术转让企业所得税政策未将"技术秘密"列入减免税

范围，使实践中大量存在的技术秘密转让不能享受所得税减免；同时，由于技术转让定义为获得技术所有权或5年以上全球独占许可使用权，使得以普通许可或排他许可方式的技术转让不能享受所得税减免。

本部分总结了我国技术转移，主要是科技成果转化存在的4个方面的问题。分别是供给方面、需求方面、通道方面和环境方面。那这4个方面的问题都形成了对我国科技成果转化的制约，导致了我国科技成果转化效率低的结果。那么，这四个方面的问题，哪个是最根本的呢？

最根本的问题是需求方面的问题，即我国企业缺少对上游大学科研院所的科技需求。因为在这4类原因中，需求可以视为自变量，其他3类可以视为因变量。如果企业具有借助大学和科研院所研发资源的强烈动机，那必然会增加对科技创新的资金投入，"重赏之下，必有勇夫"，大学和科研院所会被调动起来，通过合作研发、人员流动的方式增加供给。供给方和需求方也会共同努力，向政府表达诉求，施加压力，破除制度障碍，搭建联系的渠道。需求的背后是市场利益，有了赚钱的技术转移机构示范，对利益的追求自然会改善人才和资金的要素供给。如果技术转移的从业人员的收入堪比金融从业人员，那自然会涌现众多的培训机构和优秀的人才投入其中。

那么，为什么我国的企业缺少对上游科技研发的需求呢？这是由我国特殊的历史发展路径决定的。我国错过了前两次工业革命的发展机遇，近代因为战争和动乱又进一步延误了追赶时机。到20世纪80年代改革开放后才发现我国的科技、经济、社会的发展水平与发达国家拉开了巨大的差距。连毗邻的韩国、日本、新加坡还有中国台湾地区也已经实现了经济腾飞。邓小平接连访问美国、日本的汽车制造、飞机制造、航空航天领域的企业，感叹国外科技的发达程度，这也促使了我国后来以合资方式从外国引进技术的决策。

20世纪80年代改革开放的时候，无论是对企业还是产业，面临的最大现实是：我们的技术远远落后于发达国家的技术，我们在科技上是一个后进国家。对于后进国家的企业来说，对先进国家的技术的学习模仿是首要的，也是最有效率的技术进步手段。但这样很容易陷入对国外的技术依赖，被"锁定"在外国技术发展的低端轨道上。因此，我国的许多产业，经常陷入"引进—落后—再引进—再落后"的循环陷阱。

如果我国的企业都被锁定在国外的技术轨道上,又热衷于通过与外资合资的方式"坐享其成"(由于我国的市场规模足够大,外资都热衷于去中国市场,之前"市场换技术"的做法只换来了落后的技术,而且随着 WTO 条款的进一步落实,外资可以在中国成立独资企业,合资企业能带来的技术转移效应就更弱了),那自然就不会对本地大学和科研院所的科技有所需求了。

第三节 我国技术转移的最新动态

一、《促进科技成果转化法》修订

为破除制约科技成果转化和知识产权运用存在的体制机制障碍,财政部、科技部、国家知识产权局于 2014 年 9 月发布了《关于开展深化中央级事业单位科技成果使用、处置和收益管理改革试点的通知》,提出改革科技成果使用、处置和收益管理制度,并选择 20 家单位进行试点。2015 年 3 月,中共中央、国务院发布了《关于深化体制机制改革加快实施创新驱动发展战略的若干意见》,提出"将科技成果的使用权、处置权和收益权(简称"三权"),全部下放给符合条件的项目承担单位"的要求。中共中央办公厅、国务院办公厅还于 2015 年 9 月 24 日发布了《深化科技体制改革实施方案》,再次明确提出要下放科技成果的使用权、处置权、收益权。2015 年 10 月 1 日正式实施的《促进科技成果转化法》明确规定了科技成果的使用、处置、收益,国家设立的研究开发机构、高等院校对其持有的科技成果,可以自主决定转让、许可或者作价投资,所获得的收入全部留归本单位,并大幅提高了科研人员奖励报酬的比例。

《全国人民代表大会常务委员会关于修改〈中华人民共和国促进科技成果转化法〉的决定》于 2015 年 8 月 29 日由十二届全国人大常委会第十六次会议审议通过。同日,国家主席习近平签署第 32 号主席令予以公布,修改决定自 2015 年 10 月 1 日起施行。这是对《促进科技成果转化法》颁布实施近 20 年来的第一次重要修改。

2015年，我国对1996年《促进科技成果转化法》进行了较大的修订，新《转化法》调整了32个政策点，这里重点给大家介绍6个方面制度的突破。

一是完善科技成果处置、收益分配制度。经调研发现以前的科技成果处置、收益分配存在管理不科学的问题。例如，处置科技成果所得的收益要按规定上缴财政、审批手续烦琐等。新《促进科技成果转化法》第18条规定，国家设立的研究开发机构、高校对其持有的科技成果，可以自主决定转让、许可或者作价投资。第43条规定，转化科技成果所获得的收入全部留归本单位，在对完成、转化职务科技成果作出重要贡献的人员给予奖励和报酬后，纳入本单位预算，主要用于科学技术研究开发与成果转化等相关的工作。这些规定取消审批，转变了政府职能，赋予了科研单位成果的使用权、处置权。将成果转化收益权也下放给了科研单位，不用再上缴国库了。这些调整将促进成果转化的工作效率、质量和积极性的提升。

二是完善科技成果转化的评价体系。调研当中很多单位都反映，成果转化工作不能被列入科研人员的评价范畴，针对这些问题，新《促进科技成果转化法》提出了一些有效的解决措施。例如，第20条规定，研究开发机构、高校的主管部门及财政、科学技术等相关行政部门应当建立有利于促进科技成果转化的绩效考核评价体系，将科技成果转化情况作为对相关单位及人员评价、科研资金支持的重要内容和依据之一，并对科技成果转化绩效突出的相关单位及人员加大科研资金支持。对单位也有明确的规定，研究开发机构、高校应当建立符合科技成果转化特点的职称评定、岗位管理考核评价制度。单位应该根据主管部门评价的导向要求，建立科研人员符合科技成果转化特点的评价制度。同时也要完善收入分配的激励约束机制，单位的收入分配要体现对科技成果转化工作的支持。另外，第21条明确规定，国家设立的研究开发机构、高等院校应当向其主管部门提交科技成果转化情况年度报告，说明成果转化工作取得的成果数量、实施转化情况及相关收入分配情况。年度报告由主管部门汇总后报送财政、科学技术等相关行政部门。这是体制"放管结合"的要求，政府部门要加强对科研单位的监督管理，同时与主管部门建立的评价导向机制相衔接。

三是完善科技成果市场化的定价机制。目前，成果转化的定价机制里最有争议的就是评估问题，因为技术成果价值难以考核，市场也缺乏相关专业化的服务机构。所以针对这一现实情况，在不排斥评估的前提下，明确了市场化定价的合法性。新《促进科技成果转化法》第18条规定，国家设立的研究开发机构、高等院校对其持有的科技成果，可以自主决定转让、许可或者作价投资，但应当通过协议定价、在技术交易市场挂牌交易、拍卖等方式确定价格。通过协议定价的，应当在本单位公示科技成果名称和拟交易价格。在单位内部公示的原因一方面是解决了价格、价值的问题及成果的归属问题；另一方面是因为成果转化过程的连续性，在单位内部公示可以使每个环节的科研人员明确自己在成果转化过程中的作用、责任。此条款的另一目的是通过培育和发展技术交易市场，充分发挥技术交易市场在成果转化中的作用。

四是强化企业在成果转化中的主体作用。科研机构、高校和企业的科技成果转化职责以前存在定位不清晰的问题，企业转化成果的承接力不足，产学研合作利益分配机制不健全。企业显然是科技成果转化的主体，推动产学研合作是促进企业成为科技成果转化主体一个重要的渠道。据此，在新《促进科技成果转化法》中规定，利用财政资金设立应用类科技项目和其他相关科技项目，有关行政部门、管理机构应当改进和完善科研组织管理方式，在制定相关科技规划、计划和编制项目指南时应当听取相关行业、企业的意见；鼓励科研机构采取转让、许可或者是作价投资的方式来转移科研成果；政府的有关部门要根据职责分工，为企业获得科技成果提供支持，包括信息和资金支持；同时，对利用财政资金设立的具有市场应用前景、产业目标明确的科技项目，政府有关部门、管理机构应当发挥企业在研究开发方向选择、项目实施和成果应用中的主导作用，鼓励企业、研究开发机构、高校及其他组织共同实施。还要加强标准制定工作，对新技术、新工艺、新材料、新产品依法及时制定国家标准、行业标准，并积极参与国际标准的制定，推动先进适用技术推广和应用。新《促进科技成果转化法》鼓励产学研合作：建立联合研发平台、技术转移机构、技术创新联盟，通过签订协议、约定合作的形式，开展共同研究，进行成果应用和标准研制等各项工作。

五是加大对科研人员的激励力度。按照市场经济条件下约定优先原则，规定科技成果完成单位可以规定或者与科技人员约定奖励、报酬的方式和数额。没有规定或者约定的，按照法定标准给予奖励和报酬。企业里面也可以约定，而且企业约定多少就是多少。市场经济条件下约定优先原则对企业是很好的保护，企业现在如果不约定，就要按新法规最低拿出净收益的 50%。国家设立的研究开发机构和高校约定比例不能低于 50%，如果低于 50% 按 50% 执行。企业没有这个约定。

刘朝和师洪波（2016）[①]通过实证研究发现，首先，科研骨干人员对成果转化的关注度高，但对知识产权的认知度低；其次，他们在成果转化上对企业有较强的期望和依赖，引导科研人员创业的激励政策将难以奏效；再次，股权和现金激励的落实是新法实施的关键；最后，隐性因素是我国科技成果转化的主要障碍。

2015 年修订的《促进科技成果转化法》不乏突破性亮点，但在打通科技成果转化全链条方面存在两点缺失：一是法案中没有明确规定促进科技成果转化是大学和公共科研机构的义务；二是没有明确规定研究机构必须从其公共资助的研究经费中拿出一部分用以进行技术转移，或者国家拿出专门的经费用于科技成果转化需要。以上缺失会使得法律的执行造成以下结果：一是单位对科技成果转化可促进可不促进；二是单位即使有积极性，但苦于没有专门经费支撑，不能聘任高水平专业人员，无法开展相关活动。

二、构建"2+N"技术转移体系

为了进一步推进技术市场的发展，《技术市场"十二五"发展规划》提出建设国家技术转移集聚区和区域技术转移核心区。按照科技部对国家技术转移体系的战略规划，在全国构建"2+N"技术转移体系。"2"是指在中关村建设国家技术转移集聚区，在深圳市建设国家技术转移南方中心；"N"是指在中部（武汉）、东部（上海）、西北（西安）、西南（成都）、东北（长春）等地建设大区域技

---

① 刘朝，师洪波. 大科学骨干人员成果转化意愿的实证研究：兼论《促进科技成果转化法修正案》的实施[J]. 科学管理研究，2016（3）：33-36.

第五章 我国技术转移的现状与问题

术转移中心，亚太、欧盟、东盟、海峡等国际技术转移中心及部分行业性技术转移中心。"2"和"N"之间通过现代信息技术手段和业务流实现整合、资源共享及国际链接，扁平化链接各国家高新区的技术转移中心，带动形成全国技术转移一体化新格局。

1. 国家技术转移集聚区

2013年9月13日，科技部副部长曹健林、北京市副市长张工分别代表科技部、北京市政府，签署了《科技部北京市人民政府共同建设国家技术转移集聚区合作框架协议》，并正式为国家技术转移集聚区、中国国际技术转移中心揭牌。国家技术转移集聚区以中关村西区为核心进行建设。建设国家技术转移集聚区，引领全国各地实现多元化、大规模、跨区域的技术转移格局，进一步提升企业自主创新能力，加快形成以企业为主体的技术创新体系。

2. 国家技术转移南方中心

2014年12月，由科技部和深圳市政府共建的国家技术转移南方中心在深圳揭牌成立，标志着科技部推动的"2+N"全国技术转移体系已建成两大中心枢纽，与2013年在北京中关村西区建设的国家技术转移集聚区形成一南一北遥相呼应的新格局。

3. 国家技术转移东部中心

2014年9月，国家技术转移东部中心落户杨浦，该中心的成立对于推动湾谷科技园功能建设，提升城区科技创新能力，助推上海打造"具有全球影响力的科技创新中心"具有积极的意义。围绕打造技术转移功能性平台的目标，坚持政府主导、市场化运作的模式，积极引导技术转移和技术交易机构集聚，对接区"164"产业政策体系，提高服务企业能力，提升中心技术展示、技术交易、技术再研发、技术服务的能级，促进更多项目落地发展。

4. 国家技术转移中部中心

2014年10月，国家科技部正式批复同意《科技部 湖北省人民政府共建国家技术转移中部中心方案》。按照规划，2017年湖南省将完成"国家中部技术转移中心"实体平台规划新区建设，建筑面积20 000平方米左右。实体平台包括知识产权交易大平台、科技金融服务转化平台等。

按照目标，到2017年，将中部技术交易中心建设成技术转移机制完善与商业模式创新的试验田，构造集技术交易、科技金融等公共服务为一体的网络平台和实体平台，成为我国中部国际创新资源交流交易的"航母级"集散地和主要门户，促进中部地区技术市场的开放共享和高度融合，实现创新资源的空间聚集。其中在湖北省内将实现国际知识产权交易100亿元，年技术合同成交额1000亿元。

5. 国家技术转移西南中心

2015年10月，四川省国家技术转移西南中心建设方案获得科技部同意批复。目标定位为"立足四川、服务西南、链接欧洲"，作为全国技术转移"2+N"体系中的重要组成部分，将与中关村国家技术转移集聚区、深圳国家技术转移南方中心积极合作，与各大区域技术转移中心紧密衔接分工，大力整合全球创新资源，推动全球创新要素跨行业、跨区域、跨国界转移，促进四川省和西南地区重点产业向产业链高端攀升。

6. 国家技术转移西北中心

2016年1月，西安技术经理人协会被国家科技部火炬中心确立为国家技术转移人才培养基地的依托机构。西安技术经理人协会是经西安市科学技术局批准成立的行业型社会团体。协会以"培育高端人才、打造金牌行业、构筑交流平台、促进合作共赢、推动创新发展"为宗旨，通过重点培养中、高级技术经理人，制定技术转移行业规则，维护市场秩序，充分发挥桥梁和纽带作用，促进西安地区科技服务业健康发展。今后，西安技术经理人协会将继续认真组织开展技术转移培训及活动，为国家技术转移人才培养作出应有的贡献。

7. 国家技术转移东北中心

2015年9月，科技部批复同意国家技术转移东北中心建设发展规划。该中心的建设，标志着吉林省科技大市场建设工作上升为国家战略，作为国家技术转移"2+N"体系布局中的重要组成部分，承担东北地区技术转移核心区的功能，可以扁平化链接全国各技术转移区域中心的科技创新资源。国家技术转移东北中心将通过集聚、整合和利用国内外创新资源，形成以其为枢纽的跨机构、跨行业、跨区域、跨国家的综合性、复合型转移新格局，为加快实施创新驱动发展战略和东北地区老工业基地振兴战略提供有力支撑。

8. 国家技术转移海峡中心

2016年3月10日，该中心在福建海峡技术转移中心大楼揭牌，依托福建虚拟研究院——海峡技术转移中心筹备建设。中心建设定位为区域创新体系建设的支撑平台、两岸技术转移的对接平台、服务自贸试验区技术创新的重要载体、海上丝绸之路核心区建设的技术集聚平台。

9. 国家技术转移苏南中心

2014年2月，苏州自主创新广场获批"国家技术转移苏南中心"，中心定位于国际创新资源区域集散地、国际人才创新创业首选地、区域科技体制改革试验区、区域政府创新服务主阵地、区域高端科技服务集散区、区域创新资源配置主枢纽。

10. 国家技术转移郑州中心

2014年1月，科技部正式批复同意国家技术转移郑州中心建设发展规划。根据目标要求，未来3年内，河南省将突出产业、重点企业、行业等特色，培训一批专业性技术转移人才；建立一批中青年技术转移专家服务团队和技术转移师资团队；共建共享培训合作基地10家；行业共建培训基地4家。中心拟建设技术转移服务中心区、技术产权交易区和技术研发服务区三大功能区，国际国内技术转移、全省产业集聚区技术转移服务、创新成果展示和发布、科技资源共享、科技综合服务、技术交易、科技金融服务、新兴产业研发服务八大公共服务平台。

11. 国家海洋技术转移中心

2014年10月，科技部批复青岛市在国家高新区建设国家海洋技术转移中心。青岛国家海洋技术转移中心将面向全国培养高素质、专业化的技术转移从业人员，为促进科技成果转化和技术转移提供人才保障。青岛建设国家技术转移人才培养基地将辐射省内外，着眼于建设东部沿海重要的创新中心战略定位，成为东部乃至全国技术转移人才培养的高地和人才流动的洼地。

三、国家技术转移示范机构试点

2007年，技术市场发展思路发生重大调整，以技术转移为核心的技术市场体系建设开始大规模展开。同年9月，科技部、教育部、中科院3部门共同组织实施了"国家技术转移促进行动"，启动了国家技术转移示范机构建设工作。截至2016年年底，共确定了6批次453家国家技术转移示范机构，覆盖大学、科研院所、企业等各类技术转移服务机构，对促进和规范技术转移机构的发展发挥了重要作用。

①规模与区域分布方面，数量快速增加，多集中在东部发达地区。2015年国家技术转移示范机构总数为453家，比2012年增长了64.7%。2015年国家技术转移示范机构数量在20家及以上的省、直辖市有9个，其中北京的机构数量稳居第一位，为58家，占全国机构总数的12.8%，其余依次为江苏省（45家）、广东省（34家）、山东省（32家）、浙江省（27家）、上海市（26家）、四川省（22家）、陕西省（21家）、湖北省（20家）（图5.6）。从国家技术转移机构的区域分布上来看，以东部经济发达地区数量最多，北京、长三角和珠三角的技术转移机构的数量排在前3位。技术转移机构分布不均与各省市经济、科技

实力呈现出一定的相关性，也和当地政府对技术转移机构的支持力度有关系[①]。

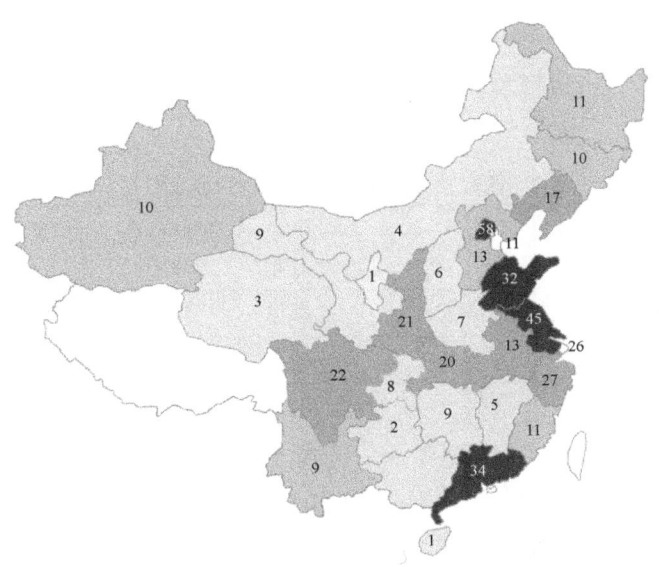

图 5.6　2015 年国家技术转移机构全国区域分布情况

②服务能力方面，项目和成交额显著增长，能力差别较大。2015 年，示范机构共促成 12.72 万项技术转移项目成交，是 2012 年的 2 倍，平均每家机构促成技术转移成交项目 290 项，比 2012 年增加了 52 项。2015 年促成技术交易项数以 10～50 项的机构居多，达到 137 家，占比为 31.2%；促成 200 项以上的有 125 家，占机构总数的 28.5%（表 5.1）。

表 5.1　国家技术转移示范机构项目成交数量分布

成交数量区间	0～10 项	10～50 项	50～100 项	100～200 项	>200 项
机构数量	58 家	137 家	55 家	64 家	125 家
占比	13.2%	31.2%	12.5%	14.6%	28.5%

---

① 司尚奇，冯锋. 中国技术转移机构服务项目与比较研究：基于国家首批 76 家技术转移示范机构的分析 [J]. 中国科技论坛，2009（8）：3-6.

2015年，国家技术转移示范机构共促成技术转移项目成交额达1789.1亿元，是2012年的1.4倍。2015年技术转移项目成交额在1亿元以上的机构数量最多，达169家，占机构总数的38.3%；技术转移项目成交额在1000万~5000万元的示范机构130家，占机构总数的29.6%（表5.2）。

表5.2 国家技术转移示范机构项目成交数量分布

成交金额区间	0~100万元	100万~500万元	500万~1000万元	1000万~5000万元	5000万~1亿元	>1亿元
机构数量	16家	24家	22家	130家	79家	169家
占比	3.7%	5.5%	5.0%	29.6%	18.0%	38.3%

③领域分布方面，以生物产业、高端装备制造和新一代信息技术产业为主。2015年，服务于生物产业的示范机构有97家，占全国机构总数的15.0%，比2012年增长了近6个百分点；服务于高端装备制造的机构为95家，占全国机构总数的14.7%，与2012年相比增长了6个百分点；服务于新一代信息技术产业的机构为80家，占全国机构总数的12.4%，比2012年增长了4.1个百分点（图5.7）。领域的产业和技术特性决定其对技术转移服务需求的强度和频度。这些因素包括：a.一些领域技术难度高，研发投入强度大，周期长，企业靠自身R&D部门难以承担，就倾向于从高校、科研院所搜寻现成的技术成果；b.技术综合性强，需要配套企业之间、产业链上下游企业进行技术协作；c.产业处于快速增长期，技术更新频率快，企业通过开放式创新提升创新速率，以应对竞争，抢夺市场。正是由于生物产业、高端装备制造业、新一代信息技术产业拥有这样的特性，因而这几个领域的技术转移机构的数量增长最快。

④机构类型分布方面，属于高校和科研院所的技术转移机构超过半数。2015年示范机构中隶属于高校和科研院所的共有243家，占机构总数的55.4%。其中，高校属的机构数量最多，有131家，占机构总数的29.8%；科研院所属的机构有112家，占比为25.5%（图5.8）。可见，高校和科研院所开办的技术转移机构是我国技术转移机构的主体类型，这一方面是由于我国高校和科研院所是科技成果

的供给方，无论是响应国家号召还是获取转化收益，这些高校和科研院所都有开办技术转移机构的动力；另一方面，也表明国家和地方政府在技术转移机构的发展过程中发挥了很大的作用。高校和科研院所设立的技术转移机构占主体地位，也是我国技术转移活动中许多问题的根源，如体制问题、脱离市场需求等。

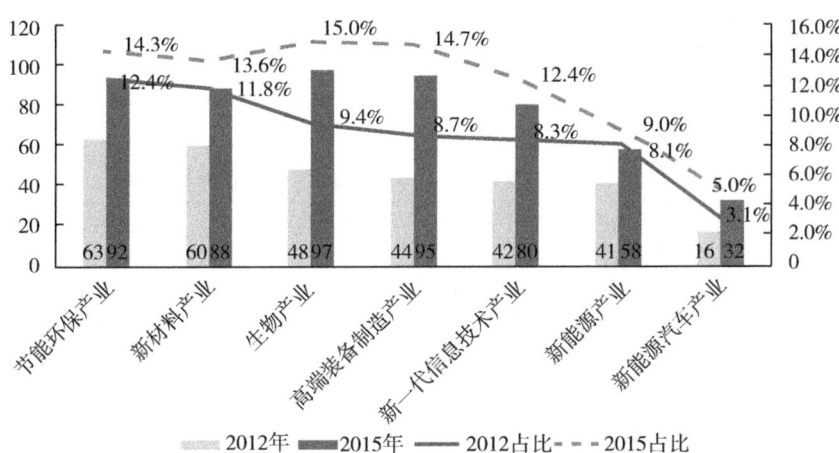

图 5.7　2012 年与 2015 年技术转移示范机构领域分布

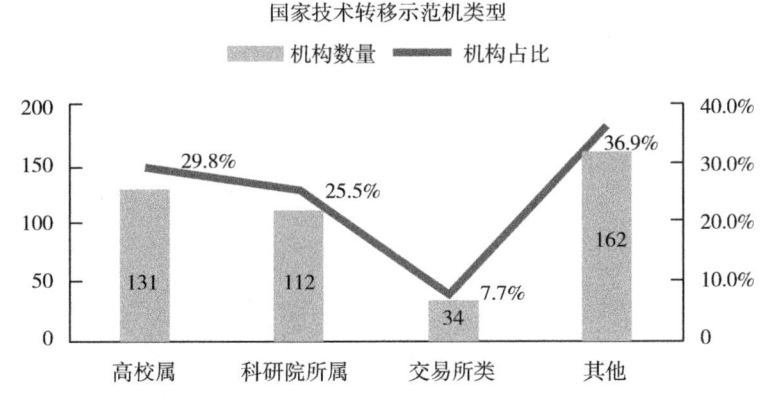

图 5.8　2015 年技术转移示范机构的类型分布

⑤人员素质方面，整体素质较高，专业人才比例较低。2015 年 453 家国家

技术转移示范机构中，大学本科以上人员占比约82.5%；中级职称以上人员占大于57.9%；专业人才（技术经理人）比例较低，为11.1%；2015年，拥有技术经理人数量在5人以下（含）的机构有186家，占机构总数的42.4%（表5.3）。目前，我国多数高校和科研院所都有专门负责技术转移和成果转化的机构，技术经理人平均人数为9人，远少于国外知名大学技术转移机构中技术经理人数量，高级技术经理人更是凤毛麟角。专业人才的缺乏在很大程度上制约了技术转移转化的推进和实施。

表5.3 2015年国家技术转移示范机构项目成交数量分布

类别	从业人员总数	技术经纪人	大学本科及以上人员	中级职称及以上人员
人员数量	38 081人	4211人	31 399人	22 032人
占比	/	11.1%	82.5%	57.9%

四、地方促进科技成果转化的措施

（一）鼓励科技人员开展科技成果转化活动

人员激励是科技成果转化能否取得成功的关键，也是促进科技成果转化的动力所在。我国各省市在促进科技成果转化的条例或意见中，都无一例外地制定了激励科技人员从事成果转化活动的相应条款，并且纷纷制定相应政策，加大对人员的激励力度。部分省市还通过加大奖励、减免税收、设立专项资金垫付无形资产入股时所产生的个人所得税等措施，提高从事科技成果转化的科技人员待遇，调动科技人员转化科技成果积极性。

《广东省自主创新促进条例》规定，高等学校、科学技术研究开发机构将其职务创新成果转让给他人的，应当从技术转让所得的净收入中提取不低于30%的比例，奖励完成该项创新成果及其转化做出重要贡献的人员。广东省《关于促进科技成果迅速转化的若干规定》中规定，凡在科技成果转化工作中取得经济效益的，都应从所转化、开发的项目税后利润中，连续3年提取4%~10%给予奖励；对新增税利200万元以上的，可从税后利润中提取10%~16%给予奖励，其中

70%以上归主要完成人，不计入本单位的奖金额，不征收个人收入调节税。山东省《关于加快科技成果转化提高企业自主创新能力的意见（试行）》规定，允许和鼓励在鲁高等院校、科研院所职务发明成果的所得收益，按至少60%、最多95%的比例划归参与研发的科技人员及其团队拥有。四川省在《关于加强自主创新促进高新技术产业发展若干政策》中规定，产学研合作产生的科技成果转化取得效益后，高校（科研院所）可按销售额5%或利润5%～30%提成，也可由企业一次性支付技术开发转让费用或按股分红，其收益30%以上可用于奖励主研人员。高校、科研院所所占股份经协商可折价退出。《中关村国家自主创新示范区重大科技成果转化和产业化股权投资暂行办法》规定，产业化投资资金所得年度分红可按一定比例奖励给被投资企业中做出突出贡献的科技人员和经营管理人员。在对职务发明人的奖励方面，南京市更是有较大突破。《深化南京国家科技体制综合改革试点城市建设　打造中国人才与创业创新名城的若干政策措施》中规定，允许和鼓励在宁高校、科研院所和国有事业、企业单位职务发明成果的所得收益，按至少60%、最多95%的比例划归参与研发的科技人员（包括担任行政领导职务的科技人员）及其团队拥有；允许科技领军型创业人才创办的企业，知识产权等无形资产可按至少50%、最多70%的比例折算为技术股份。

（二）多种方式加大对科技成果转化的资金扶持力度

地方多省市除设立科技成果转化专项资金，扶持科技成果转化活动外，还采取了设立产学研合作专项资金、科技成果转化专项贷款、科技成果转化风险补偿等多种方式加大科技成果转化投入，鼓励和支持高校、院所、企业开展科技成果转化活动。例如，广东省从2006年起，每年投入不少于1亿元设立广东产学研省部合作专项资金，并根据进展情况逐年增加。该专项资金主要用于省部合作的自主创新项目、科技成果转化与产业化、产学研创新体系建设、创新人才培养、知识产权的申请及保护和学术交流活动等。广东省在《关于促进科技成果迅速转化的若干规定》中规定，设立"科技成果转化专项贷款"支持科技成果转化。各专业银行和广东发展银行，均应从1993年起每年至少划出5000万～1亿元成果转化优惠利率贷款，以后逐年递增25%~30%。北京市设立了重大科技成果转化和产业化投资专项资金，在中关村国家自主创新示范区开展试点，以股权投资方式，支持重大科技成果在京转化和产业化。产业化投资资金体现市政府政策引导性，不以营利为目的。四川省为了促进科技成果转化，加大财政科技投入及各类产业化专项资金支持科技成果转化力度，通过引导带动使全社会投入3000亿元以上支持科技成果转化，并规定省、市（州）和有条件的县（市、区）要设立科技成果转化专项资金。建立科技成果转化专项资金与金融资本、风险投资联动机制。

（三）完善从事科技成果转化科技人员的评价机制

科技人员评价机制，是制约科技人员从事科技成果转化的重要因素，一方面，实际运作中来看，高校、科研院所等的评价制度，使科技人员无法将主要精力放在科技成果转化上，科技项目往往在发表了论文或经过专家验收后就束之高阁；另一方面，从事科技成果转化的人员在职称评定等方面与科研人员存在一定的差距，不利于调动成果转化人员的积极性。为解决这一问题，部分省市通过完善职称评定制度、改革评价制度等形式引导科技人员从事科技成果转化。例如，北京市在《关于进一步促进科技成果转化和产业化的指导意见》中提出，在专业技术职称评聘中，确保一定比例的名额用于参与技术转移、成果转化和产业化的人员。强化对科研院所的科技成果转化和产业化的考评。强化对国有企业的技术创新能力和成效的考评，将国有企业创新成效、科技成果转化和产业化情况，纳入国有企业负责人绩效考核范围。广东省在《关于促进科技成果迅速转化的若干规定》中规定，科技成果推广、转化人员的职称评定应与其他科研人员同等对待。凡经单位批准从事应用技术开发、成果推广、转化工作或领办科技开发企业的科技人员，在评定职称时以解决生产技术问题的能力和推广、转化科技成果的实绩为主要依据。《广东省自主创新促进条例》规定，地级市以上人民政府有关主管部门应当将自主创新成果转化与产业化情况作为科学技术人员项目申报、成果奖励的依据，并作为职称评审、岗位聘用的评价内容，但基础理论研究等学科除外。陕西省在《促进科技成果转化条例》中规定，企业、科研机构、高等学校和其他事业单位在专业技术职称评审时，应当将专业技术人员在科技成果转化中的贡献作为重要依据。

（四）促进科技人员兼职兼薪和离岗创业

为充分调动专业技术、管理人员的积极性，促进智力合理流动，做到人尽其才，才尽其用，加速社会经济发展，部分省市通过鼓励科技人员深入企业兼职兼薪、离岗创业、在职创业等形式，促进科技人员进入经济主战场。例如，《深化南京国家科技体制综合改革试点城市建设　打造中国人才与创业创新名城的若干政策措施》规定，允许和鼓励在宁高校、科研院所和国有事业、企业单位科技人员（包括担任行政领导职务的科技人员）离岗创业，3年内保留其原有身份和职称，档案工资正常晋升。允许和鼓励在宁高校、科研院所科技人员（包括担任行政领导职务的科技人员）在完成本单位布置的各项工作任务前提下在职创业，其收入归个人所有。《安徽省科学技术进步条例》规定，鼓励企业吸引高等学校和科学技术研究开发机构的科学技术人员到企业兼职、挂职，参与企业技术创新活动。鼓励高等学校和科学技术研究开发机构选聘企业高级专业技术人员担任兼职教授或者研究员。支持有条件的企业建立博士后工作站，吸引高层次人才到企业从事科学技术创新研究。科学技术人员在服务基层和企业期间，其在原单位的职务、工资、福利待遇不变，在原单位职称晋升和职务聘任时优先考虑。武汉市《关于促进东湖国家自主创新示范区科技成果转化体制机制创新的若干意见》规定，允许和鼓励在汉高校、科研院所与事业单位科研人员留岗创业，根据创业情况保留其原聘专业技术岗位等级3~8年，档案工资正常晋升，创业所得归个人所有。鼓励科技人员在企业与科研院所、高校之间双向兼职。四川省专门出台了《专业技术人员和管理人员兼职管理暂行办法》。

（五）加强科技成果转化熟化平台建设

促进科技成果熟化是实现科技成果转化的重要环节，可以很好地促进实验室成果满足企业需求，部分省市通过加强中间试验基地建设、设立企业研发中心等形式加强中间熟化平台建设。例如，广东省在《关于促进科技成果迅速转化的若干规定》中规定，设立"中试资金""中试基地资金"和"工业性试验项目资金"。"中试资金"用于支持科技成果中间试验；"中试基地资金"用于支持中试基地建设；"工业性试验项目资金"用于支持科技成果中试后进入工业性试验的项目。《浙江省科学技术进步条例》规定，鼓励科学技术研究开发机构、高等院校在企业设立研究开发机构、实验室、中间试验基地等科学技术成果产业化试验基地，开展科学技术成果后续试验，促进科学技术成果产业化。行业协会或者自主研发能力强的企业，可以建立或者联合相关企业建立共性技术研究开发机构。江苏省在《关于进一步加强企业研发机构建设的意见》中提出，省财政整合相关专项资金支持企业研发机构建设，各地要不断增加财政对企业研发机构建设的投入。认真落实企业研发费用加计扣除、高新技术企业所得税减免等政策，切实增强企业建设研发机构、开展技术创新的积极性。按照国家和省有关鼓励科技创新创业的一系列文件规定，严格落实企业研发机构的税收优惠和奖励政策。同时，对建有研发机构的企业，在申报高新技术企业、融资贷款、科研人员职称评定、资质认定等方面给予优先支持。黑龙江省在《关于加快科技创新体系建设促进科技成果产业化的若干意见》中提出，对新认定为国家级的企业研发机构，在现有相关专项资金中给予50万~100万元的补助，用于企业研发机构改善研发条件，提高研发水平。《安徽省科学技术进步条例》规定，支持企业与高等学校、科学技术研究开发机构等联合建立实习、实验基地，培养具有实践经验的专业技术人才和技能型人才。

在政策措施推动下，各地促进科技成果转化工作取得显著进展。成果转化资金支持与引导力度加强，江苏自2004年起设立科技成果转化专项资金，9年累计实施900多个重大项目，安排省级经费90多亿元，带动社会新增投入1100亿元。山东、陕西、重庆、贵州、上海等都设立了重大科技成果转化引导专项，以及高新技术产业化项目贷款风险担保基金或科技创业风险投资引导基金。促进成果转化载体建设取得显著进展，各地纷纷成立各种形式的产业技术研究院，加强高新技术园区中的产学研合作，多元化建设大学科技园等创业载体。成果转化中介服务体系进一步完善，四川省专门成立了技术转移中心，陕西省建立西安科技大市场,浙江依托网上技术市场和科技信箱建设科技成果转化公共服务平台。产学研合作进一步深化,创造了"校企联盟"、项目资本对接、联合攻关、选派科技特派员和特聘员、共建产学研实体、建立产业技术创新战略联盟等多种方式,提升产学研合作的层次和水平。

专题——技术转移的国际经验—美国

美国之所以能够成为世界第一经济强国,很大程度上归功于其卓越的科研能力和成就。而这些成就之所以能够迅速转变为经济发展动力,是因为其拥有较为完善的科技成果转化机制。

一、美国科技成果转化的法律保障

20世纪80年代以前,美国联邦政府资助取得的科技成果一直归政府所有,由政府负责技术转移和推广,而且相关法律法规非常复杂,美国国内关于技术转移的法规和政策竟有26个不同的机构版本,导致大学和公共研究机构的科技成果转化效率极低,影响了创新的积极性,造成大量科研成果的浪费和社会经济发展的停滞,科研优势无法快速转化为经济优势和市场优势,美国制造业逐渐被日本、欧洲及一些新兴工业化国家赶超。1980年,美国联邦政府拥有2.8万件专利,其中仅有不到5%的专利以许可的方式转让给企业进行商业化开发。在此背景下,美国政府制定和颁布了《斯蒂文森—韦德乐技术创新法案》《拜杜法案》《国家合作研究法》《联邦技术转移法》等一系列法律法规,鼓励大学和联邦实验室的科研成果向产业部门转移,提高技术创新能力,增强美国在国际市场上的竞争力。

(一)《斯蒂文森—韦德乐技术创新法案》

1980年,美国政府通过了第1部直接关于技术转移的法律——《斯蒂文森—韦德乐技术创新法案》(Stevenson-Wydler Technology Innovation Act),明确了联邦政府有关部门和机构的技术转移职能，使技术转移成为国家实验室的重要使命，将技术转移作为考核国家实验室雇员业绩的一项重要指标，为联邦实验室进行科技成果转化提供法律依据和机构保障。

该法案规定凡是年预算在 2000 万美元以上的联邦实验室，必须设立专门的研究与技术应用办公室，从事研发成果的技术转移；该法案还规定了各联邦机构至少将其研发预算的 0.5% 用于支持下属实验室研究与技术应用办公室的技术转移工作。该法案提出，"联邦政府有责任确保政府研发投入实现效益最大化。为此，联邦政府应在适宜情况下，努力实现联邦科研成果向州和地方政府及私营企业转让"，同时明确提出"技术转移是联邦实验室的职责，也是每个实验室科研人员的责任。每个实验室主任应将促进技术转化作为实验室工作任务之一，并将其列入对实验室工作人员的绩效考核"。该法案还就联邦实验室设立"研究和技术应用办公室（ORTA）"做出强制规定，要求拥有 200 人以上全时科研人员的实验室必须配备相应的专职人员负责技术转移事务。

该法案公布后，美国各联邦实验室纷纷制定技术转移策略，调整转移流程，加强与企业界的接触，增强实验室的开放度。

（二）《拜杜法案》

1980 年，美国国会还通过了最具影响力的《拜杜法案》(Bayh-Dole Act)，即《专利与商标法修正案》，明确规定大学、非营利机构和企业享有联邦资助获得的科技成果专利权，确立了"谁完成，谁拥有"的原则，改变了以往"谁资助，谁拥有"的原则，将专利归属权从政府手中转移到完成者手中。其具体内容包括如下方面。

①除约定在先外，非营利机构和中小企业可以选择保留受政府资助的研发成果的权利并申请专利，而且可以通过专利许可获得收益；

②如果研发活动承担者不愿意保留此项权利，可由联邦资助机构保留此项权利；

③项目承担者须定期向联邦机构报告专利许可使用情况；

④联邦政府保留介入权，当专利权人不采取有效措施运用科技成果，或者出

于公共利益考虑，联邦政府有权责成专利权人让渡该项权利；

⑤联邦政府要求专利优先转让给小企业，强调在授予专利许可时应向小企业倾斜；

⑥联邦政府保留对科技成果的优先使用权，科技成果转化必须符合美国工业优先原则，获得专利许可的企业必须在美国境内生产和制造该产品，如果能证明美国企业不愿意生产该产品，或者在美国生产该产品没有商业利益，那么联邦政府部门可以允许成果持有者不执行该规定；

⑦美国对联邦资助科技成果的对外转让控制得非常严格，由美国商务部和相关研发资助部门负责审批，审批的标准和条件是成果持有者需提供美国企业不愿意生产该产品或者在美国生产该产品没有商业利益的证明文件，但是如果美国政府认为该成果转让和国家安全、武器等相关，也会禁止成果转让。

《拜杜法案》是美国专利法律体系的一次革命性变革，它从根本上改变了政府资助科研成果的归属原则，为科技成果快速转化创造了条件，也使研究人员更加关注研究成果的经济价值和产业化方向。随着《拜杜法案》在促进政府资助研发成果商业化过程中的作用迅速显现，美国联邦政府开始着手制定完善《拜杜法案》的相关管理规定：1982年，美国联邦管理预算局（OMB）颁布了指导联邦政府部门和大学等研究机构执行联邦专利和许可政策的法规（OMB Circular A-124）；1983年，"政府专利政策"总统备忘录发布，指导联邦政府部门将《拜杜法案》的条款扩展至所有政府合作机构，包括大企业；1984年颁布的《专利与商标法修正案》消除了原法案中对独占许可的政策性激励的限制。

需要注意的是，《拜杜法案》并不是赢得一片赞誉。美国企业界认为，由于大学受到《拜杜法案》的鼓舞，即便在与企业的研发合作中，也往往期待获得研究成果全部所有权，而企业界无法接受这样的科技成果转化文化。因此，它们更倾向于将科研资金转移到国外，与不受《拜杜法案》影响的国外大学合作，规避与美国本土大学可能引发的知识产权纠纷。

(三)《联邦技术转移法》

1986年,美国政府颁布了《联邦技术转移法》,对《斯蒂文森—韦德乐技术创新法案》进行了修订补充,规定每个联邦实验室都要建立研究与技术应用办公室,负责实验室的技术转移、推广信息和支持服务;同时提出建立联邦实验室技术转移联盟(FLC),加强对联邦科研成果转让的整体协调,并规定每个联邦实验室将得到的联邦预算的0.008%转给FLC用于执行相关活动。

在技术转移机制创新方面,《联邦技术转移法》规定,联邦实验室(不包括大学运作的联邦实验室)可以与其他联邦部门、州和地方政府、产业组织、公私基金会和大学在内的非营利机构签订"合作研发协议"(CRADAs),开展合作研究,同时授权实验室与企业合作伙伴就CRADAs可能产生的专利和许可权益归属预先达成协议;合作研究项目须与实验室的研究目标一致;合作过程中,实验室可以接受合作单位的资金、人员、资产等;实验室负责人有权与企业签订合作协议,建立合资企业,推广实验室的技术;政府部门委托的研究项目在对外合作时,须经所属上级部门审批。对于合作研究项目,联邦政府可以支持项目所需的管理费用,主要是人员费用。如果合作项目的技术发明成果是由实验室人员创造,实验室负责人有权优先提供参与合作的企业、大学或联合体,并免去政府对合作研究成果所占的份额。《联邦技术转移法》首次明确,企业可拥有CRADAs产生的发明所有权,但联邦合作机构须拥有全球的、非独占的、不能转让的、不可收回的、无偿的专利实施许可。此举促使企业参与到联邦科研成果的研发阶段,进一步增强了科研活动的市场导向,而所有权归属政策的进一步开放,激发了企业参与合作研发的热情。

为了调动联邦实验室人员参与技术转移的积极性,《联邦技术转移法》允许实验室保留部分知识产权收益(不超过年度预算的5%)用于人员培训和奖励。关于职务发明专利的技术转移收入,该法律规定技术发明人的个人所得不少于15%。根据这一法案,美国很多大学制定了自己的奖励标准,有的实行"固定比例制",将收益扣除学校技术转移办公室的成本费用后,在学校、院系、发明人之间分配,通常各占1/3;有的采取"累计递减制",即学校规定1~2个专利

第五章 我国技术转移的现状与问题

许可净收入累计值"门槛",发明人所得收入随着"门槛"的提高而下降。

(四)其他法律法规

除上述法律法规之外,美国政府还相继出台了《国家合作研究法》(1984)、《综合贸易与技术竞争法》(1988)、《国家竞争力技术转移法》(1989)、《美国技术卓越法》(1991)、《小企业研发加强法》(1992)、《国家合作研究与生产法》(1993)、《国家技术转移与促进法》(1995)、《技术转移商业化法》(2000)、《CREATE法案》(2004)等,对《斯蒂文森—韦德乐技术创新法案》及《联邦技术转移法》进行了修订补充,进一步完善了国家层面支持技术转移的法律制度。

《国家合作研究法》为研发联合联盟提供了反托拉斯特别地位,允许两家以上的公司不受反托拉斯法的限制共同研发,并因此组建了若干个技术转移联盟,对产学合作研发具有重要意义。《国家竞争力技术转移法》授权大学管理的联邦实验室实施"合作研发协议",允许私营企业从大学运作的联邦实验室中选择具有市场价值的科研成果,并为私营企业通过与科学家合作将产品投放市场创造机会,而联邦实验室可以通过许可和版税协议获得收益。《国家技术转移与促进法》将对科技人员从专利权使用费获取的奖励上线从10万美元提高到15万美元。《技术转移商业化法》增加了在其他条件相近的情况下,优先将研发成果授予中小企业。《国家合作研究与生产法》和《CREATE法案》进一步强化了政府、产业和大学之间的研发资助合作关系。这些法律形成了一个较完整的既规范又有导向的支持技术向产业转移和扩散的制度体系,受此激励,美国大学、公共研究机构和企业参与技术转移工作的积极性日益高涨,科技成果的转化效率显著提升。

二、美国促进科技成果转化的组织体系

《斯蒂文森—韦德乐技术创新法案》《拜杜法案》《联邦技术转移法》在为美国政府促进科技成果转化奠定法律基础的同时,也推动了美国国家层面及科研机构(大学、联邦实验室)层面科技成果管理与转移的组织体系建设。在国家层

面，美国主要是由国家技术转移中心（NTTC）、联邦实验室技术转移联盟（FLC）及国家技术信息中心（NTIS）3家机构负责收集整理政府资助科研项目的科技成果信息、技术报告等，并通过他们的共建共享网络面向全社会提供信息和技术转移服务。在科研机构层面，美国政府资助的科研机构、大学及联邦实验室大都建立了技术转移办公室，负责本机构科技成果的登记、评价、保护及转移。美国政府资助科研成果的管理机构体系如图5.9所示。

（一）国家层面

1. 美国国家技术转移中心（NTTC）

NTTC是1992年经美国国会批准成立的国际级非营利性技术服务机构，旨在将政府财政资助科研机构、大学、实验室的成果转移给产业界，使之尽快商业化，通过创新成果的转移来推动美国经济的繁荣。NTTC以国家航空航天局（NASA）技术转移系统为基础，与国防部、商务部、能源部等17个联邦政府部门合作，建立了全国性的科技成果技术转移网络中心，向全社会提供技术转移服务。其经费主要来自NASA和联邦政府有关部门，在NASA现有的各地技术推广机构的基础上，按地理区域建立了6个地区技术转移中心（远西地区技术转移中心、东北部地区技术产业化中心公司、大湖地区工业中心、南方技术应用中心、中大西洋技术转移中心、中大西洋技术应用中心）。

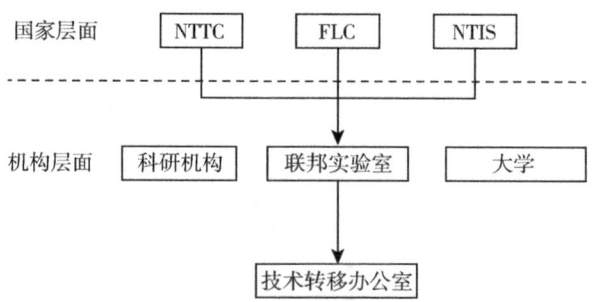

图5.9 美国政府资助科研成果的管理机构体系

第五章 我国技术转移的现状与问题

NTTC的服务形式包括：①技术转移"入门服务"，主要是"技术入门代理人"向用户提供技术转移咨询服务；②"商业黄金"网络信息服务，主要向用户提供可转移的技术成果、正在开展的科研项目的进展情况、可颁发许可证的专利等服务；③专题培训服务，向用户提供技术转移、专利许可证、工业推广计划等领域的专门培训，并根据用户需求举办各类技术转移专题讨论会；④发行技术转移出版物服务，主要是通过其出版物向用户免费介绍、报道各种技术转移的简讯，总结推广技术转移成功的做法和经验，刊登技术转移相关信息等。

长期以来，NTTC形成了一套完整的技术信息收集、评估、转移的体系。美国政府科研机构、联邦实验室、大学在利用政府财政资助获取研究成果后，通过固定渠道上报给NTTC，NTTC通过与6个区域技术转移中心的联系及自己的网络，寻找合适的企业，或者根据企业的技术需求帮助企业寻找合适的技术，促使政府科研机构、联邦实验室、大学与企业达成技术转移的合作意向。在这一过程中，NTTC的专家网络会参与技术评估的工作。NTTC的技术评估是一种对技术的深度评估，包括技术信息扫描、竞争力分析、专利查询、竞争产品识别等。NTTC的运行机制，如图5.10所示。

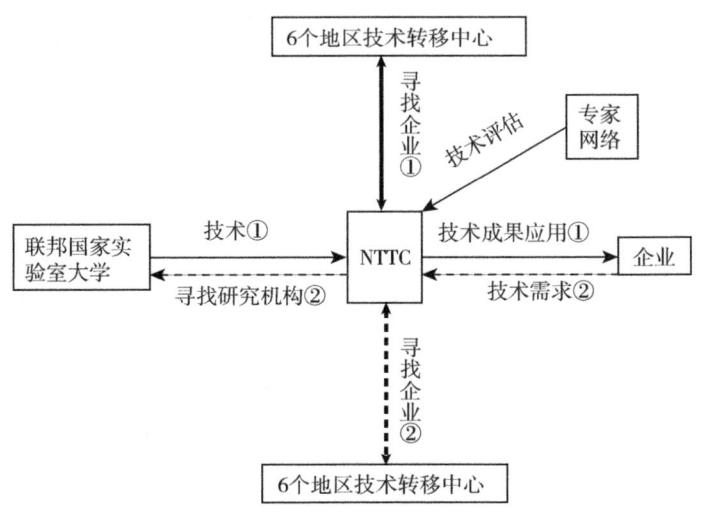

图5.10 NTTC的运行机制

2. 美国联邦实验室技术转移联盟（FLC）

FLC是一个由700多家联邦实验室及其上级部门所组成的全国性技术转移网络组织，覆盖了全美约1/6的科学家，包括东北、大西洋中部、中西、中南、中部、远西6个区域，几乎所有雇员在10人以上的联邦实验室/中心及其他们所隶属的联邦部门和机构都是FLC的成员（图5.11）。6个区域的技术转移中心主要为用户提供技术成果查询、技术和市场评估分析、推荐技术转移和商品化项目、协助用户安排技术转移协议等服务。

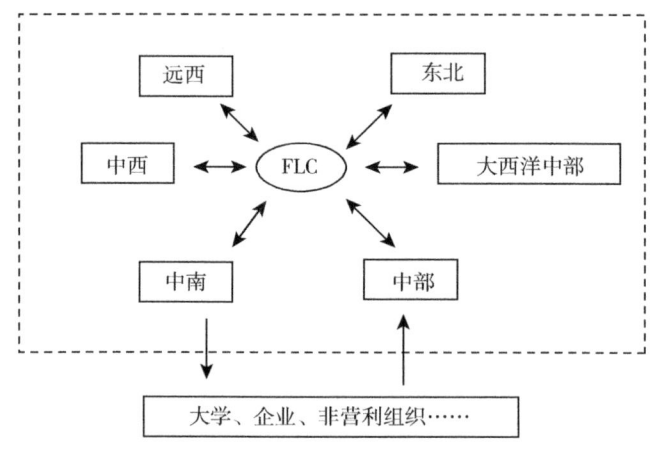

图5.11 FLC的运行机制

FLC每年运转经费预算约2500万美元，来自联邦实验室的预算抽成。每个财年开始时，各实验室划拨其预算（包括管理费用）的0.008%用于FLC活动经费。FLC不具体从事技术转移活动，主要通过开展技术转移培训，帮助联邦实验室提高技术转移能力。其主要职能包括：①促进联邦实验室与大学、企业、非营利组织开展技术交流与合作；②受理并处理来自大学、企业、非营利机构及其他实验室的技术请求；③开展咨询、培训，帮助大学、企业、非营利组织等制定技术转移方案。

3. 国家技术信息中心（NTIS）

NTIS 是美国最大的政府信息资源中心，其主要任务是整合国家相关研究计划，收集、加工、存储和传播联邦政府各部门产生的非保密的技术报告及其他各种形式的科学、技术与工程信息，包括各类出版物、专利文献、会议论文、期刊论文等，建立数据库，向社会公众提供信息服务，促进国家经济增长及增加就业机会。NTIS 的运行机制，如图 5.12 所示。

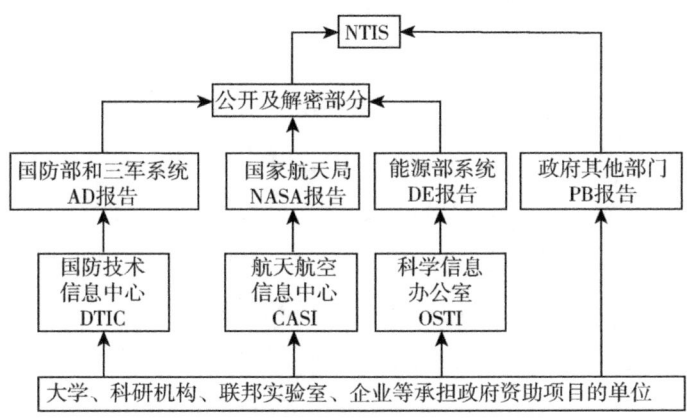

图 5.12 NTIS 的运行机制

（二）机构层面

1. 联邦实验室研究和技术应用办公室（ORTA）

根据《斯蒂文森—韦德乐技术创新法案》，每个联邦实验室都必须设立研究与技术应用办公室。办公室主任由总统根据参议院的建议批准任命。每个联邦实验室每年必须拨出至少 2000 万美元、上限不超过 5% 的实验室经费给 ORTA 作为技术转移工作经费。

2. 大学技术转移机构

美国具有较强科研实力的大学都设有专门的机构负责技术转移工作，在工程技术类院系里还有专责人员负责技术转移工作,这些工作人员由技术、法律、金融、管理等方面的专家组成。大学技术转移机构下设研究管理、技术风险、知识产权、合作研究和商业开发等部门,对研发的技术和成果进行技术甄别、商业前景分析、专利代理、转让许可、知识产权保护和实施过程的跟踪管理。美国大学技术转移机构有如下3种运行模式。

①技术转移办公室(OTL模式)。美国大学基本上都设置了技术转移办公室,其主要职能是:寻找新技术发明,评估其潜在市场价值;保护知识产权,为学校新技术发明申请专利;负责与具有能力、资源和兴趣的企业进行联络,根据本校某种专利的技术类型、开发程度、市场前景、可能风险,与企业进行协商并签订技术转让合同;为创建的高技术公司寻找管理人员,协助组织产品开发与营销;向政府有关部门报告经费使用与为社会所做贡献的情况。技术转移办公室的具体做法如下:确认教授的技术成果能够支持一个公司;建议教授与知识产权保护公司或事务所取得联系,解决有关法律问题;教师和学校签订协议;建立预先专利制度,教授们只要把成果送到办公室,办公室就给他们建立预先专利;依法运作,合理分成。技术转移办公室模式现已成为美国大学科技成果转化的标准模式。

②基金会模式。与学校联系密切的人员或机构设立基金会,如威斯康星大学几位校友设立了专门为本校教师和学生申请与管理专利提供服务的校友研究基金会。基金会一般是独立于学校,具有独立法律地位的法律实体。

③第三方模式。大学和校外的专利管理公司签署协议,由该公司全面负责学校的专利申请与许可事宜,并与学校约定利益分成比例。由于第三方模式费用高、易发生利益纠纷,20世纪90年代以来很少有大学采用这种模式。

3. 大学技术经理人协会(AUTM)

AUTM的前身是1974年成立的大学专利管理者协会,1989年更名为大学技术经理人协会,旨在推动大学知识产权的经营管理,促进产官学研各界开展技术转移。现有会员3200余名,多为大学和教学医院技术转移方面的负责人和职员及产业界、政府和法律界相关人士。协会建立网络平台,联结各大学在线发明数据库,供工业界了解和追踪与其相关的发明和新知识;举办知识产权管理和技术

第五章 我国技术转移的现状与问题

转移培训、创业辅导等各类服务活动，帮助会员与资深人士分享经验，其出版的《技术转移手册》《协会通讯》受到大学的广泛欢迎。

三、美国促进科技成果转化的政策措施

促进科技成果转化是美国创新战略的重要组成部分，《新一轮美国创新》《维护国家创新生态系统：保持美国科学和工程能力之实力的报告》《创新美国：在挑战和变革的世界中达至繁荣》和《迎击风暴：为了更辉煌的经济未来而激活并调动美国》，特别是《美国竞争力计划——在创新中领导世界》和《美国竞争法》等创新战略报告都特别强调了通过大学技术转移促进国家创新、提高竞争力的战略取向。

迄今为止，美国成功建立了硅谷等许多科技园区，加速了美国科技成果转化领先于世界的步伐。在科技园区，大学科技成果转化主要通过以下3种途径实现：一是大学将自己的科技成果直接应用于科技园区的企业。这种做法可极大地缩短科技成果转化的周期和成本，提高科技成果转化效率。二是通过科技园区的研发机构转化科技成果。科技园区的很多企业都建立了自己的研发机构，研发机构对大学的科技成果进行二次开发和产业化开发，最终实现科技成果的转化。三是直接创建企业，一些具有广泛市场前景但尚不成熟的科技成果，通过大学科技园区投资的企业进行开发、试验，形成稳定成熟的产品后，科技园再将技术和企业出售给大型企业，由大型企业来投入生产，从而实现科技成果转化。

除建立科技园区促进科技成果转化之外，美国还将科技成果以专利转让形式投入市场，取得收益。专利成果转让主要有以下3种形式：①一次性转让专利成果。大学将自己的专利成果一次性转让给企业，由企业投入资金、设备、场地等进行开发和投入市场。大学通过一次性转让专利成果，直接获利，没有风险，是美国研究型大学技术转移的主要方式。②股权入股。这种方式大学一般不以现金方式入股，而是以技术折价入股。与企业共同开发，实现科技成果的转化。实质是大学以技术出资的方式对企业进行投资，大学对公司不控股，待股权可以流通之时再套现。企业获得新技术产品收入以后，按合同比例给大学提供相应的资金

收入。股权入股方式将大学和企业的利益有机地结合起来，不仅激发了大学参与科技成果转化的积极性，而且企业得到了大学技术上的有利支持和保障。大学和企业达到了"双赢"的目的。③利用专利创建新企业。这种方式是发明人自己创建企业并将自己的发明创造商业化。在美国，有10%的技术成果是通过创建新公司实施转化的，而且主要分布在生物化工、医药等领域。

2011年9月16日，美国总统奥巴马签署了对美国现行专利体制进行重大变革的《美国发明法案》，并宣布了一系列旨在促进科技成果转化的政策措施：①促进大学科技成果商业化倡议。美国大学协会、公立和赠地大学协会、135个大学承诺将与产业界、发明者和机构密切合作，鼓励创新创业，促进经济发展。40余所大学，包括乔治亚理工、弗吉尼亚大学、卡耐基梅隆大学等，响应总统号召发布了促进科技成果商业化的项目和目标。②支持研发成果从大学实验室向市场转移。库尔特基金会宣布约翰霍普金斯大学等4所大学加入其转化研究伙伴计划。作为该计划的一部分，每个大学将建立一个总额为2000万美元的捐赠基金，用于促进生物医药工程师和临床医师开展合作研究，开发改善人类健康的新技术。③支持创业。NIH技术转移办公室将设立新企业评估许可协议和新企业商业许可协议。通过上述协议，成立时间少于5年、雇员少于50人的新企业将可以获得NIH和FDA院内研究所产生的早期生物医药发明的使用许可，并以此吸引更多的投资以促使研究成果商业化。

四、美国科技成果转化典型案例

（一）国立卫生研究院的科技成果转化机制

作为美国最大的生物医学科研资助机构和高水平研究机构，美国国立卫生研究院（NIH）将技术转移的商业开发目标与服务社会的公益性目的相结合，将技术转移与基础科研看成是一个良性循环的互动过程。因此，NIH实施技术转移的目的，一是促进技术商业化开发，刺激经济发展；二是确保政府公共投入收益和公众健康福利。

第五章 我国技术转移的现状与问题

1. 技术转移组织架构

NIH 的绝大部分研发经费通过院外研究项目和院内研究项目两种方式向企业、大学、科研机构及 NIH 下属的研究中心、实验室提供资助，而这些项目所形成的知识产权、科技成果由 NIH 技术转移办公室（OTT）、对外研究办公室（OER）、NIH 各研究所和研究中心（ICs）3 部门协作完成。其中，OTT 专门负责 NIH 及美国食品药品管理局（FDA）相关发现和发明等知识产权的评估、保护、市场化、许可授权和监管。

2. 技术转移过程

NIH 的技术转移活动主要由 3 个部分组成：发明披露、专利保护、专利许可。NIH 下属的研究所和研究中心及院外从事 NIH 资助项目的企业、大学、科研机构等，在获得一项发明后，首先要向 OTT 进行披露。OTT 组织负责许可和专利的人员对该发明进行专利化和商业化前景评估。在认定该发明具有较高商业化前景后，OTT 将于发明人及其院所签署协议，并着手申请美国专利保护（此后会定期对发明的商业化前景进行再评估，以确定是否需要申请他国或国际专利保护）。与此同时，OTT 将该发明在其网站公布。如果有公司希望将该发明进行转化，需要按照 OTT 的要求填写《公共健康服务发明授权申请表》，申请获得许可授权。OTT 审核申请表，在征求发明所有院所意见的基础上，根据申请公司的计划是否符合许可授权策略、是否可使公众受益、是否与联邦政府利益相符等原则对公司进行评估。OTT 在评估确认后，将与公司就许可授权种类、授权范围和许可费等进行谈判。如果申请人申请排他性授权，OTT 还需要在联邦公报中对此申请进行公示，依据民众意见对申请进行再评估。一旦上述程序顺利完成，OTT 将与申请公司签署许可授权协议。被授权人开始组织发明的转化工作，在此期间每年至少向 OTT 报告一次发明的转化和使用情况，并按照协议规定缴纳许可费。OTT 对报告进行评估并严格保密。OTT 将依据对发明转化情况的评估和相关规定决定是否继续给予许可授权。

NIH 规定，发明人在专利特许费中的提成比例为：年特许费中的第一个 2000

美元归发明人所有，2000～50000美元部分的15%、50000美元以上部分的25%归发明人所有，但每位发明人年特许费分配上限不超过15万美元。

总体来看，NIH的科技成果管理和技术转移采用的是一种"自下而上"和"自上而下"相结合的管理模式。科技成果管理主要体现的是一种"自下而上"的方式，NIH各研究所和研究中心在项目执行及完成项目时，及时通过其技术发展协调员将各种发明信息从研究所和研究中心上报给OTT；技术转移主要体现的是一种"自上而下"的方式，OTT负责对外发布技术发明及专利信息，开展许可、授权等技术转移活动，并在其执行过程中保持与研究所和研究中心的联动。同样，对于院外承担NIH资助项目的企业、大学、科研机构及联邦实验室等，也可通过OTT来寻求NIH资助项目的成果保护和技术转移。

3. 申请专利保护的原则

NIH在决策对哪些发明申请专利保护时遵循的原则：一是具有高度商业价值的科研工具，不在专利保护之列，如基因敲除的老鼠、受体、细胞系等；二是不需要专利保护就能快速传播和推广应用的技术，不申请专利，如外科手术新方法等；三是在治疗、诊断或预防3种用途上均没有体现近期应用前景的成果，不列入专利考虑范围内；四是有一定商业价值和健康价值，但不足以补偿专利申请和维持费用的技术成果，NIH不以机构名义申请专利保护，但职务发明人可以按照有关法律程序和要求以个人名义申请专利。

对于经评估后认为可以申请专利保护的发明，在向美国提出专利申请的12个月内，NIH的OTT将会更新其最初的专利获取可行性及市场价值评估，并在咨询发明所属的研究所或者中心后，提出国际专利申请。总体而言，一旦国际专利申请及商业化价值达到预期，OTT将推荐至少在PCT条约下申请一个国际专利。大概在申请国际专利一年以后，OTT还会对其进行重新评估。当在一些国家需要对发明的开发进行全面保护时，OTT会提出国家级专利申请。

4. 授予专利许可的考量和做法

NIH授予专利许可的基本理念是：对于任一技术成果，应允许尽可能多的力量参与转让,通过刺激良性竞争加快该技术的商业化进程,使真正有利于服务公众健康的产品尽早问世。因此,在受理许可申请时,NIH 倾向于授予非独占性或者部分独占的许可。独占许可仅占许可总量的 15%。为实现技术成果的商业化开发目标,NIH 规定风险投资人、技术中介或其他不具备直接实施技术开发条件的实体,不能申请专利许可。NIH 还会通过审核申请人提交的详细的商业开发计划书,判断申请人购买许可的目的,排除防御性许可申请。

当 NIH 的 OTT 经过评估认为,某项技术成果在独占许可的保护下更有利于实现商业化且独占许可不会限制竞争,反而更加有利于吸引风险投资,更加有利于促进商业化转化,产生服务大众的健康产品,NIH 将初步同意授予独占许可,但是此项决定必须在 Federal Register 上公示 30 天,如在此期间无人反对,则可正式授予申请人独占许可。

NIH 的技术许可类型大致分为 4 种:一是商业评价许可。商业评价许可是指一种利用技术进行商业化评估的非排他性权利;这种许可的时间仅为有限的几个月,不允许对技术进行买卖及分发给他人;公司需要获得商业专利许可才能对发明进行利用和开发。二是内部商业化使用许可。内部商业化使用许可是指一种通过许可来对发明进行内部使用的非排他性权利,这种许可也不允许对专利进行买卖和分发,但是允许把发明作为其商业化活动中的一个工具。三是非排他性专利许可。该许可允许企业在一定环境下,对发明进行商业化,但是这种许可仅限于特定群体。四是排他性专利许可。该许可允许企业在一定环境下,对发明进行商业化。该许可针对多个群体,如果企业需要进行商业化的发明没有申请美国政府所拥有的专利,这个公司必须进行生物材料许可谈判。生物材料许可允许企业在非公共领域使用、出售具有完全商业化价值的生物材料,这种专利将得不到保护,这种许可是典型的非排他性许可。

如图 5.13 所示,对于需要得到 NIH 技术许可的企业或相关机构而言,一般需要经过以下 7 个步骤:①选择感兴趣的技术领域;②通过在线技术摘要,查找希望得到许可的具体技术;③确定许可类型(商业化评价许可、内部商业化使用许可、非排他专利许可、排他性专利许可);④填写正式的许可申请;⑤与许可和专利经理进行沟通;⑥提交申请;⑦谈判许可条款。

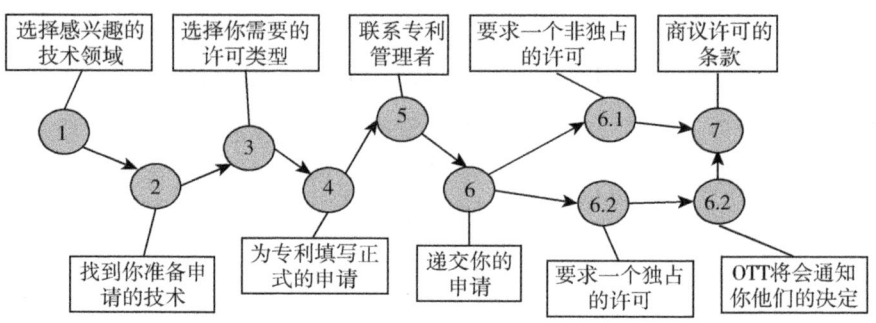

图 5.13　NIH 技术许可流程

5. 技术转移平台建设

为了促进 NIH 的技术许可及支持小企业创新计划／小企业技术转移计划的实施，NIH 建立了一个名为"合作者管道"（Pipeline to Partnerships，P2P）"的虚拟技术转移平台。该平台将技术成果进行了详细的分类，一是按照技术应用类别和所治疗的疾病进行分类；二是按照技术的成熟度及是否需要 FDA 许可进行分类。NIH 按照技术成熟度将其分为 4 类：①潜伏期的研究，包括概念验证、产品试制等；②临床应用第一阶段，即针对 20～80 人进行新药的第一次试验，评价其稳定性和毒副作用；③临床应用第二阶段，即针对 100～300 人进行试验，进一步评价其效应及安全性；④临床应用第三阶段，即针对 1000～3000 人进行试验，明确其效应，监测毒副作用，与常用处理进行比较，收集允许药品安全使用的有关信息。通过这一虚拟的技术转移平台，技术的需求方将会很容易地查找到自己所需要的技术及其所处的研发阶段，并依据自身需求选择合适的技术进行谈判和转让。

为了进一步强调研发到市场化应用的全过程，OTT 开发了一个"产品研发管道"（Product Development Pipeline）。该"管道"分领域展示了技术创新成果的不同阶段及每个阶段技术创新成果的数量，这样有利于企业与 NIH、FDA 之间的协同配合，其中"阶段"的定义与上述"合作者管道"类似。

6. 对专利实施情况的监督和处罚措施

①监督专利实施结果。NIH 要求许可申请人在提交申请时，还需提交详细的商业开发计划，OTT 将与申请人一起探讨设立该商业开发计划的阶段目标和测评标准，便于日后监督。NIH 通过审阅报告的方式，跟踪专利实施情况。被许可人需报告上一年度许可技术的研发进展、管理部门审批情况、制造、市场开发、进口和销售额等信息，并做出下一年度的商业开发计划。如遇特殊情况需要调整商业开发目标时，需报 NIH 或 FDA 批准。

②增加许可持有的成本，迫使企业更加注重实现商业化结果。除了专利使用费，NIH 还与被许可人就收取专利实施费用、商业化阶段费用、专利申请费报销等条款进行磋商。为此，企业将更加关注商业化转化结果，避免仅仅为了提高竞争优势而购买专利许可。

③保持对独占许可的潜在压力。NIH 在独占许可合同中引入了"撤出"条款，即如果有第三方对已经生效的独占许可表示兴趣，而且其提出的商业开发计划包含了现被许可人没有包含的内容，NIH 从技术、临床和科研发展的角度认为这些内容也应得到开发和利用，NIH 就会通知被许可人，被许可人可采取的措施有：修改原来的商业开发计划，增补有关内容；对于第三方授予分许可；与第三方建立合作伙伴关系，共同参与临床前的商业开发。否则，NIH 有权决定将该许可授予第三方。

④监督专利使用费的缴纳。NIH 要求被许可人保留被许可技术的制造、应用、售卖和进口等准确记录，以备后查。如发现故意瞒报或者少报专利费用超过实际应缴费用的 5% 时，被许可人需在缴费通知之日起 60 天内补交所有欠费，并承担审计或会计检查费用。如被许可技术年销售额达到 200 万美元以上，被许可人需至少每两年自费聘请独立审计，对其销售额和专利费缴纳情况进行审计，审计报告需由独立审计直接提交 NIH 或 FDA。

⑤对独占许可的处罚。NIH 在独占许可的样本合同中，列明以下处罚规定：a. 未能按照事先提交的商业开发计划实施商业化转化，且不能提供合理解释，也不能在合理时限内预期实施应用转化；b. 未能达到商业化转化阶段性成果目标；

c. 在专利申请或提交年度报告时，故意虚报、漏报重要事实；d. 任何构成严重违约行为；e. 实现商业化应用后，未能促进公众从产品中合理受益；f. 未能解决公共健康和安全需要；g. 未能遵守"美国境内生产"规定。针对以上情况，NIH 视情对许可授权做出调整和终止决定。其中可采取的惩罚措施有：将独占许可转为非独占许可，进一步限制许可用途，将许可授予更多公司。

（二）斯坦福大学的科技成果转化机制

与其他美国知名大学相比，斯坦福大学的独特之处在于其在推动知识流动和技术转移方面做出的突出贡献。享誉全球的"硅谷"的发展得益于斯坦福大学在 20 世纪 50 年代发展大学科技园区方面的探索，以及斯坦福大学长期向硅谷企业界提供的知识、技术、商业创意及人员交流平台。1970 年，斯坦福大学成立了美国第一家技术转移办公室，经过 40 多年的发展，斯坦福大学现已形成一套较为完善且十分成功的科技成果转化机制。

1. 技术转移组织架构

斯坦福大学的科研人员通过项目研究获得的科技成果（包括政府资助的科技成果）管理与技术转移主要由斯坦福大学技术许可办公室（OTL）和研究管理办公室（ORA）负责。

OTL 的业务核心是发明和专利的许可转移；版权（主要是计算机软件）管理、商标授权、有形研究产权（主要是指那些不可专利性的生物材料，如转基因老鼠、物质转移协议）管理等。此外，OTL 还负责与产业界签订协议，包括物质转移协议、资助研究协议、合作协议和主协议，这项工作主要由 OTL 下属的产业联系办公室（ICO）来完成。OTL 设有许可专员，负责评估斯坦福大学发明人向 OTL 披露的技术，并针对重要的技术制定许可战略，进行专利营销和专利许可谈判。

由于斯坦福大学的研究项目多数是来自外界的资助研究，为了加强与资助机构的联系，斯坦福大学设立了研究管理办公室（ORA），其主要职责是对资助研究项目进行全程管理，目标是确保斯坦福大学能够完全符合资助人的要求和条件、大学的政策及联邦的法规和要求。OSR 提供的服务包括进行资助项目的审查和审批、协商及验收，并根据需要，在财务系统中建立相应账户，为资助者的开支提供发票，并向资助者提交相应的财务报告。

总体而言，ORA 和 OTL 的分工各有侧重，相互之间也彼此联系。ORA 侧重于对资助项目从立项到验收进行全过程管理；而 OTL 则重点针对项目研发过程及完成后产生的成果（主要是发明披露）向产业界进行许可授权与技术转移，加强斯坦福大学与产业界之间的合作。ORA 与 OTL 之间的业务流程并不是线性的，而是围绕项目的立项实施，相互交织，相互联系。

2. 技术转移过程

在国家相关法律的框架下，斯坦福大学制定了自身的知识产权管理法规。例如，斯坦福大学规定，所有大学教职工或学生雇员在工作中使用学校资源，创造的可申报专利发明应及时向大学披露；无论项目资金来源为何，发明均归大学所有；在不违反项目资助协议和有利于技术转移的前提下，允许发明人将其发明放置在公共区域。斯坦福大学对学校、企业各自的职能和利益划分得很清楚，对利益冲突问题作了周全考虑。一是教职工可以创办公司，但一定要与其在大学的工作没有利益冲突。例如，学校教授不能同时做公司管理人员，如果教授出去创业，一般都是请 1～2 年的学术假，停薪留职，事后可再回来任教；二是大学教职工创办企业，如果采用了大学的发明，须缴纳技术许可费；三是预先对技术许可的股权收入分配做出明确规定。

在斯坦福大学的有关政策的约束和保障下，OTL 经过多年实践，形成了一套比较完整和成熟的知识产权许可流程，具体分为 9 个步骤，如图 5.14 所示。

①发明披露。当研发人员获得一项发明后，他需要首先向 OTL 提交一份"发明和技术披露表"，并通过系统自动生成一份包含发明信息、发明者和资助方信息等内容的记录。OTL 开发了 Researcher Portal 系统，发明者可通过该系统进行发明和技术的网上披露，并及时获得自己发明与技术的转移活动的相关状态及其他信息。此外，斯坦福大学还开发了 TechFinder 系统，按领域对发明披露进行了细分，企业可以通过免费注册来寻找自己感兴趣的发明和技术。

②委派许可专员。当发明披露被 OTL 接收后，OTL 将委派一名许可专员对这一发明许可过程的所有相关活动进行管理。

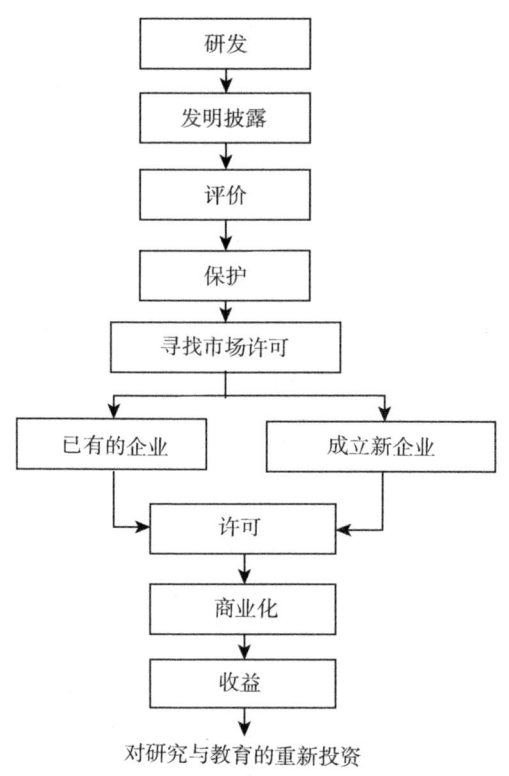

图 5.14　斯坦福大学 OTL 的知识产权许可流程

③评估。许可专员将与发明人会面，共同围绕这一发明进行讨论，并针对生产可行性、创新性、专利申请潜力、市场前景等进行初步评估，并在此基础上制定一个初步的许可战略。值得注意的是，不同的发明需要不同的许可战略。例如，一个可以被广泛应用的新型基础科学工具，适合通过非排他性许可将其在更大范围内进行扩散；相反，一个需要由企业来进行投资的发明，则需要使用排他性许可。排他性许可将吸引风险资金满足其产品生产需要。

④专利申请。在对披露发明进行评估的基础上，许可专员将决定是否由斯坦

福大学来为发明申请专利保护。考虑到较高的专利申请成本（6000～10 000美元），OTL并不是对所有的披露发明都去申请专利保护。一般情况下，专利申请往往交由外部专利代理企业进行办理。在选择专利代理企业时，许可专员会充分考虑技术的竞争力、以往相似案例的有关经验、发明人行为等。在专利申请和管理过程中，发明人的合作十分必要。尽管专利代理人比较熟悉其代理的发明所处的领域，但在创新、使用等方面并不是专家，因此，需要发明人提供书面及口头信息，配合专利代理人进行专利申请。专利代理人将与发明人一起完成专利申请的写作和修改及对专利办公室的回复。另外，专利代理人还会对发明披露上署名的相关人员就其对发明的贡献进行询问，并以此来确定专利发明人信息。

⑤行销与许可沟通。在决定准备申请专利的同时，许可专员还会在市场上推销此项发明，如果成功，就开始与潜在的被许可人进行沟通。如果有企业对此项发明感兴趣，OTL就允许其对发明进行评估。在此基础上，双方开始谈判，进而达成最终共识。为了使谈判顺利进行，企业最好选择既精通谈判业务又具备与大学技术转移办公室合作经验的专家；代表OTL进行协商洽谈的是负责相应发明和技术转移工作的许可专员。这一谈判过程相对灵活。例如，一些新成立的企业往往难以负担高额的转让费，但是OTL允许其用资产或产品销售收入补偿支付。据统计，OTL每周收到9～10件发明披露，其中被许可的发明披露仅占20%～25%，这也从一个侧面反映出了与产业界沟通和谈判的重要性。

⑥过程监测。签订许可协议只是长期合作的开始。许可专员对许可行为的全过程进行监测。就多数许可协议而言，都会要求被许可人定期报告财务及发展情况。

⑦收益分配。斯坦福大学规定，净许可收入按照发明人、发明人所在系和发明人所在学院各1/3的原则进行分配。具体而言，许可收入由OTL进行统一收集和分配。每财年结束后，OTL扣除收益的15%用于OTL自身运行；一些并未获得许可方支付的直接费用，如专利成本，OTL也将从收益中扣除。净许可收入的1/3归发明者，1/3归发明者所在系，1/3归发明者所在学院。分配给学院和系里的许可收入只能用于研究和教育目的。OTL并不是一开始就能实现盈利。据统计，直至20世纪80年代中后期，即斯坦福大学OTL成立15年以后，其许可收益的

15%才逐渐高于其运行成本。

⑧资产分配。OTL时常收到一些企业资产来代替现金充当许可费用。在这种情况下，OTL扣除15%的管理费后，发明人将获得超过7%的收益份额，其余将由斯坦福大学经营公司负责管理。

⑨许可修订。为了适应环境的变化，许可双方都有权在许可周期内对许可协议进行再评估和修改。

3. 允许科研人员离岗创业

斯坦福大学规定，创造科技成果的教职员工随着科技成果转化进程，可以长期为企业提供顾问价值性的服务，或担任独立董事等价值性服务，该服务以一般不超过5年为限。但创造该科技成果人员不得到企业里兼任董事长、首席执行官、首席财务官、首席技术官等有职位的工作，否则学校将劝其退出教师职位。斯坦福大学允许教师和研究人员每周有一天到公司兼职；允许他们有1~2年时间离岗创业或兼职，学校保留其职位。目前，斯坦福大学的很多教授都是双重身份，既是教授，又是企业家，很多科技成果直接在教授的公司就实现产业化，使得该校的科技成果转化效率极高。

第六章

我国技术转移的发展策略

技术转移体系是涵盖技术转移活动涉及的要素及主体,对主体的功能及主体之间的联系和作用进行描述的系统结构。国家技术转移体系可以大致分为3个层次:指导层、机构层和基础层。

我国技术转移工作存在的核心问题是缺乏国家范畴和体系层面的有效组织力量。我国技术转移在发展之初,就选择了一种"分散式"的发展模式。这种模式有利于发挥大学、科研院所和地方等主体的能动性,但却是一种不利于"能力积累"的发展模式。

我国推进技术转移的目标是增加应用技术研发的资源配置,推进技术转移体系建设的首要任务,要形成"有效的组织能力"——在技术转移管理层方面,通过设立国家层面的技术转移的管理组织,构建"一体化"技术转移体系;在技术转移能力构建方面,要聚焦应用研究能力的建设;在模式选择方面,发挥"双创"的力量;在技术转移要素供给方面,进一步加大技术转移的政策、资金和人才等创新要素的供给力度。

第一节 技术转移体系

一、技术转移体系的内涵

技术转移活动和科技创新活动一样,是一个影响因素多样、涉及主体广泛、互动机制复杂的系统性工程。技术转移体系是指技术由所有者向使用者选择、使用、吸收的动态过程,该动态过程含有技术研发、吸收、扩散等多个环节,而各环节又是含有多要素的复杂系统(林岳,1989)[①]。2007年《国家技术转移促进行动实施方案》中提出"适应实施自主创新战略和创建创新型国家的要求,构建以企业需求为导向、大学和科研院所为源头、技术转移服务为纽带、产学研相结合的新型技术转移体系"。2017年,科技部提出将从构建财政科技计划成果信息发布与转化应用、打造专业化技术转移机构和人才队伍、构建区域性科技成果转移转化工作、健全企业主导的产学研协同转化应用、完善科技成果转化的多元化投融资五大体系出发,着力打造国家技术转移体系。

从国家创新系统的相关理论出发,技术转移体系的内涵至少包括以下方面。

(一)资源内涵

技术转移体系的首要内涵是资源要充裕。这包含两个方面:第一是技术转移体系的要素供给要充分。这些要素包括资金要素、人才要素、政策要素等。资金要素是指对技术转移活动的资金投入。这些资金需要用于人才培养、机构建设和帮助企业跨越"死亡之谷"的风险补偿等。人才要素是指具有技术转移服务领域的从业能力的专业化人才。政策要素包括两个方面:一个是基本政策要素,对技术转移活动的合规合法的界限划定;另一个是支持政策要素,对技术转移活动倾斜性的,支持性的政策规定。第二是主体要齐备。技术转移体系中涉及的主体,

---

[①] 林岳. 论技术转移系统[J]. 科学学研究,1989(3):36-44.

无论是大学科研院所、技术转移机构、企业还是政府，都要有效地联结进体系当中。而且，把技术转移体系当作一个以技术为要素的资源配置网络，则网络中的资源越多，即聚集的供给和需求越多，则网络的配置效率越高。尤其对于技术转移这样的不确定性强、高风险的活动，"过度"的投入是必需的，不但对于企业跨出"死亡之谷"、技术转移机构发育出高水平的服务能力非常重要，而且对于整个体系实现自增长的良性循环也非常重要。

（二）系统内涵

技术转移体系并不是众多"同质"的技术转移机构简单和，而是涉及技术转移全过程的许多"异质"的主体根据功能结成层次分明、结构清晰的系统结构。系统内涵，首先是认识到技术转移机构涉及不同的机构和主体，这些机构和主体都发挥不同但都重要的作用。其次是重视机构之间的联系协作，意识到如果不同机构之间协作不好，则会影响每个机构的能力发挥，但如果机构之间能够良好协作，则能够达到一加一大于二的效果。技术转移体系实际上涉及大学科研院所、企业、技术转移机构和政府等多个主体。每个主体都发挥着不同的功能。科学科研院所是技术成果的供给方，核心能力是研发能力；技术转移机构是技术转移活动的服务方，核心能力包括技术交易、技术开发、技术孵化和创新资源整合能力；企业是技术成果的需求方，核心能力是技术产业化、生产和营销能力；政府是技术转移的指导方和保障方，核心能力是重点方向领域的激励指导及保障技术转移的要素供给。

（三）能力内涵

技术转移体系的最重要的内涵是能力内涵。如果体系的构建不比单个节点单打独斗有更好的能力表现，那构建技术转移体系的意义就不存在。技术转移体系的能力内涵又可以分为两个方面：第一，技术转移体系的构建有利于体系内主体的能力建设。这是从体系中节点的能力成长考虑的。体系建设为体系中的节点提供了更好的成长环境，包括稳定的国家经费支持，稳定的业务及互相学习交流的机会等；第二，有利于整个体系的能力发挥。技术转移体系中各主体的协作，形成技术转移体系的能力。技术转移体系是整个国家创新系统的一个子体系。技术转移体系的建设要能够提高科学研究面向市场需求的导向性，加快科技成果转化的速率，提高技术转移的成功率，最终服务于整个国家形成技术创新的、可持续的竞争力。

二、技术转移体系的内容与结构

技术转移体系是涵盖技术转移活动涉及的要素及主体，对主体的功能及主体之间的联系和作用进行描述的系统结构。本书根据不同国家技术转移体系的实践及技术转移机构的发展趋势，构建了如图6.1所示的国家技术转移框架。

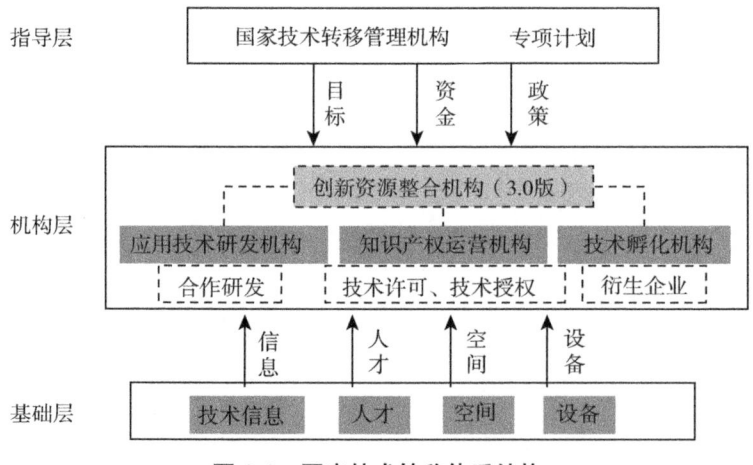

图6.1 国家技术转移体系结构

技术转移体系分为3个层次，依次是指导层、机构层和基础层。

指导层是整个国家技术转移体系的顶层设计，发挥对整个技术转移体系的管理和指导作用。指导层主要包括国家技术转移管理机构。例如，德国联邦教育研究部、法国的研技部、英国的国家级大学技术转移协会、我国的科技部等。还有涉及技术转移和应用技术研发的专项计划。例如，美国DARPA的研究计划及我国新设立的国家研发计划①等。国家技术转移管理机构负责国家技术转移体系的日常工作,是推进国家技术转移体系建设和发展的最高级别的、具有持续性的常设机构。专项计划则根据现实的发展、环境的变化和国家的要求相对灵活发起一系列举措,促进特定领域或特定区域的技术转移体系的发展。指导层为下一级的机构输入目标(包括对技术转移活动的强制性要求、重点研发方向、机构能力建设目标和体系建设目标等)、资金(专项国家经费支持)和政策(支持技术转移活动专项政策)。

机构层是整个国家技术转移体系的能力层,是国家技术转移能力的所在。机构层包含各种类型的技术转移机构,包括大学的技术转移办公室、生产力促进中心、孵化器、产学研合作组织和市场化的技术转移服务机构等。根据技术转移机构的核心能力及针对的技术转移的渠道可以将技术转移机构划分为3种类别,分别是应用技术研发机构、知识产权运营机构和技术孵化机构。应用技术研发机构针对的是合作开发这种技术转移渠道,在形式上包括大学科研院所与企业成立的联合实验室及与地方联合成立的院地合作机构,如清华大学深圳研究院。知识产权运营机构针对的是技术许可和技术授权这种技术转移渠道。在形式上,主要是市场化的知识产权服务机构,如美国的高智发明及七星天(北京)咨询有限责任公司等。技术孵化机构则针对衍生企业这种技术转移渠道。在形式上,包括各种大学科技园、科技企业孵化器和众创空间等。在这3种类别的技术转移机构之外,还有以创新资源整合为核心能力的技术转移机构,在也就是第二节中的3.0版的技术转移机构。这种技术转移机构在我国还很少见,往往是国家相关部门在发挥这样的作用(根据国家利益,在产业层面进行资源整合,如半导体芯片行业的产业基金及海外的并购等)。这种技术转移机构往往对这3类技术转移机构有着紧

---

① 科技部管理的"973计划""863计划"、国家科技支撑计划、国际科技合作与交流专项,发展改革委、工业和信息化部管理的产业技术研究与开发资金,有关部门管理的公益性行业科研专项等,都将纳入"国家重点研发计划"范畴。新设立的国家重点研发计划,旨在瞄准国民经济和社会发展各主要领域的重大、核心、关键科技问题,以重点专项的方式,从基础前沿、重大共性关键技术到应用示范进行全链条设计,一体化组织实施,使其中的基础前沿研发活动具有更明确的需求导向和产业化方向,加速基础前沿最新成果对创新下游的渗透和引领。

密的关联，可以灵活地调用和整合3类技术转移机构的能力。

基础层是整个国家技术转移体系的要素供给层和技术转移活动得以顺利进行的支撑层。基础层为机构层提供技术信息、人才、空间和设备的要素供给。实际上，在我国，技术信息、人才、空间和设备等都掌握在各个组织手中，是各个组织的私有资源。因此，造成了资源分散闲置、市场秩序混乱、重复建设等问题。无论是技术信息、孵化空间，还是中试设备，都应该根据机构层的需求实现统一的配置和共享，包括：建立全国统一的技术信息平台，包括全国所有的在研技术、专利信息、项目信息及机构信息等；建立全国统一的技术转移基础人才培训平台，保证各技术转移机构的基础人才输送；建立全国统一的孵化器、加速器和产业园的平台，保证技术创业的空间供给，将完成技术开发阶段的企业输送到最适合成长的地方，也使得技术转移机构专注核心能力的培养，而不必投入大量资金进行地产建设；建立统一的设备共享平台，将一些稀缺昂贵的试验设备开放给技术转移机构和中小企业使用，也方便技术创业项目找到合适的中试和产业化平台。

第二节　我国技术转移的目标与问题分析

一、促进技术转移的目标

第二次世界大战后，布什提交给罗斯福总统的报告——《科学——无止境的疆界》中论述了基础科学研究的重要性。后来，以格瑞里切斯等为代表的学者也通过测算，证实了基础科学研究可以获得丰厚的经济回报。聚集在高校科研院所周围的高新技术产业集群、科技园区等（美国硅谷，中国中关村）的蓬勃发展也为基础科学研究促进高新技术产业发展提供了看得见的证据。而今，国家支持基础科学研究已经成为世界各国的共识，并作为一项制度固定下来，加大基础科学研究的投入，也成为国家提升创新能力和国家竞争力的主要手段。

从基础科学研究投入到高技术产业的丰厚回报，这样的因果关联在一定程度上被理论和实践证实。但实际上存在两个重要的问题：第一，基础科学研究到高技术产业的经济回报，过程充满不确定性，传导机制复杂。从国家角度讲，很大程度上是"被动"地享受基础研究的经济回报溢出，原因是很多基础研究能不能转化为社会福利，多大程度上能够转化为社会福利，政府很大程度上是"听天由命"；第二，科技成果的转化效率低是世界范围内的难题，即使是科技成果转化工作做得最好的国家，科技成果转化效率也不高，大量的研究成果被束之高阁。

20世纪后半叶，新技术革命风起云涌，国家之间的高新技术产业竞争更加激烈。日本在半导体产业实现了对美国的全面赶超。这充分证明，哪个国家能够把握住下一轮新技术的先机，并充分调动各种力量做大规模，构筑优势，谁就能在全球一体化的市场上"赢家通吃"，获得丰厚收益。竞争的压力，导致国家不能坐等基础科学研究的"价值溢出"，等着"苹果掉下来"，而是积极进行技术预测，加强科技成果转化，力图押对技术方向，率先发展，形成先发优势。20世纪80年代美国《拜杜法案》的出台拉开了世界各国促进政府资助科技成果向私营企业乃至全社会转移的序幕，其后世界主要国家纷纷通过立法、财政、税收等多种手段来支持科技成果向现实生产力转化。

促进技术转移（这里主要指科技成果转化）的目标表面上是提高科技成果转化效率，但实际上，其实包含两个层次。

第一，促使存量科技成果的转化，这是针对一部分有商业应用潜力的科技成果由于缺少发现和后续开发而被埋没的情况。关键是有多少存量科技成果有转化价值。同时，这些存量科技成果是否通过在应用开发方面的努力而得发挥市场价值。

第二，调用基础科学研究的力量增加面向市场的应用技术的研发。这涉及不同目标和领域的资源调配。基础科学研究发现的是客观规律，产生的是具有公共产权属性的知识；而应用技术的研发，对面向市场需求的创造，产生的是具有私人产权属性的技术。一般来说，国家整体的科技投入是有限的，用于不同领域的经费是此消彼长的关系。无论是国家划拨专项资金还是进行其他形式的鼓励，在很大程度上，都是将部分原先从事基础研究的资源用于应用技术开发。例如，鼓励大学教授创业，就是将教授们原来从事基础研究的时间用于应用技术开发。促进技术转移还涉及短期和长期利益的调配，因为基础科学研究实力往往是未来技术的源泉——相对于第一层次，这是一种更主动，甚至更"激进"的做法。所以，鼓励大学教授去创业才会存在争议。

知识窗1

科技成果转化过程中的"死亡之谷"是一种典型的"市场失灵"的现象,无法用市场手段解决的问题就需要有政府的介入。关于技术转移中政府的作用,至少包括以下几个方面。

第一,政府应该代表国家利益。国内的企业不仅面临互相的竞争,还面临国际企业的竞争,国内企业的过度竞争经常会导致与国际竞争对手的竞争失败。在全球化和自由化的今天,区域和国家市场联合成一个统一的全球市场,一个国家产业竞争的失败就相当于将整个全球市场拱手让人。所以,国家应该站在国家利益的角度,对国内企业的竞争进行适当干预,一方面,保持竞争的激励作用;另一方面,又要避免竞争导致的力量分散和资源浪费。例如,我国对南车和北车的整合,就是从国家利益出发,为促进提升我国产业整体的竞争实力而干预市场的典型案例。

从国家利益的角度,技术转移的目标应当是促进整个产业的技术水平的提升,而不是让某几家企业获得垄断优势。所以,国家不仅要将科技成果从学校转移到企业创造价值,还要促进技术的扩散,增强整个产业的技术实力。

在国际技术转移方面,国家的作用就更为突出。一些重大的、基础的、核心的和涉及国家安全的技术,我国仍然受制于人。我国企业在单独和外资企业,尤其是跨国公司的谈判过程中处于弱势,结果往往是国内企业的渠道和营销资源被国外企业低价利用。国内的市场让了出去,国外企业的先进技术又没有学到手。这就需要国家的力量进行干预。最近的我国政府对高通企业的反垄断处罚,在某种程度上促成了高通向我国的技术转移。

第二,政府应该代表长期利益。一个国家的科学研究和技术创新活动,应该按照短期利益和长期利益做出合理安排。一般来说,当下的需求和短期利益是企业主导的领域,企业规避风险,追逐"快钱",在做大规模、增加利润方面具有能力优势;而长期需求和长远利益,应该是政府主导的领域。政府应当支持具有前瞻性的科学研究,保障面向未来的技术储备。

  Tassey(1997)给出了一个公共研发资助项目基于回报率的选择模型。如图6.2所示,A、B、C项目由于私人回报率低于最低私人回报率,因此,企业往往不愿介入,这是政府资助的备选项目。A项目和B项目具有较低的私人回报率,但显示出很高的社会回报率,是政府介入的范畴,C项目处于公司的最低回报率之下,在没有政府资助的情况下,企业也不会介入该项目,但是政府可以通过税收减免或者抵扣等研发政策,降低企业的最低汇报履职使得私人回报率大于私人最低回报率,这样企业也会介入。

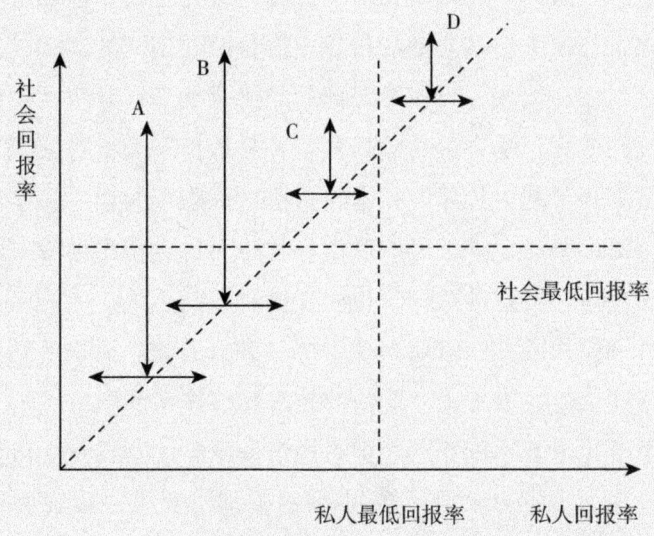

图 6.2 公共研发资助项目额选择:回报率标准模型

资料来源:Tassey(1997)[①]。

  此外,对于技术转移活动的领域,从我国产业转型升级、新兴产业发展和国家竞争力的角度出发。应当重点关注我国传统产业基础性的、重大的、核心的技术领域,战略新兴产业领域及具有前瞻性的、涉及国家安全和未来科技竞争的高

---

① Tassey G. The Economics of R&D Policy[M]// The economics of R&D policy. New York: Praeger,1997.

精尖技术领域。此外，国际技术转移和军民融合领域的技术转移，也是需要重点关注的技术转移活动领域。

二、我国技术转移工作的问题分析

第五章分析了我国技术转移的最根本问题是需求问题。但从工作的角度出发，聚焦技术转移体系建设或整个国家的技术转移能力建设，是提升我国技术转移工作效力的基础问题。我国技术转移工作存在的核心问题是缺乏国家范畴和体系层面的有效组织力量。

这种有效组织力量的缺乏体现在多个方面：首先，缺少国家层面对技术转移的统一管理机构，对技术转移活动的指导支持分散在不同的部委，在行政级别上也受限制，缺乏财权、人权、事权及跨部门的协调能力；其次，我国当前推进技术转移体系建设的方式仍是一种"放权式""分散型"的推进模式。这样的模式最大的问题，是不利于能力积累。技术转移机构依附于所属的大学和科研院所，只为所属的单位提供服务，缺乏考核和市场竞争，也就很难形成对能力积累的有效激励。对于那些做得较好的机构，也由于体制原因无法扩大规模，进入新的市场领域。这种推进模式既是国家层面缺少统一有力的管理机构的结果，也会进一步强化原有的路径依赖，增加建立统一的技术转移体系的困难性。

就科技成果转化来看，国家层面促进产学研结合的举措从20世纪80年代改革开放的时候就开始了。1985年，邓小平明确指出要进一步解决科技和经济结合的问题。新的经济体制应该是有利于技术进步的体制，新的科技体制应该是有利于经济发展的体制。此后，我国政府一直在采取各种措施促进产学研结合，包括2006年年初召开的全国科学技术大会和随后发布的《国家中长期科学和技术发展规划纲要（2006—2020年）》明确提出，把建立以企业为主体、产学研结合的技术创新体系作为国家创新体系建设的突破口。但经过30多年的发展，大学和科研院所的科学研究与产业发展脱节，科技成果转化效率低的问题仍旧突出。国家一直在加大投入，也支持建立了许多促进产学研结合和技术转移的机构，但问题依旧突出，背后的原因是什么？

第六章
我国技术转移的发展策略

考察我国促进产学研结合的措施路径来看，正是因为我国无意中选择（或是客观上形成）了一条相对"散"的发展路径，才导致我国技术转移体系在结构上分散、联系上薄弱、节点上机构质量参差不齐的现状。我国的技术转移体系仍然处于"点""块"的状态，并没有形成结构层次清晰，能够有效发挥协同效应的网络化的技术转移体系。在国家促进产学研合作的号召下及地方政府引进创新资源的强烈动机下，大学和科研院所都纷纷以"工研院""联合实验室""发展研究院"等形式在地方成立了面向当地产业需求和以应用技术研发为主的机构。这些机构的成立是由所在大学或科研院所，联合地方政府或企业共同发起的，地方政府提供经费支持，管理权在所在的大学或科研机构（实际上，大学和科研机构对这些本部之外的机构也缺少有效的管理）。这些机构能够申报国家的科技项目，但国家层面对这些机构缺少管理手段，同时，这些机构往往是行政事业管理，靠政府经费支持，在地位上不如院校本部，所以对人才缺少吸引力。另外，有些机构往往是地方政府费九牛二虎之力引进来的，所以地方政府引进来之后对其缺乏相关考核，发展情况也参差不齐。这种做法使得类似机构的数量快速增长，但是机构的水平和功能的发挥却难以保证，往往是地方政府投入了大量资金，但是促进地方创新发展的效果却不如预期。

国家一开始这种"放权式"的，发挥大学和科研院所及地方积极性的做法导致两个问题。

我国到现在还缺少像德国弗朗霍夫协会那样的高水平、具有市场竞争力和一定规模的技术转移机构。

我国的技术转移机构分散，质量参差不齐，不成体系，难以形成合力；同时，我国政府对这些机构缺少控制力。

近几年，国家意识到了这些问题，进行国家技术转移示范机构建设，构建"2+N"技术转移服务体系，但整体来看，机构与机构之间的联系还较弱，协同能力的形成还需要时间。

三、我国技术转移的发展策略分析

我国技术转移活动的现状和我国经济发展的阶段性密切相关。工业的发展是改革开放 30 多年来，我国经济发展的主要内容。其中能够发挥我国资源禀赋的制造业更是成就巨大，我国成为名副其实的世界工厂。但我国的制造业多处于产业低端，技术含量不高，以代工制造为主。引进外国生产线，组织工人进行生产，销售或出口产品，这可以基本概括我国大多数制造业的发展模式。我国的制造业对技术的需求不高。

第一，我国的制造业技术落后于先进国家，甚至存在代差。所以，从外国引进现成技术和设备（也往往存在这样的选择）成为有效率的选择。这种国际的技术转移虽然能够快速提升本地技术水平，但往往会陷入"技术依赖"，不利于企业本身技术开发能力的培养。同时，这种情况下企业也不会求助于科研院所，科研院所的研究能力得不到发挥，也缺少通过为企业合作提升自身应用研究和产业服务的机会。第二，我国制造企业面临的技术问题，很大部分是通过"干中学"的方式解决的。这些制造类企业同样具有技术创新的需求。要保障顺利生产，要根据本地化的需求改进产品（渐进型创新）等。但这些问题往往是由资深的工程技术人员解决的，而不是科研院所的教授和科学家。考察我国珠三角和长三角的产业发展史，资深的工程师群体在产业的发展过程中发挥了重要的作用。他们往往是有天赋的技术工人，或是科研院所的科研人员，但通过不断给企业提供技术服务而积累了相关的解决问题的能力。由于我国一开始的专业化乡镇经济，都是生产同一类产品的工厂聚集在一起。所以，这些资深工程师"跑完西家跑东家"，为各个工厂提供技术服务。需要注意的是，这种技术服务还局限于个人行为，还未成为一种业态。这是因为企业的技术需求仍然是偶发的，规模有限的，采取按次支付专家费的方式更具有成本优势。

我国的以工业为主的经济发展阶段决定了我国产业的技术需求是有限的，由此也反映在科技服务业的发展与技术转移机构的发展上。但近些年来，我国实施创新驱动发展战略，我国经济从整体上开始向驱动的经济转变，高新技术产业开始崛起。与之相关的技术研发、技术转移、技术运营、知识产权活动也大量增加，

第六章 我国技术转移的发展策略

科技服务业开始快速发展。其中最重要的一个变化，就是市场化的技术服务机构的涌现和壮大，这才是我国未来科技服务，包括技术转移服务的主体力量。

认识到我国技术转移的发展与我国经济发展的阶段性的关系，也就能够认识到我国与西方发达国家技术转移体系的差距所在。我们的差距不仅体现在技术转移服务机构的有形的差距上，更体现在制度、文化等无形的差距上。西方发达国家经过近百年的积累，有系统性的，精细的制度规定，友好的文化，还有丰富的人才储备。而这些差距弥补是需要时间的，需要踏踏实实的积累和努力。

思考我国技术转移的发展策略，要基于两个基本事实。

第一，我国的科研资源大多存在于体制之内，由于体制的束缚，很难形成面向市场的服务能力。我国大学和科研院所的数量，我国的公共科技投入的总量，在世界上都排名前列。我国科技投入逐年增加，地方的创新竞争也保障了这些大学和科研院所的经费供给。这些大学和科研院所基本上都是公立的，事业单位性质，有行政级别。我国的公共科技投入培育和支撑了庞大的科学研究机构和群体。可以说，我国的大学和科研院所里有最优秀的人才和最完备的实验室资源。但与西方发达国家的同类机构相比，我国的这些机构面临更强的体制束缚。这一方面导致了科研人员在职称和论文方面的过分竞争；另一方面，也埋没了这些科研资源的潜力。这些科研资源只在自己的圈子里低效和无效的流动，很难通过提供市场化的科技服务到市场上创造价值。

第二，我国市场化的科技服务力量正在快速成长，但仍相对薄弱。考察西方发达国家技术转移体系，可以发现市场化的机构是提供科技服务的主体。政府通过采购和合作研发的形式对这些机构给予一定支持。即使是公立的科研机构，其在管理和运作模式上的市场化程度也很高。政府只做背后的资金和政策支持，并不参与机构本身的运营。由于市场化的技术转移力量相对薄弱，所以我国促进技术转移，和西方发达国家面临完全不一样的情况。这些发达国家要促进技术转移，只要到市场上找能力强、信誉好的机构，通过资金和政策进行导向性的激励即可。但我国现在促进科技转移，就面临这样一种窘境：一方面，在市场上很难找到足够的，有能力的技术转移机构"把活儿都干了"；另一方面，如果政府主导设立技术转移机构，则又在扩大体制内的资源，这些机构由于体制机制的问题往往能力成长缓慢，缺乏服务能力。

体制内的科研资源丰富、市场化的机构和能力薄弱，这两个基本事实决定了我国推进技术转移应该采用一种"中间路线"，就是将体制内的科研资源向市场释放，形成面向市场的科技服务能力。这也是当前我国科技体制改革的一项重要内容。

促进体制内的科研资源的开放，并形成面向市场的科技服务能力，是一项艰巨而复杂的任务，难度在于如何摆脱体制的束缚，同时又不完全脱离体制，享有体制内的支持。体制内的资金、资源（户口、编制等社会资源）对于机构吸引人才非常重要，但同时体制内的条条框框又不利于人才发挥能力和机构自身能力的建设。当前我国院地合作的许多应用研究导向的"工研院""技术研究院"等机构在这方面做出了很多探索，比较有关注度的是广东的新型研发机构。

"新型研发机构"本身就是一种中国语境的叫法。我国大多数研发机构都是公立的，体制特色浓厚的机构，这是传统的研发机构。而新型研发机构相对于传统研发机构"新"的地方，不仅在能力层面扩展了与研发相关孵化、投资等功能，更在于在体制层面的革新，引入了现代公司治理和市场化运作模式。这种新型研发机构实际上并未脱离原有的与所属高校、与当地政府的联系，但是在机制上更加灵活，在发展导向上更加面向市场需求。考察广东新型研发机构的发展历程，可以发现，这些研发机构都经历了一段艰苦创业的历程，由于远离所属高校的大本营或其他原因，在发展的早期是不受关注，缺少支持的。但正因为"游离组织"，缺少束缚，才走出了自己的发展道路。除了机构本身的探索，广东、深圳等地的高度市场化的社会和风气也为机构的发展创造了良好的条件。其他地方的类似科研机构也在提市场化改革，但往往由于缺乏广东、深圳这样的市场环境，结果还是"离政府近、离市场远"。

就当前来看，新型研发机构是开放体制内科研资源，构建市场化科技服务能力的先进探索和实践。董建中、林祥（2012）[①]在总结新型研发机构的体制机制创新时，提到了两个重要的方面：第一个方面是民办官助科研体制形成了民间和

---

① 董建中，林祥. 新型研发机构的体制机制创新 [J]. 特区实践与理论，2012（6）：28-32.

政府的科研合力。新型研发机构具有民办非企业的身份,与国有事业型研发机构的体制相比,最大限度地避免了以往的各种体制性束缚,大大增强了研发主体的独立性和自主性,有利于提高研发机构的研发水平和整体创新效率。第二个方面是"三发"一体化研发模式有效克服科技与经济"两张皮"。新型研发机构能够将科学发现、技术发明和产业发展结合起来,开创了"三发"一体化的研发模式,实现了三者的"无缝对接",有效克服了科技与经济相脱离的"两张皮"问题。

第三节 我国技术转移的发展策略

本书认为,我国技术转移的发展策略包括体系建设、能力构建、模式选择和要素供给4个方面的内容。根据技术转移活动的特性、国外技术转移的先进实践、我国技术转移活动的问题和既有条件,给出了如表6.1所示的我国技术转移的发展策略。在体系建设上,我国应当构建集中式的(管理)体系和创新网络;在能力构建上,注重应用技术开发阶段的能力建设;在模式选择上,采取"众创"模式;在要素供给上,注重制度与人才供给。

表 6.1 我国技术转移的发展策略

体系	集中式的体系建设 + 创新网络
能力	应用技术开发阶段的能力建设
模式	"众创"模式
要素	制度与人才供给

一、体系建设——集中式体系 + 创新网络

考察国外的技术转移体系,大致上可以分为集中式、分散式和混合式3种类型。考虑到我国技术转移的主体是大学和科研院所,市场化的技术转移主体还没发育起来。又由于集中式的技术转移体系能够解决我国技术转移工作体系分散的

问题，有利于形成有效的组织能力。所以，我国应该构建集中式的组织管理体系。在具体的组织方式上，可以参照法国古诺研究所的标签认证和动态管理的模式。

我国当前的技术转移体系的建设还是"放权"和"分散"式的方式。技术转移活动的管理和组织主要在学校和科研院所。国家对技术转移活动的控制力不足。建议设立国家层面的技术转移的职能部门，统一负责对全国技术转移的资金、计划和机构的管理。该部门要能够有效地联合其他各部委的力量，保障技术转移相关政策和计划的落实。

知识窗2

技术转移体系的3种类别

技术转移体系根据其组织的特征可以分为集中管理体系、分散管理体系和混合管理体系3种类别。

（1）集中管理体系

实施技术转移集中管理体系的国家，一般都设有专门负责技术转移的政府部门，并在全国各地设有技术转移工作机构以负责执行和实施国家的技术转移计划。例如，法国政府设有研技部，负责全国科技政策的制定和协调；英国设有国家级大学技术转移协会，负责指导和管理全国大学和科研机构的技术转移活动；韩国设有知识经济部，且每3年出台一个"技术转移与产业化促进计划"，意在建立全国性技术转移与产业化支撑体系。2014年，韩国政府为促进经济和就业增长，提出了构建"创造经济"的规划，并将技术转移及产业化列入创造经济实现的核心课题。

（2）分散管理体系

采取技术转移分散管理体系的国家，中央政府一般只负责制定有关技术转移政策和法律环境建设，技术转移的具体工作由地方科研机构和大学设立的技术转移中介来执行。例如，日本政府在宏观科技管理方面成立了两个机构：一个是内阁府下设的"日本综合科学技术会议"，以抓宏观政策为工作重点；另一个是文部科学省，其职责是根据政府确定的科技综合战略和方针制定各省厅统一实施的科技政策，制订和推进调整研究开发计划，确保学术和科学技术研究的协调和综合性。日本的一些大学和科研机构设有专门的技术转移办公室（TLO）来负责具体的技术转移工作。虽然在日本的整个技术转移服务体系中，主要组成部分包括政府、大学及民间力量，但是，日本政府的引导作用十分重大。

（3）混合管理体系

实施混合管理体系的国家，一般既有专门负责管理技术转移工作的政府部门，也依赖由地方科研机构和大学设立的技术转移中介来实施具体的技术转移工作。例如，美国国会明确界定了联邦实验室、大学等非营利组织的技术转移职责；美国联邦政府则设立国家技术转移中心，促进政府资助的科研成果向产业界转移，并在商务部里建立技术管理机构，负责对技术转移工作的指导。再如，德国联邦教育研究部（简称"联邦教研部"）是德国政府的科技宏观管理部门，主要负责制定科技政策，进行宏观管理。同时，除高校和研究所外，德国政府根据各个地区和经济的需求设立技术转移机构，并且建立科技成果和人才情报网络，为高校、研究所和企业搭建一个沟通和技术转移的平台。

资料来源：张艳青，李立. 发达国家的技术转移机制及对我国的借鉴 [J]. 青岛科技大学：社会科学版，2015，31（1）：99-104.

另一个重要体系是创新网络。从推进科技与经济相结合的历程来看，我国创新链条上的资源和能力，是分散在不同的地域、不同的机构甚至同一机构的不同部门当中。首先，我国地缘辽阔，不同地区的科技资源规模和质量相差极大，这导致跨区域的创新合作十分必要，也非常普遍；其次，围绕整个技术转移的全过程，我国缺少"专职"机构，往往是综合部门，在功能上往往什么都有，但什么也不够专业；最后，由于我国技术转移的机构往往是体制内的机构，市场化程度不高，发展导向上，对口服务某些区域或者某些机构。这导致优质的能力也往往被束缚，无法服务更多的对象。

所以构建创新网络十分重要。在形式上，与美国提出的创新共同体相类似，就是将国内与创新相关的各类资源联结起来，包括高校、科研院所、高科技园区、企业研发机构、众创空间、国家实验室和工程技术中心、技术转移服务机构等。通过机构的联结，形成能力的联结，降低机构之间协作成本。构建联结的内容，就是打破机构的封闭状况，提高机构的开放性。为不同能力之间的整合及跨区域和跨部门的协作提供支持。在促进机构之间的联系的基础上，还要大力促进机构能力的综合化；在交易服务的基础上，拓展孵化、投资和产业化能力，也就是促进技术转移机构的能力升级，从1.0版升级为2.0版和3.0版。

知识窗 3

美国创新共同体

创新共同体的主要目标是实现"知识产权与实物产权的融合，人力资本与金融资本的碰撞"，并促使该体系全面承担起美国研发竞争力提升的主要任务，同时推动以研发集群为核心的投资与经济开发行为。创新共同体主要由以下四大元素构成。

元素一：科技园区。由一系列相互关联的实体组成，主要包括初始研发孵化器、独立孵化器及技术转化、商业开发、经济发展等领域的合作方。

元素二：大学与学院。主要为有资质的大学与学院，其中也包括获得联邦资助的社区大学，以及上述主体所在区域内的相关研究机构。

元素三：联邦实验室。包括联邦政府建立的实验室、资助的研发中心及其他由政府部门拥有或租赁的科研中心。

元素四：私营研发企业。以小微型企业为主，创新能力差异性较大，普遍具有较好的商业嗅觉，但融资及产业化能力较为薄弱。

二、能力构建——聚焦应用技术研究能力建设

从基础科学研究到技术的商业应用过程的不同阶段需要不同的能力。这种能力反映到机构层面，就是要有从事不同阶段技术开发工作的专业机构。从事基础

科学研究的高校和科研院所有国家公共经费的稳定支持,从事后端技术商业化应用的企业有市场需求的力量,或者说利润的驱动。而中间的应用技术研究阶段,往往由于风险高,收益遥远,缺乏主体的介入。"中段"能力的缺乏是各国面临的通用问题。为此,在意识到要促进基础科学研究转化为价值回报的问题之后,主要国家都通过各种方式,建立了面向应用技术研究能力建设的机构。以德国为例,德国的弗朗霍夫协会就是面向应用技术研究能力建设的机构(图6.3)。

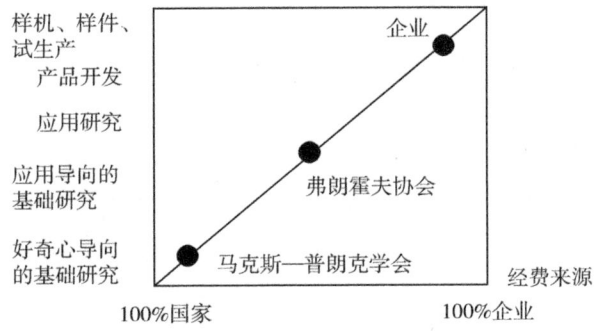

图6.3　弗朗霍夫协会善于在经费来源于研发性质之间取得均衡

资料来源:柳卸林(2012)[①]。

而我国虽然也十分重视应用研究能力的建设。但由于上一节提到的原因,我国应用技术研究的能力还十分缺乏。2005—2015年,从我国从事基础研究、应用研究和试验发展3个阶段的人员的全时当量变化来看,从事应用研究和基础研究的人员增长很小,主要增加的是从事试验发展的人员数(图6.4)。

---

① 柳卸林. 中外技术转移模式的比较 [M]. 北京:科学出版社,2012.

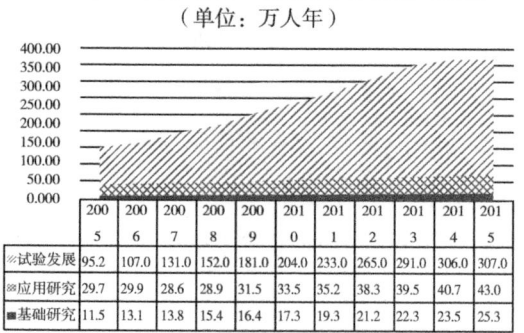

图 6.4　2005—2015 年基础研究、应用研究、试验发展的人员的全时当量

数据来源：中国科技统计年鉴 2015。

应用研究能力，或者说应用技术研发能力是实现创新价值的关键能力，也是科技成果转化过程中的关键能力。应用技术研发能力的建设一般有 3 种方式（图 6.5）。

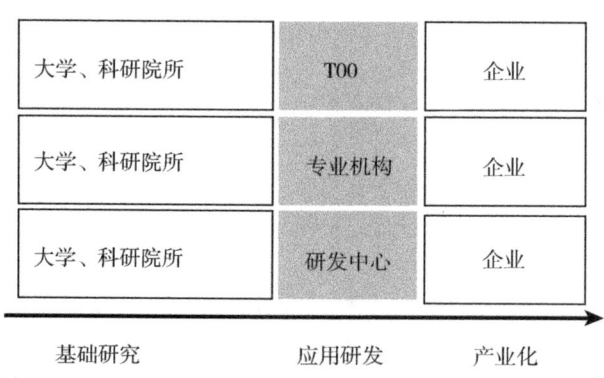

图 6.5　应用研发能力建设的 3 种方式

模式一：由大学和科研院所拓展偏向应用研究端的能力。典型的做法是高校设立技术转移转化办公室，这种做法最早的是美国的高校。20 世纪 70 年代以前，美国高校多采用第三方代理模式，即委托校外中介机构代理本校的技术许可事务。然而由于这种模式极易引起纠纷，且中介机构既无资金源又不了解技术源，随着

第六章 我国技术转移的发展策略

专利事务增多成本增加，中介机构难以持续高效运行。因此，借助中介机构的技术转移模式逐渐被美国高校抛弃。随后，斯坦福大学于1970年成立了美国历史上第一个技术许可办公室。1980年，美国国会连续通过《斯蒂文森—韦德乐技术创新法案》和《拜杜法案》，这两部法律的颁布促使高校相继成立技术许可办公室。目前，美国几乎所有研究型大学和一些其他学校均设立了该类机构，全权负责高校科研成果转化所有工作。这种模式的优点是基于高校设立的技术转移部门与高校的天然联系，这些部门更加了解高校的科研活动信息，与高校研究人员的合作更加通畅。这种模式的缺点是这些机构是面向高校的转化需求，而非企业的需求，所以对企业的需求往往缺乏了解。而且这些机构的发展往往受到高校的很大影响。如果学校不够重视，则机构的发展受限。由于对口服务所属高校，所以机构缺少竞争，能力建设缺少激励。

此外，从欧美高校技术转移案例来看，技术转移机构在盈利之前可能需要8~10年的积累，在造福当地经济之前可能需要20年以上的时间。因此，在短期内无法取得成绩或者成绩不够明显可能会让学校管理层的激情锐减，支持和资金投入也会逐年递减。

知识窗4

清华大学成果与知识产权管理办公室

2015年10月，清华大学专门成立了成果与知识产权管理办公室，学习国外知名大学技术许可办公室运行模式。这个办公室是学校知识产权管理领导小组的办事机构。办公室主要职能有4个方面：包括科技奖励、专利管理、技术转移和综合法务。办公室的使命定位主要有4个方面：第一是提高学校的学术影响力和社会声誉；第二是加速科技成果转化为商品和服务；第三是获取合理回报，实现对创新各方的正向激励；第四是架起与社会特别是产业界的桥梁。在绩效目标上主要设置两个方面内容：一是知识产权；二是科技奖励。特别是在知识产权实现价值方面，希望通过技术标准化、转让许可及通过作价投资成立技术衍生型企业等方式，实现知识产权价值和扩大社会影响力。

模式二：独立地提供技术转移服务的专业化服务机构。此种模式是第三方中介代理的模式。典型的案例有英国技术集团（BTG）。BTG在英国撒切尔政府时期的私有化背景下形成的一家商业化运作的科技中介机构。它通过许可证贸易、出版物与文献交流服务、合同研究开发、技术咨询、技术人员转移、支持投资创办新技术企业、授予技术专有权及采购科技成果等经营业务，取得了卓越的成效。BTG现已成为英国技术开发和技术转移的核心机构，在国际上也有很高的知名度。

此种模式的优点是由于第三方技术服务机构面向市场，存在竞争和盈利压力，所以有利于专业能力的积累。缺点是这种机构的存在和发展需要"友好"的制度环境和市场条件。例如，需要大学和科研院所的开放态度，政府的积极支持及稳固的，具有一定规模的企业需求保障。

需要指出的是，这些机构在来源上，往往与高校科研院所及行业的领军企业相关。这些部门的资深员工离职创立市场化的技术转移机构的案例屡见不鲜。此外，由于技术转移活动的正外部性，这些机构都在不同程度上有国家和公共力量的支持。以英国技术集团为例，在BTG的前身（国家研究开发公司）创办初期，英国贸工部曾给予一定支持，并规定8年内归还政府的全部投资，完全达到自力更生。在1991年私有化之后，仍保持公共有限公司的性质，在英国公立研究机构和大学中拥有很高的知名度和信誉。因此，它们一旦有技术上的发明，都想着找BTG。正是由于政府几十年的扶持，BTG才逐步实现了自负盈亏，成为今天拥有上亿英镑资金实力雄厚的技术集团。

模式三：由企业扩展偏向基础研究的研发能力。高技术行业的领军企业，为了保持自己技术创新的领先地位，往往会扩展自身的偏向基础研究的研发能力，或是支持高校科研院所的基础研究工作。很多大型企业自己的实验室、研发中心等的基础研究能力，并不亚于大学的研究机构。这种情况在电子信息和生物医药产业更为明显。谷歌的人工智能实验室聚集了世界上最优秀的人工智能领域的科学家。而生物医药企业的实验室在科学论文产出上，甚至要强于大学的医学院。行业的领军企业，拥有资金实力支持偏向基础科学的研究。同时，这种研究能力，也经常会给企业带来实在的好处，如惠普早期就利用佳能公司的激光技术授权及自身打印技术的创新成果（图6.6），一举成为激光打印机行业的佼佼者，这得益

第六章
我国技术转移的发展策略

于长期以来惠普的研发角色定位于产品开发和基础研究之间（柳卸林，2014）[①]。

从我国已有的实践来看，我国完全市场化的技术转移服务机构数量还很少，专业水平较差，与国外相比还有很大差距。我国具有应用研究能力的机构主要是我国的大学和科研院所与企业或是地方政府联合创办了一些合作研发机构，这些合作研发机构设立的目的，即促进大学或科研院所的科技成果向机构所在地转化，或是利用大学或科研院所的资源为企业提供科技服务。尤其是地方的高新技术产业园区，学习台湾工研院的经验，和大学科研院所合作建立了许多类似于台湾工研院的机构，如深圳清华大学研究院、中国科学院重庆绿色智能技术研究院、合工大智能制造技术研究院等。这些机构是面向大学科技成果转化和地方企业开展合作研发的以应用技术研究为主要能力的研究机构。

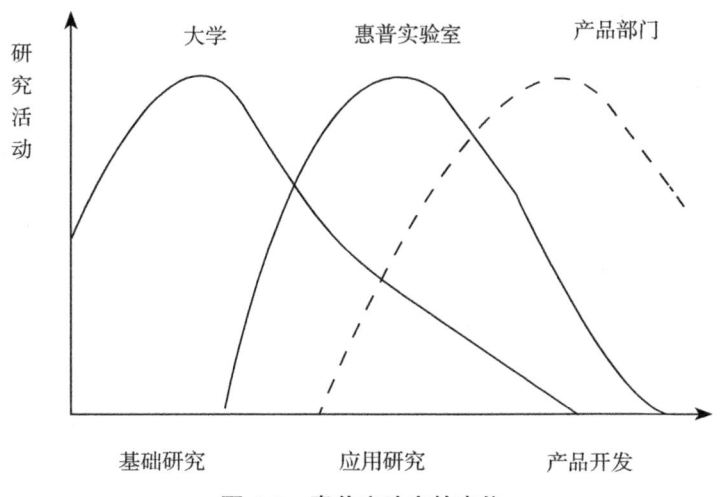

图 6.6 惠普实验室的定位

资料来源：Buderi（2000）[②]。

值得注意的是，近年来，我国涌现的新型研发机构，作为一种综合各种能力

[①] 柳卸林. 从科技投入到产业创新 [M]. 北京：科学出版社，2014.

[②] Buderi R. Engines of Tomorrow: How the World's Best Companies are Using Their Research Labs to Win the Future[J]. Research-Technology Management，2000，43（14）：72.

的研究机构,在本身发展应用技术开发能力之外,也发展孵化能力、投资能力和开放创新能力。在很大程度上克服了原有此类机构体制上的问题,有望在新一轮我国应用研究能力建设方面发挥更大的作用。

三、模式选择——"众创"模式

从技术转移的渠道来看,高校申请专利,然后通过专利授权或许可的方式进行技术转移的方式在我国并不多,这与我国专利制度和知识产权保护环境有关。我国高校和科研院所的技术转移方式主要有:①我国大多数高水平高校都有自己的大学科技园或是成立了校办企业。这些校办企业或是衍生企业是高校科技成果转化的一个重要方式。而且近几年大众创业、万众创新如火如荼,创业环境和基础设施得到很大改善,使得衍生企业和创业孵化的方式更加普遍。②从技术合同的类型分布来看,技术咨询和技术服务占了绝大部分。也就是高校或科研院所与企业的合作研发是我国技术转移的另一个重要渠道之一。③虽然我国高校和科研院所的人员向企业界流动存在制度性的障碍,实际上也并不多见,但是高校和科研院所老师所带的学生,尤其是硕士生、博士生因导师与企业的合作项目在企业实习,毕业后留在企业工作的现象比较普遍,在一定程度上促进了学界和产业界的交流。考虑到我国知识产权环境和法制环境还不够完善,以知识产权为载体的技术许可和技术授权的技术转移渠道受到限制。我国主要的技术转移方式是合作研发和衍生创业。其中衍生创业随着近几年大众创业、万众创新的兴起和创新创业基础设施的完善而得到大幅提升。

政府对"双创"的支持使得创新创业的基础设施和制度环境得到了巨大的提升。众创空间等提供创业服务的机构遍地开发,创业投资也得到了迅速的发展。基于互联网的众筹、众包等新型的组织模式,对大众创新创业形成了更高效的支撑,也使得衍生创业这种科技成果的转化模式相对于其他模式具有一定的成本和效率优势。而且,大企业通过办孵化器、创业投资等方式开放自身资源,使衍生创业这种形式能够利用既有企业的资源,弱化了衍生企业缺少配套资产,从零做起的劣势。而创业这种小团队的组织模式,比企业内部的组织模式具有激励和效

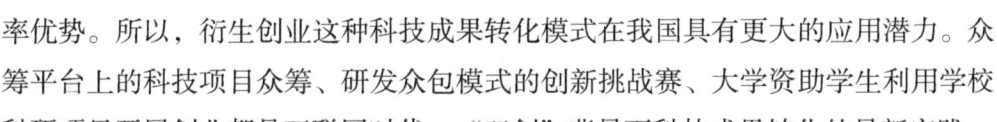

率优势。所以，衍生创业这种科技成果转化模式在我国具有更大的应用潜力。众筹平台上的科技项目众筹、研发众包模式的创新挑战赛、大学资助学生利用学校科研项目开展创业都是互联网时代、"双创"背景下科技成果转化的最新实践。

四、要素供给——聚焦制度与人才供给

我国技术转移的要素供给跟不上需求，尤其是制度和人才要素。

我国的科技成果转化还存在着明显的制度障碍。这些制度障碍体现制度缺失或是缺少制度配套导致新政策无法有效落实等。例如，在科技人员激励方面。对科技人员的技术转移收益分配很难落实；高等学校和科研院所的国有技术类无形资产，都属于国有资产，在资产处置中要遵守国有资产管理的办法，由于缺乏与国有技术类无形资产相适应的国有资产管理制度，导致科技成果转化面临着极大的障碍；高等学校、科研院所等对在财政资助下取得的科技成果负有促进转化的义务。但是，由于权利义务不明确，高等学校和科研院所在促进科技成果转化上积极性并不高；我国在财政资助科技项目成果转化的管理和评估机制不完善。财政资助科技项目的应用导向不明确，在立项、管理及验收、评估等方面都缺乏促进科技成果转化的导向和管理，缺乏追踪问效和相应的惩罚机制；当前，高等学校、科研院所和国有企业对科技成果转化人员缺乏差异化的考核评价标准。在职称评定上，转化人员难以进入主流的评价体系，虽然人事管理部门制定了成果转化的专业职称评定科目，但是仍然没有实施。在相应的评聘制度上，从事科技成果转化的人员处于不利地位。

促进技术转移，尤其是科技成果转化，需要综合性的、系统性的、落地性的制度改革，由于我国条块分割的制度特性，围绕技术转移的制度改进还有许多工作要做。

人才供给方面。国家层面设立技术转移的人才专项基金和培养计划。完善技术市场人才培养体系，持续推进"基地＋教材＋师资＋管理"四位一体的技术市场人才培养体系。统筹推进技术市场管理人才、技术经纪人、中高级技术经理人等队伍建设。鼓励地方设立技术转移领域的专项人才计划。为技术转移高端人才

的引进和专业从业人员的培养提供资金和政策激励。鼓励大学开设技术转移相关的课程，本科和研究生学位，批量培养技术转移领域的专业人才。鼓励优秀的技术转移机构。加强与国际知名技术转移机构和组织的交流合作，建立与国际技术转移高端人才培养制度。探索建立注册高级技术经理人制度。鼓励地方加强对技术转移的业务人员进行培训和管理。鼓励地区积极进行培训内容和形式的创新，建立若干辐射区域的国家技术转移人才培养基地。

附录

国外促进科技成果转化的主要法规政策

一、关于技术转移的定义和方式

联合国贸易和发展会议（UNCTAD）《国际技术转移行动守则草案》（1985年6月5日）中关于技术转移的定义：关于制造产品、应用生产方法或提供服务的系统知识的转移，但不包括货物的单纯买卖或租赁。

技术转移交易特别是指下述安排之一。

①各种形式工业产权的转让、出售和授予许可，但不包括在技术转移交易中的商标，服务标志和商品名称除外；

②以可行性研究、计划、图表、模型、说明、手册、公式、基本或详细工程设计、培训方案和设备、技术咨询服务和管理人员服务及人员训练等方式，提供的诀窍和技术知识；

③提供关于工厂和设备的安装、操作和运用及交钥匙项目所需的技术知识；

④提供关于取得、安装和使用以购买、租借或其他方法得到的机器、设备、中间货物和（或）原料所需的技术知识；

⑤提供工业和技术合作安排的技术内容。

二、关于政府资助科技成果的转移转化

1. 强调政府对国家投入的研发成果的转化推广职责

美国1980年《技术创新法》明确指出，联邦政府对国家投入的研发成果的推广转化负有责任，要求政府部门推动联邦政府支持的技术向地方政府和企业推广转化。

2. 明确政府科研机构和科技人员的技术转移义务

美国明确,每个实验室科学与工程专业人员都有义务推进技术转移;每个实验室主管应确保在实验室职务说明、职员提升政策和在实验室工作的科学家与工程师的工作表现评价方面,对技术转移工作予以积极考虑(《美国联邦技术移转法》,1986年)。

3. 科研机构和高等学校应当建立专门的技术转移机构,并给予经费保障

韩国规定,公共研究机关中具备一定条件的机关长官,应在公共研究机关成立承担技术转让业务的专门机构。此时,依据高等教育法,在国、公立学校(以下称"国、公立学校")成立的专门机构,只限于法人。政府对成立专门机构的公共研究机关,可给予必要的支援(《技术转让促进法》第9条)。

美国规定,凡是年预算在2000万美元以上的联邦实验室,必须设立专门的研究和技术应用办公室,从事研发成果的技术转移,同时规定,各联邦机构至少将其研发预算的0.5%用于支持下属研究与技术应用办公室的技术转移工作。(《斯蒂文森—韦德乐技术创新法案》)

三、实行鼓励技术转移转化的政策

1. 将政府项目知识产权下放

美国《拜杜法案》规定,由联邦政府资助小企业、大学和非营利机构的研究开发项目产生的科技成果,除了涉及国家安全的发明或出于更好地保护公共利益的考虑外,其知识产权一般归小企业、大学和非营利机构所有,成果完成单位可以向产业界有偿转让和许可。

同时,法律对联邦政府资助知识产权的许可使用做出了限制:①技术转移应以提高美国的经济、环境和社会福利状况为根本目的;②要特别考虑向中小企业转移技术;③转移的技术应当在美国生产和应用,除非证明其曾合理地试图将许可授予会在美国进行生产的潜在被许可人,但没有成功,或者在个别情况下从商

业上来讲在国内生产不可行；④如果政府项目承担单位在一段合理长的时间内没有实施该发明，或者未能满足公众合理使用该发明的要求等情况下，政府有权自行发放技术许可。

2. 对技术转让实行税收减免

美国从1962年起，对公司投资的新设备在正式交付使用后给予税收减免，对公司应用新技术设备起到了良好的推动作用；日本实行"个人研究奖金免税制度"和"技术出口所得特别减税制度"；韩国按照《租税特例限制法》的相关规定，对技术转让收入减免50%的个人所得税和法人所得税，对处于市场开发适应期的技术转让，减免特别消费税等，对处于创业期的风险企业、技术集约型的中小企业给予特别的税收优惠；法国对于单个人风险投资公司给予特别的免税优惠，免交企业税，其投资者获得的股息和增值免纳所得税。对新建创新型企业给予免税优惠，新建创新企业是指不到8年的创新型中小企业，在盈利的头3年，企业税全免，免征行业税等地方税种，由国家财政补贴地方，股份持有者，持有3年以上的股票增值免税。

3. 对科技人员及成果转化人员给予奖励和报酬

美国《联邦技术转移法》对联邦实验室技术转移的奖励数额做出具体规定，发明人所得不少于技术转移收入的15%奖励，但每年每人不应超过15万美元，总统特别批准的除外。日本《专利法》把职务发明创造的专利申请权赋予发明人（雇员）享有，将发明的专利申请权或专利权出让给企业，或是由企业享有独占实施权，企业应支付相应的对价。

韩国《发明创造促进法》规定，雇员发明不论是否申请专利，均应根据雇主所得进行合理补偿。

4. 简化公立科研机构创办公司审批流程

德国《关于非大学研究机构财政预算框架灵活性的法律》第5条规定，对于研究机构对企业投资，根据《联邦预算法》第65条第3款，如果有关部门在4

周内对收到的请求没有提出反对意见，则视为联邦财政部无可争议地批准该请求。若4周内提出反对意见，则在收到完整申请材料后3个月内对申请做出决定，否则视为联邦财政部无可争议地批准该请求。

法国科技成果推广署承担推动和协调创新的有关职责，各政府部门积极配合，以提高申请程序的清晰度，简化审批手续。大区一级设置创新办公室统筹大区内所有公共资助，企业申办的统一窗口。

四、公立科研机构处置科研成果免受国有财产法的限制

中国台湾地区的"科学技术基本法"第6条规定，政府资助公立研究机构获得的知识产权及成果，得将全部或一部归属于执行研究发展的单位所有或授权使用，其保管、使用、收益及处分不受国有财产法的限制。

五、对成果转化给予专门资金支持

2002—2004年，英国各个大区纷纷建立起"风险基金"和"早期成长基金"。从2006年开始，英国政府共成立了9个"企业资本基金"（Enterprise Capital Fund，ECF）。政府采取招标形式选择ECF，要求竞标者筹集不少于政府投入一半的私人投资，政府对每个基金的投入最多不超过2500万英镑。ECF致力于投资英国早期高风险中小企业，投资规模在100万～200万英镑，为期大约10年。现在的联合政府已承诺在未来的4年里对ECF计划继续投入2亿英镑。2009年布朗政府启动"创新投资基金"，该基金将采取基金对基金的投资方式，即不直接投资企业，而是投资给那些具有良好资质的专业技术基金，由他们投资企业。目前，政府已投入1.5亿英镑，希望吸纳私营资金参与，在未来10年能使基金达10亿英镑，对每笔具体投资不像ECF那样有200万英镑上限的限制，为期12～15年。

日本实施竞争力资助计划——A-STEP。该计划主要促进产学研各方基于已获得的基础研究成果和知识产权进行合作，推动这些成果向社会进行扩散。

A-STEP 计划共分为可行性研究和全程研发两个阶段。在可行性研究阶段，主要调查技术转移潜力、对技术种子满足产业需求的潜力进行确认、确认基于技术种子成立新企业的潜力等。在全程研发阶段，对大学通过技术种子成立新企业进行研发投入、通过产学研合作对实际认证及测试阶段进行研发投入。

六、通过政府采购等方式促进新技术、新产品的应用

加拿大政府于 2010 年 9 月推出了一项"中小企业创新商品化计划"。通过政府采购，从企业的市场需求出发，来推进企业技术创新，该计划针对企业的创新产品还处于研发阶段，但即将规模化生产推向市场，通过政府采购，优先提供政府部门试用，并由政府部门提出使用测试意见。该计划在两年内投入 4000 万加元进行探索，由承担政府采购职能的加政府公共工程和服务部组织实施，具体由该部的中小企业办公室执行。目前，该计划针对的产品范围界定在环境、健康、安全保密、使能技术（Enabling Technology）四大领域，商品化前的技术成熟度衡量标准采用美国国防部重大项目采办技术评价标准，由低到高分为 9 级。创新产品技术成熟度要求达到 7~9 级的标准。政府采购的费用包括产品成本、安装成本、使用成本、培训成本、测试成本等基本费用，总价不得超过 50 万加元。

七、产学研合作促进科技成果转化

1. 建立产学研紧密结合的机构

美国研究型大学与企业联合创办的研究中心，一般由 NSF 和有关企业联合资助成立，美国 4 所一流的研究型大学——加州大学伯克利分校、哈佛大学、麻省理工学院和斯坦福大学的产学研合作研究中心都很成功。它们增强了大学对企业需求的适应能力，有利于交叉学科的研究，提高了大学科研成果的转化。

为进一步增强欧盟技术创新能力，欧盟创立了产学研紧密结合的利益共同体——欧洲创新与技术研究院（EIT）。其宗旨是：整合欧盟各国高等教育机构、企业及研究机构的研发创新资源，建立公私伙伴合作机制，推动欧盟产学研用一体化。

EIT下设知识创新利益共同体（KICs），KICs为独立法人实体机构，是由高等教育机构、科研院所、创新型企业组成的伙伴合作组织。其宗旨是通过产学研相结合，吸引政府研发经费及企业和社会创业和投资基金，提高欧盟的创新能力，促进科研成果转化、开发新产品和新市场，并通过产学研结合，促进欧洲研究区建设，实现欧洲科技的融合。

2. 实施专项计划促进产学研结合

2010年4月，俄罗斯发布第218号联邦政府令，宣布设立"企校合作"专项（全称为"关于遴选实施高科技生产综合项目的单位并给予资助的公开竞标"），以推动高等院校与企业在产业发展方面的协调合作。该专项项目的突出特点在于以企业为主体，企业就某个高科技产品的生产提出技术需求，借助相关高校的智力资源进行研发。

加拿大政府于1993年启动卓越中心网络计划，其目的是调动加拿大国立研究机构、研究型大学、私营企业的研究智慧，创造多学科、多部门组成研究和开发伙伴关系，加快研究成果的市场化转移和应用。截至目前，共形成了22个卓越中心网络，共有700多家公司、200多个国家和省研究机构、60多家医院、150多所大学和学院及全球300多个研究型机构参与了卓越网络的建设工作。参与的研究人员数量约达到6000人，其中1400名大学教授、300多名企业高级研究员及总计4200多名研究助理和研究生。

日本政府通过实施S-Innovation计划，开发高级测试与分析系统，实施基于产业需求的合作研究计划等来搭建平台促进产学研合作。日本理化研究所（RIKEN）在"接力环绕"技术转移模式中与产业界相互合作，产业界的需求可以及时传递给RIKEN，而RIKEN基于产业需求的研发成果将可以直接实现转化和应用。

3. 搭建平台汇聚产学研多方力量开展联合创新

欧盟委员会于2003年提出在对欧洲未来发展有着重大影响的战略领域建立欧洲技术平台，自下而上地把创新过程中的利益相关者（产业界、学术界、政府部门、立法机构、消费者等）聚集在一起，共同确定这些战略领域的研发重点、期限和行动计划，进而建立面向全欧洲的重要创新计划，通过法律、组织、经济、社会、技术工具的创新来实施这些战略领域的重要创新计划。欧洲技术联盟的参与主体广泛，通过网络互动合作研究创新了科研模式，具有产学研金融公共机构等创新联盟的性质。

为统筹协调各园区和中心的创新技术转移活动，意大利大学科研部牵头建立由政府部门和产学研机构共同参与的国家技术平台，参照欧洲技术平台等欧盟经验，促进政府与产学研部门的对话，合作制定兼顾国家和地区发展需要的中长期创新技术转移规划，并共同确定优先学科领域。

2011年，英国政府采取的一项重要措施，就是在未来4年里投资2亿英镑，创建一系列技术创新中心（TICs），这些技术创新中心将作为英国大学和商业界之间的桥梁，促进本土技术商业化。新建的创新中心将具有极大的自主性，可以根据商业需要灵活反应，向英国企业提供专业的设备和人才，同时也会向工业界推荐极具潜力的新兴技术。这些创新中心将根据全球市场情况和英国本身特点而专注于不同的技术领域。另外，为了更好地发挥企业在创新中的重要作用，英国技术战略委员会TSB创新地利用了知识转移网络（KTN），KTN是在某一特定技术或商业应用领域成立的全国性的网络组织，集合该领域的大学、研究、金融和技术等方面力量，通过促进知识转移激励创新。KTNs由政府建立，政府、产业和研究机构共同支持。TSB充分重视发挥KTNs的作用，目前已经成立15个KTNs。

参考文献

[1] Abernathy W J, Utterback J M. Patterns of Industrial Innovation[J]. Technology Review, 1978, 80 (7): 40-47.

[2] Adler P S, Shenhar A J. Adapting Your Technological Base: The Organizational Challenge[J]. Social Science Electronic Publishing, 2007, 32 (1): 25-37.

[3] Arrow K J. Economic Welfare and the Allocation of Resources for Invention [M] // Readings in Industrial Economics. London: Macmillan, 1962:609-626.

[4] Callon M. Is Science a Public Good[J]. Science Technology & Human Values, 1994, 19 (4): 395-424.

[5] Chandler D P, Nordenflycht A V, Hikino T. Inventing the Electronic Century: The Epic Story of the Consumer Electronics and Computer Science Industries[M]. New York: The Free Press, 2001.

[6] Chesbrough H W. Open Innovation: The New Imperative for Creating and Profiting from Technology[J]. Journal of International Business Studies, 2008, 39 (7) 1236-1238.

[7] Cooke P N, Heidenreich M, Braczyk H J. Regional Innovation Systems: The Role of Governances in a Globalized World[J]. European Urban & Regional Studies, 2004, 6 (2): 187-188.

[8] Dunning J H, Lundan S M. Multinational Enterprises and the Global Economy, Second Edition[J]. Journal International of Business Studies, 2008, 39 (7): 1236-1238.

[9] Freeman C. Networks of innovators: A synthesis of research issues[J]. Research Policy, 1991, 20(5): 499-514.

[10] Frost T S. Imitation to Innovation: The Dynamics of Korea's Technological Learning[J]. Journal of

International Business Studies, 1997, 28（4）: 868-872.

[11] Grant R M. Toward a knowledge-based theory of the firm[J]. Strategic Management Journal, 1996, 17（S2）: 109-122.

[12] Hagedoorn J. Trends and patterns in strategic technology partnering since the early seventies[J]. Review of Industrial Organization, 1996, 11（5）: 601-616.

[13] Hedlund G. A Model of Knowledge Management and the N-Form Corporation[J]. Strategic Management Journal, 2010, 15（S2）: 73-90.

[14] Iansiti M, West J. Technology integration: turning great research into great products[J].Harvard Business Review, 1997, 75（3）: 69-79.

[15] Joglekar P, Hamburg M. An Evaluation of Federal Policy Instruments to Stimulate Basic Research in Industry[J]. Management Science, 1983, 29（9）: 997-1015.

[16] Leydesdorff L, Etzkowitz H. Emergence of a Triple Helix of university-industry-government relations[J]. Science & Public Policy, 1996, 23（5）: 279-286.

[17] Liu X, White S. Comparing innovation systems: a framework and application to China's transitional context [J]. Research Policy, 2001, 30（7）: 1091-1114.

[18] Robertson P L. Regional Advantage: Culture and Competition in Silicon Valley and Route 128. By Annalee Saxenian [J]. Contemporary Sociology, 1995, 32（1）: 100-101.

[19] Nelson R R, Phelps E S. Investment in Humans, Technological Diffusion, and Economic Growth[J]. Studies in Macroeconomic Theory, 1980, 56（1/2）: 133-139.

[20] OECD. Benchmarking industry-science relationships[M]. Paris: Organization for Economic Cooperation and Development, 2003.

[21] OECD. Commercialising Public Research: New Trends and Strategies[R]. Organization for Economic Cooperation and Development（OECD）, 2013.

[22] Pavitt K. Public Policies to Support Basic Research: What Can the Rest of the World Learn from US Theory and Practice?（And What They Should Not Learn）[J]. Industrial & Corporate Change, 2001,

10（3）：761-779.

[23] Salter A J, Martin B R. The economic benefits of publicly funded basic research: a critical review[J]. Research Policy, 2001, 30（3）: 509-532.

[24] Tassey G. The Economics of R&D Policy[M]// The economics of R&D policy. New York: Praeger, 1997.

[25] Teece D J. Essays In Technology Management and Policy: Selected Papers of David J Teece [J]. Journal of Economic Beharior & organization, 1996（31）: 193-224.

[26] Tushman M L, Rosenkopf L. Organizational determinants of technological change: towards a sociology of technological evolution[J]. Research in Organizational Behavior, 1992, （14）: 311-347.

[27] Winebrake J J. A study of technology-transfer mechanisms for federally funded R&D[J]. The Journal of Technology Transfer, 1992, 17（4）: 54-61.

[28] 陈劲. 科学、技术与创新政策 [M]. 北京：科学出版社，2013.

[29] 道格拉斯·C. 诺思，杭行. 制度、制度变迁与经济绩效 [M]. 上海：格致出版社，2014.

[30] 董建中，林祥. 新型研发机构的体制机制创新 [J]. 特区实践与理论，2012（6）：28-32.

[31] 董丽丽，张耘. 国际技术转移新趋势与中国技术转移战略对策研究 [J]. 科技进步与对策，2013，30（14）：99-102.

[32] 范保群，张钢，许庆瑞. 国内外技术转移研究的现状与前瞻[J]. 科学管理研究，1996（1）：1-6.

[33] 傅崇伦，韩春林，艾兴政. 发达国家推进高校科技成果转化的对策[J]. 研究与发展管理，1997（3）：27-29.

[34] 何建坤，史宗恺. 论研究大学的技术转移 [J]. 清华大学教育研究，2002，23（4）：8-12.

[35] 贾根良. 中国应该走一条什么样的技术追赶道路[J]. 求是，2014（6）：25-28.

[36] 金麟洙，刘小梅，刘鸿基. 从模仿到创新：韩国技术学习的动力 [M]. 北京：新华出版社，1998.

[37] 经济合作与发展组织. 创新系统的治理 [M]. 上海：同济大学出版社，2011.

[38] 林强，姜彦福，王德保，等.科技创新孵化器的管理模式研究：以深圳清华大学研究院为例[J].科学学与科学技术管理，2003，24（8）：16-21.

[39] 林岳.论技术转移系统[J].科学学研究，1989（3）：36-44.

[40] 刘朝，师洪波.大科学骨干人员成果转化意愿的实证研究：兼论《促进科技成果转化法修正案》的实施[J].科学管理研究，2016（3）：33-36.

[41] 刘溶沧.促进科技成果转化的环境和条件：比较与借鉴[J].经济纵横，2000（11）：4-7.

[42] 柳卸林，何郁冰，胡坤.中外技术转移模式的比较[M].北京：科学出版社，2012.

[43] 柳卸林，孙海鹰，马雪梅.基于创新生态观的科技管理模式[J].科学学与科学技术管理，2015（1）：18-27.

[44] 柳卸林.中外技术转移模式的比较[M].北京：科学出版社，2012.

[45] 柳卸林.从科技投入到产业创新[M].北京：科学出版社，2014.

[46] 路风.走向自主创新[M].桂林：广西师范大学出版社，2006.

[47] 梅姝娥，仲伟俊.我国高校科技成果转化障碍因素分析[J].科学学与科学技术管理，2008，29（3）：22-27.

[48] 司尚奇，冯锋.中国技术转移机构服务项目与比较研究：基于国家首批76家技术转移示范机构的分析[J].中国科技论坛，2009（8）：3-6.

[49] 孙伟，高建，张帏，等.产学研合作模式的制度创新：综合创新体[J].科研管理，2009，30（5）：69-75.

[50] 王崇军.TRIZ中的技术系统S-曲线进化法则与产品的生命周期[J].中国高新技术企业，2013（2）：151-155.

[51] 王春莉，于升峰，肖强，等.德国弗朗霍夫模式及其对我国技术转移机构的启示[J].高科技与产业化，2015，11（10）：26-30.

[52] 王华，赖明勇，柴江艺.国际技术转移、异质性与中国企业技术创新研究[J].管理世界，2010（12）：131-142.

[53] 威廉·鲍莫尔.资本主义的增长奇迹：自由市场创新机器[M].北京：中信出版社，2004.

[54] 约瑟夫·熊彼特. 经济发展理论 [M]. 北京：商务印书馆，1990.

[55] 于晓乐，刘翡，杜子凯. 罗尔斯·罗伊斯公司的协同创新体系研究与启示 [J]. 卫星应用，2015（12）：17-21.

[56] 约瑟夫·熊彼特. 资本主义、社会主义与民主 [M]. 北京：商务印书馆，2009.

[57] 詹·法格伯格，戴维·莫利，理查德·纳尔逊. 牛津创新手册 [M]. 北京：知识产权出版社，2009.

[58] 曾国屏，苟尤钊，刘磊. 从"创新系统"到"创新生态系统" [J]. 科学学研究，2013，31(1)：4-12.

[59] 周寄中. 创新的基础和源泉：基础研究的投入、评估和协调 [M]. 北京：科学出版社，2008.

[60] 朱一飞. 高校科技成果转化法律制度的检视与重构 [J]. 法学，2016（4）：81-92.

[61] 庄卫民，龚仰军. 产业技术创新 [M]. 上海：东方出版中心，2005.